Analysen und Dokumente
Wissenschaftliche Reihe der Bundesbeauftragten
Band 22

Analysen und Dokumente

Wissenschaftliche Reihe der Bundesbeauftragten für die Unterlagen des Staatssicherheitsdienstes der ehemaligen Deutschen Demokratischen Republik

Herausgegeben von der Abteilung Bildung und Forschung

Redaktion:
Siegfried Suckut, Ehrhart Neubert, Walter Süß, Roger Engelmann, Bernd Eisenfeld, Jens Gieseke

Hans-Peter Löhn

Spitzbart, Bauch und Brille – sind nicht des Volkes Wille!

Der Volksaufstand am 17. Juni 1953 in Halle an der Saale

Edition Temmen

Die Meinungen, die in dieser Publikationsreihe geäußert werden, geben ausschließlich die Auffassungen der Autoren wieder.

Hohenlohestr. 21 - 28209 Bremen
Telefon 0421-3484310 - Fax 0421-348094
email: info@edition-temmen.de

Herstellung: Edition Temmen
ISBN 3-86108-373-6

Inhaltsverzeichnis

Vorwort

Der 17. Juni 1953 war für die Regierenden in der DDR ein traumatisches Datum. Sie bemühten sich deshalb mit allen Mitteln, die Ereignisse dieses Tages totzuschweigen. Archivmaterialien über den »17. Juni« wurden bis 1990 als »streng vertraulich« behandelt und waren nur solchen DDR-Historikern zugänglich, bei denen man sicher sein konnte, dass sie sich willig der SED-Propaganda unterordneten. Die Ideologen der Staatspartei versuchten der Bevölkerung zu suggerieren, der Volksaufstand sei ein von westlichen Provokateuren gesteuerter faschistischer oder konterrevolutionärer Putschversuch gewesen. An einer wahrhaften Untersuchung und Darstellung des Aufstandes war die SED-Führung nicht interessiert. Deshalb wurde die Thematik fast ausschließlich in Gesamtdarstellungen zur DDR-Geschichte und dort nur am Rande behandelt.[1] Dabei hatten sich diese Historiker stets eisern an die von der SED-Zensur vorgegebenen Deutungen des Aufstandes zu halten, welche bis zum Ende der DDR lediglich geringfügig modifiziert worden sind.

Die Historiker im anderen Teil Deutschlands widmeten sich mit größerer Aufmerksamkeit dem Geschehen um den »17. Juni«. Sie mussten sich jedoch fast ausnahmslos auf Augenzeugenberichte und einige Reportagen über die Ereignisse in Berlin stützen. So wurde der Aufstand in den folgenden Auseinandersetzungen des Kalten Krieges nicht nur in der DDR mythologisiert. Eine Sonderstellung nahm die Monografie von Arnulf Baring ein, in der anhand zahlloser Erlebnisberichte und der verfügbaren westlichen Quellen die Entstehung des Aufstandes sowie die Forderungen und Motive der Demonstranten besonders tiefgründig analysiert wurden.[2] Arnulf Baring stellte in seinem Werk explizit die bis dahin gängigen Ansichten vom »Volksaufstand für eine Wiedervereinigung« und vom »blutigen Gemetzel der Sowjettruppen« infrage. Anfang der achtziger Jahre erschienen in der Bundesrepublik mehrere Publikationen über den 17. Juni 1953. In diesen Schriften beleuchteten die Autoren die Erhebung aus verschiedenen Blickwinkeln, um die ökonomischen und sozialen Hintergründe, die Anlässe und die Ziele der Unruhen noch präziser erfassen zu können. Im Verlauf der intensiven Einzeluntersuchungen veränderte sich die unter den Historikern dominierende Charakteristik des 17. Juni 1953 vom »Volksaufstand« zum »Arbeiteraufstand«. Das prägnanteste Werk aus dieser Zeit ist der 1982 von Ilse Spittmann und Karl Wilhelm Fricke herausgegebene Sammelband zum 17. Juni 1953.[3] Er stellte eine Zusammenfassung des Forschungsstandes Anfang der achtziger Jahre dar.

---

1 Doernberg, Stefan: Kurze Geschichte der DDR. Berlin 1964, S. 236. Geschichte der Deutschen Arbeiterbewegung, Kapitel XIII, Berlin 1969, S. 232 f. Geschichte der SED, Abriß, Berlin 1978, S. 288.

2 Baring, Arnulf: Der 17. Juni 1953. 2. Aufl., Stuttgart 1983.

3 Fricke, Karl Wilhelm; Spittmann, Ilse (Hg.): Der 17. Juni 1953. Arbeiteraufstand in der DDR. 2., erw. Aufl., Köln 1988.

Der aus verschiedenen Aufsätzen zu Teilproblemen und aus Erinnerungsberichten bestehende Sammelband war das letzte substanzielle Werk der »alten« bundesdeutschen Historiografie zur Erforschung des Aufstandes am 17. Juni 1953.

Nach der Öffnung aller DDR-Archive sind mittlerweile viele Arbeiten über den Verlauf des Volksaufstandes vorgelegt worden. Die neuen Untersuchungen bestätigen weitgehend die bisherigen Forschungsergebnisse und ergänzen sie in vielen Details. Eine Monografie von Manfred Hagen aus dem Jahr 1992 fügt den überlieferten Wissensstand mit den Ergebnissen neuerer Forschungen zusammen.[4] Bemerkenswert ist an diesem Buch auch, dass in ihm alle bis zu diesem Zeitpunkt aus Augenzeugenberichten und Forschungen bekannten Fakten über den Ablauf der Ereignisse in den verschiedenen Aufstandszentren zusammengefasst wurden. Einen präzisen Überblick über die seit 1990 gewonnenen Erkenntnisse vermitteln auch die Veröffentlichung von Torsten Dietrich[5] und die Einleitung zu dem von Christoph Kleßmann und Bernd Stöver herausgegebenen Sammelband.[6] Dabei widmen sich Kleßmann und Stöver der von Hagen und Dietrich erneut zur Diskussion gestellten Frage »Arbeiteraufstand« oder »Volkserhebung«. Sie weisen darauf hin, dass die Charakterisierung des 17. Juni als Volksaufstand nicht mehr grundsätzlich negiert werden kann, weil »die Beteiligung anderer sozialer Schichten erheblich breiter war als früher angenommen«.[7] Zugleich betonen sie, dass für ein Gesamturteil über den Aufstand noch weitere Forschungen nötig sind. Neue Einsichten über den Aufstand offerieren Armin Mitter und Stefan Wolle.[8] Sie zeigen, dass die Unruhen schon Wochen zuvor mit kleinen Streiks und Protestversammlungen begonnen hatten und bis Ende Juli 1953 andauerten. Armin Mitter und Stefan Wolle machten erstmals auf die Bedeutung der Akten der Staatssicherheit für die Aufarbeitung dieser Periode der DDR-Geschichte aufmerksam.

Ihren theoretischen Ansatz entwickelten Mitter und Wolle zusammen mit Ilko-Sascha Kowalczuk in einem Sammelband auf breiterer empirischer Basis weiter.[9] In einem einführenden Beitrag von Armin Mitter wird der Aufstand nunmehr als gescheiterte Revolution gedeutet und als Voraussetzung der im Anschluss erfolgenden »inneren Staatsgründung« der DDR betrachtet.[10]

---

[4] Hagen, Manfred: DDR – Juni 53. Die erste Volkserhebung im Stalinismus. Stuttgart 1992.

[5] Dietrich, Torsten: Der 17. Juni 1953 in der DDR. Bewaffnete Gewalt gegen das Volk. Berlin 1991. Ders.: Zwischen Arbeitererhebung und gescheiterter Revolution in der DDR. Retrospektive zum Stand der zeitgeschichtlichen Aufarbeitung des 17. Juni 1953. In: Jahrbuch für Historische Kommunismusforschung 1994.

[6] Vgl. Kleßmann, Christoph; Stöver, Bernd (Hg.): 1953 – Krisenjahr des Kalten Krieges in Europa. Köln 1999, S. 9–26.

[7] Vgl. ebenda, S. 24.

[8] Mitter, Armin; Wolle, Stefan: Untergang auf Raten. Unbekannte Kapitel der DDR-Geschichte. München 1993.

[9] Kowalczuk, Ilko-Sascha; Mitter, Armin; Wolle, Stefan (Hg.): Der Tag X. 17. Juni 1953. Die »Innere Staatsgründung« der DDR als Ergebnis der Krise 1952/54. Berlin 1995.

[10] Ebenda, S. 19–27.

Ansonsten setzte sich die deutsche Historiografie in den neunziger Jahren vor allem mit Teil- und Einzelaspekten des Aufstandes am 17. Juni 1953 auseinander. Die bis dahin wenig beleuchtete internationale Dimension des Aufstandes stand dabei besonders im Mittelpunkt wissenschaftlicher Kolloquien und Publikationen.[11] Sie lieferten interessante Erkenntnisse zum Verhalten der Sowjetunion und der Westmächte vor und während der Erhebung in der DDR. Hinzu kamen vergleichende Studien über die Auswirkungen des »Neuen Kurses« in den anderen osteuropäischen Staaten.

Die Forschungen haben das Gesamtbild des Aufstandes am 17. Juni 1953 allmählich fixiert und in vielen Bereichen geschärft. Weitgehende Übereinstimmung besteht hinsichtlich der ökonomischen und politischen Ursachen, der unmittelbaren Anlässe und der langfristigen Auswirkungen des Aufstandes innerhalb der DDR. Kaum noch umstritten sind inzwischen auch der allgemeine Verlauf des Geschehens und die regionale Verteilung der Streiks und Demonstrationen. Dabei zeigt sich immer deutlicher, dass die Zentren der Volksbewegung am 17. Juni 1953 in den »alten« Hochburgen der deutschen Arbeiterbewegung, besonders im mitteldeutschen Industriegebiet lagen. Durch die Vielschichtigkeit und Unterschiedlichkeit der Massenbewegung am 17. Juni 1953 gibt es noch Unschärfen in Bezug auf Umfang und Intensität der Bewegung, auf die soziale Zusammensetzung der Aufstandsteilnehmer und ihre Ziele. Das zeigen auch die wieder verstärkt auftretenden Diskussionen innerhalb der neueren Historiografie zur Frage »Arbeiteraufstand« oder »Volksaufstand«. Zur weiteren Aufklärung müssen hier vor allem regionalgeschichtliche Untersuchungen beitragen.

Bei der Erforschung des Geschehens am 17. Juni 1953 auf regionaler Ebene bestehen noch sehr große Lücken. Die bisher vorliegenden regionalspezifischen Arbeiten von Karl Wilhelm Fricke[12], Karin Grünwald[13], Angelika Klein, Norbert Moczarski[14], Andreas Peter[15], Manfred Rexin[16] und Klaus Schwabe[17] basieren fast ausschließlich auf den Partei- und Staatsarchiven der DDR. In fast allen regionalen Arbeiten wird die Aufstandsbewegung auf Bezirksebene untersucht. Eine Darstellung der Vorgänge am 17. Juni 1953 im lokalen Rahmen, der die Materialien aller verfügbaren Archive, auch der Stasi-Unterlagen-Behörde zugrunde liegen, wurde von Olaf Freier erarbeitet.[18]

---

11 Kleßmann; Stöver (Hg.): 1953 – Krisenjahr (Anm. 6); Hegedüs, Andras B.; Wilke, Manfred (Hg.): Satelliten nach Stalins Tod. Der »Neue Kurs«. 17. Juni 1953 in der DDR. Ungarische Revolution 1956. Berlin 2000.

12 Fricke, Karl Wilhelm: Todesstrafe für Magdeburger »Provokateur«. In: DA 26(1993)5, S. 527–531.

13 Grünwald, Karin: Magdeburg 17. Juni 1953. In: Magdeburger Museumshefte (1993)2, S. 33–77.

14 Moczarski, Norbert: Der 17. Juni 1953 im Bezirk Suhl. Vorgeschichte, Verlauf und Nachwirkungen. Erfurt 1996.

15 Peter, Andreas: Der Juni-Aufstand im Bezirk Cottbus. In: DA 27(1994)6, S. 585–594.

16 Rexin, Manfred: Der 16. und 17. Juni in Westberlin. In: DA 26(1993)5, S. 985–994.

17 Schwabe, Klaus: Der 17. Juni in Mecklenburg und Vorpommern. Schwerin 1993.

18 Freier, Olaf: Der Juni-Aufstand 1953 im Industrierevier Bitterfeld-Wolfen. Magisterarbeit, Martin-Luther-Universität Halle-Wittenberg. Halle 1995.

Mit der ersten umfassenden Regionalstudie zum Juni-Aufstand in Sachsen hat Heidi Roth[19] detailliert nachgewiesen, dass die Erhebung in den dortigen industriellen Ballungsgebieten »eine größere Wucht und einen höheren Organisationsgrad« erreichte als in Ostberlin. Roth verwendet Quellen unterschiedlicher Provenienz, einschließlich Unterlagen der Staatssicherheit. Obwohl einzelne Verbindungen zwischen den Ereignissen in den benachbarten Bezirken Halle und Leipzig - dem geografischen Schwerpunkt des Juni-Aufstands überhaupt - erkennbar sind,[20] zeigt auch diese Arbeit, dass die Entwicklungen in den einzelnen Aufstandszentren sich spontan und weitgehend unabhängig voneinander vollzogen.

Angelika Klein hat das Verdienst, erstmals eine regionalgeschichtliche Arbeit über den 17. Juni im Bezirk Halle angefertigt zu haben.[21] Sie hatte in der Umbruchphase Anfang der neunziger Jahre Gelegenheit, eine Namensliste zu veröffentlichen, die heute aus Gründen des Datenschutzes so nicht mehr herausgegeben werden dürfte. Kritisch anzumerken ist, dass die Autorin sich weitgehend auf die Auswertung der Unterlagen des SED-Parteiarchivs beschränkt; ihre Publikation musste so aufgrund der unvollständigen Quellenlage in diesem Bestand lückenhaft bleiben. Manche in der Arbeit genannten Teilnehmerzahlen, Uhrzeiten und Orte von Ereignissen und auch die Charakterisierung einzelner Personen (so der angeblichen »KZ-Kommandeuse« Erna Dorn) haben sich als falsch herausgestellt.

Erst wenn die noch großen regionalgeschichtlichen Lücken in den Forschungen über den 17. Juni 1953 geschlossen sind, lassen sich der Charakter und das Wesen dieses Aufstandes exakter bestimmen. Erst dann wird man die Frage endgültig beantworten können, ob und wann sich der »Arbeiteraufstand« zum »Volksaufstand« entwickelt hat. Die vorliegende regionalgeschichtliche Studie möchte einen weiteren Mosaikstein zur Erforschung und zur Illustration des Geschehens am 17. Juni 1953 hinzufügen. Die Publikation zeichnet erstmalig ein zusammenhängendes Bild der Ereignisse in Halle an der Saale, einem Zentrum des Volksaufstandes. Dabei ist es ein besonderes Anliegen des Autors, Regionalgeschichte nachvollziehbar zu machen und die mutigen Initiatoren der Ereignisse in Halle und Umgebung dem Vergessen zu entreißen. Resultate dieser Forschung über den 17. Juni 1953 in Halle waren bereits Grundlage für zwei viel beachtete Ausstellungen, die von der Gedenkstätte »Roter Ochse« Halle im Jahr 1998[22] und von Mitgliedern des »Vereins für Zeitgeschichte(n)« Halle im Jahr 2001 durchgeführt wurden.[23]

---

19 Roth, Heidi: Der 17. Juni 1953 in Sachsen. Köln, Weimar, Wien 1999.

20 Ebenda, S. 137 f.

21 Klein, Angelika: Die Arbeiterrevolte im Bezirk Halle. Potsdam 1993.

22 Der 17. Juni 1953 in Halle. Sonderausstellung der Gedenkstätte »Roter Ochse«, 18. Juni bis 15. Juli 1998 im Roten Turm Halle/Saale.

23 Der 17. Juni 1953 in Halle - ein Tag der Zivilcourage. Ausstellung von »Zeit-Geschichte(n) e. V. - Verein für erlebte Geschichte«, 12. Juni bis 1. Juli 2001 in der Galerie Marktschlösschen Halle/Saale. Unter dem

Die vorliegende Arbeit stützt sich auf Material aus dem Bundesarchiv (Außenstelle Berlin), aus dem Landesarchiv Merseburg (Dokumente aus dem ehemaligen Bezirksparteiarchiv der SED, aus dem Archiv des Rates des Bezirkes und der Bezirksbehörde der Volkspolizei Halle) sowie auf Erlebnisberichte von Zeitzeugen. Die Erlebnisberichte stammen einesteils aus dem Bestand des ehemaligen Gesamtdeutschen Instituts und wurden bereits 1953/54 von geflohenen DDR-Bürgern angefertigt, zum anderen aus Interviews, die der Autor zwischen 1993 und 2000 mit Zeitzeugen führte. Die wichtigste Quelle der Publikation ist das archivarisch erschlossene Material in der Zentralstelle Berlin und in der Außenstelle Halle der Bundesbeauftragten für die Unterlagen des Staatssicherheitsdienstes der ehemaligen DDR (BStU), insbesondere 160 Personenakten. Als Maxime liegt der Arbeit zugrunde, dass mit wenigen Ausnahmen nur solche Sachverhalte dargestellt werden, die in mindestens drei unabhängig voneinander entstandenen Quellen gefunden wurden. Wenn Fakten nur auf zwei oder einer Aussage beruhen, wird auf diesen Sachverhalt im Text hingewiesen. Um den Quellennachweis jedoch nicht unverhältnismäßig anwachsen zu lassen, werden in einer Anmerkung stets nur ein bis zwei Quellen aufgeführt. Das sind meist Quellen mit den für einen Sachverhalt wichtigsten Aussagen, die das erste Mal auftreten. Oft wird - jeweils in *Kursivschrift* gesetzt - zitiert, um Stimmungen und Gefühle sowohl der Aufständischen als auch der Vertreter der Staatsmacht lebendig werden zu lassen.

Der Autor dankt allen, die am Gelingen der Publikation Anteil hatten. Besonderer Dank gilt Herrn Udo Dräger für die Unterstützung bei der Sammlung und Durchsicht des umfangreichen Archivmaterials sowie für seine Hinweise zum ersten Manuskriptentwurf.

Titel der Ausstellung wurden eine Broschüre und eine Postkartensammlung mit Fotos vom 17. Juni aus dem Bestand der Außenstelle Halle der Bundesbeauftragten für die Stasi-Unterlagen veröffentlicht (BStU, ASt Halle, AU 236/54, Bd. 1). Und schließlich ist zu dieser Ausstellung noch eine CD-ROM »Der Arbeiteraufstand vom 17. Juni 1953 in Halle/Saale« mit einem Überblick zu den wichtigsten Ereignissen veröffentlicht worden, die auch über die Landesbeauftragte für die Unterlagen des Staatssicherheitsdienstes in Magdeburg zu beziehen ist.

1 Vorgeschichte

Im Frühsommer des Jahres 1953 wuchsen Erbitterung und Empörung der DDR-Bevölkerung über ein deutliches Absinken des Lebensstandards und die Zunahme politischer Repressalien. Zugleich befand sich die Wirtschaft der DDR in einem besorgniserregenden Zustand. Alle Anzeichen deuteten auf den Beginn einer schweren wirtschaftlichen und politischen Krise. Die Ursachen der Krise lagen zwar hauptsächlich in der kritiklosen Übernahme des stalinistischen Sowjetmodells im Sommer 1952; begonnen hatte diese Entwicklung jedoch bereits mit der Teilung Deutschlands nach dem verlorenen Weltkrieg und der uneingeschränkten Entscheidungskompetenz der Siegermächte in ihren Besatzungszonen. Im folgenden Abschnitt werden die Ursachen des Volksaufstandes am 17. Juni 1953 abrissartig dargestellt, um einen kurzen Einblick in die historischen Zusammenhänge zu geben. Eine umfassende Analyse würde den Rahmen der Publikation sprengen und kann nicht die Aufgabe einer Regionalstudie sein.

Den Alliierten war es trotz aller Absichtserklärungen im Potsdamer Abkommen nicht gelungen, Deutschland als einheitliches Staatsgebilde zu erhalten. Ihre jeweiligen Vorstellungen über »Entnazifizierung«, »Entmilitarisierung«, »wirtschaftliche Entflechtung« und »Demokratisierung« hatten sich als zu verschieden erwiesen. Die unterschiedlichen deutschlandpolitischen Ansichten der Siegermächte entwickelten sich bald zu einem der stärksten Konfliktpotentiale im beginnenden Kalten Krieg. Die Sowjetunion hatte entgegen ihren Beteuerungen, die Einheit Deutschlands bewahren zu wollen, bereits im Herbst 1945 damit begonnen, in ihrer Besatzungszone entscheidende wirtschaftliche und soziale Umwälzungen auszulösen. Die Westmächte sahen darin einen Beweis für die sowjetische Strategie, alle während des Krieges besetzten Gebiete dauerhaft in ihren Machtbereich einzubeziehen. Sie reagierten mit dem wirtschaftlichen Zusammenschluss der drei Westzonen und schließlich, Anfang 1948, mit den »Londoner Empfehlungen«, vorläufig einen separaten Weststaat zu bilden. Daraufhin wurde im Mai 1949 die Bundesrepublik Deutschland aus der Taufe gehoben. Die Sowjetunion beantwortete die Bildung des westdeutschen Staates mit der Gründung der DDR im Oktober dieses Jahres. Somit existierten zwei deutsche Staaten mit konträrer Blockbindung.

Der Einheitsgedanke blieb trotz allem sehr stark in den Vorstellungen der Deutschen verwurzelt. Die politisch Verantwortlichen in Ost- und Westdeutschland trugen mit Reden und Aufrufen nicht unwesentlich dazu bei, den Glauben an die baldige Wiedervereinigung in der Bevölkerung wachzuhalten. Beide Seiten gingen jedoch davon aus, dass ihr politisches System das bessere sei und eine Magnetwirkung auf die Menschen im jeweils anderen deutschen Staat ausüben würde. Weder die SED-Führung noch die Adenauer-Regierung waren bereit, für die Wiedervereinigung Kompromisse zu machen. Während Ulbricht und seine Genossen den völligen Machtverlust fürchteten, hatte sich Adenauer auf eine strikte Westbindung festgelegt, die jegliche Zugeständnisse an die UdSSR ausschloss.

Zu diesen Aktivitäten der deutschen Politiker kamen seit dem Herbst 1950 mehrfache Verhandlungsangebote Stalins an die Westmächte mit dem Ziel einer Wiedervereinigung Deutschlands auf neutraler Grundlage. In der letzten Offerte, der »Stalin-Note« vom Frühjahr 1952, ging die Sowjetunion sogar so weit, die alte Forderung der Westmächte nach freien Wahlen in Gesamtdeutschland als ersten Schritt zur Einheit zu akzeptieren. Wie ernsthaft diese Vorschläge waren, ist in der Forschung umstritten.[1] Endgültige Klarheit wird allenfalls eine Öffnung der russischen Archive bringen. Nach dem derzeitigen Erkenntnisstand deutet aber vieles darauf hin, dass die sowjetischen Politiker lediglich die Bewaffnung der Bundesrepublik und deren Eingliederung in ein westliches Militärbündnis verhindern wollten.[2] Die USA, Großbritannien und Frankreich gingen auf die sowjetischen Angebote nicht ein. Zum einen standen sie Offerten der UdSSR generell skeptisch gegenüber. Andererseits erschien ihnen eine in das westliche Militärbündnis integrierte Bundesrepublik vorteilhafter als ein neutrales Gesamtdeutschland. Am 27. Mai 1952 unterzeichnete Konrad Adenauer in Paris den Vertrag der Europäischen Verteidigungsgemeinschaft (EVG).[3]

Daraufhin erfolgte, noch unbemerkt von der DDR-Bevölkerung, eine Kehrtwendung der UdSSR und der DDR in der Deutschlandpolitik. Im Mai 1952 wurde die »Zonengrenze« zwischen der DDR und der BRD zur »Staatsgrenze« erklärt und ein dementsprechend verschärftes Grenzregime mit Sperrzonen und Schutzstreifen errichtet. Tausende »unzuverlässige Personen« wurden in den folgenden Monaten gewaltsam aus dem Grenzgebiet ausgesiedelt.[4]

Die SED-Führung erhielt nun aus Moskau die Vollmacht zur forcierten kommunistischen Umgestaltung der DDR. Daraufhin verkündete Generalsekretär Ulbricht im Juli 1952 auf der 2. Parteikonferenz der SED den planmäßigen Aufbau des Sozialismus, was die uneingeschränkte Übernahme des stalinistischen Systems bedeutete. Die Parteikonferenz legte die Hauptaufgaben des sozialistischen Aufbaus fest: Ausbau der Schwerindustrie und der Energiewirtschaft, allmähliches Verdrängen des privatwirtschaftlichen Sektors aus der Industrie, Kollektivierung der Landwirtschaft sowie

---

1 Vgl. Steininger, Rolf: Deutsche Geschichte seit 1945. Darstellungen und Dokumente in vier Bänden. Bd. 2, Frankfurt/M. 1996, S. 175–178.

2 Angesichts des 1950 ausgebrochenen Koreakrieges und nach Indizien über den Aufbau bewaffneter Kräfte in der DDR verständigten sich die westeuropäischen Staaten mit den USA, eine Europäische Verteidigungsgemeinschaft (EVG) unter Einbeziehung der Bundesrepublik Deutschland (BRD) zu gründen. Der entsprechende Vertrag war im Frühjahr 1952 unterschriftsreif.

3 Die EVG scheiterte zwar 1954 am Veto der französischen Nationalversammlung, dafür wurde die BRD im gleichen Jahr in die NATO aufgenommen.

4 Vgl. Rothe, Ilona: Verraten, vertrieben, verkauft, verhöhnt. Dokumente, Tatsachen, Hintergründe zur Aktion »Ungeziefer«. Erfurt 1992, S. 26–34.

Straffung und Zentralisierung der Staatsmacht.[5] Eine besondere Rolle spielte die starke Konzentration auf die Schwerindustrie zuungunsten der Konsumgüterindustrie. Dies geschah zu einem Zeitpunkt, als es eigentlich notwendig gewesen wäre, die Konsumgüterproduktion zu fördern. Denn beim Aufbau der Energie-, Stahl- und Chemieproduktion war in den ersten Jahren der DDR schon Beachtliches geleistet worden. Im Jahr 1952 wurde in diesen Bereichen der Produktionsindex von 1936 leicht übertroffen.[6] Die Konsumgüterproduktion hing im Vergleich dazu noch weit zurück. »*Noch immer mussten Fett, Fleisch und Zucker rationiert werden, sehr viele Güter waren Mangelware, und die Qualität ließ oft zu wünschen übrig. Außerdem waren die hohen Preise in den HO-Läden für viele Arbeiter unerschwinglich.*«[7]

Auf dem 19. Parteitag der KPdSU im Oktober 1952 hatte der sowjetische Ministerpräsident Malenkow erklärt, dass sich der Klassenkampf in der Welt verschärfe und demzufolge in absehbarer Zeit mit einem neuen Krieg zu rechnen sei.[8] An alle Ostblockstaaten erging deshalb die Weisung, die Aufrüstung zu forcieren und die damit verbundene Schwerindustrie zu erweitern. Die Moskauer Direktiven sahen auch für die DDR »Nationale Streitkräfte« vor. Das bedeutete, die Konsumgüterproduktion noch weiter zu drosseln und zusätzliche finanzielle Lasten für den Aufbau bewaffneter Kräfte auf sich zu nehmen. Die Streitkräfte der DDR erhielten zunächst den verschleiernden Namen »Kasernierte Volkspolizei« (KVP). Daneben wurde die Organisation »Dienst für Deutschland« gegründet. Das war eine dem »Reichsarbeitsdienst« in manchem ähnliche Organisation, in der vor allem junge Mädchen und Frauen tatkräftig am sozialistischen Aufbau mitwirken sollten.[9] All das stellte eine enorme Belastung für den DDR-Haushalt dar.

Die Überlastung des Etats war ein Grund dafür, dass sich die Wirtschaftssituation der DDR im Winter 1952/53 fortwährend verschlechterte. Eine oft übereifrig betriebene Kollektivierung der Landwirtschaft trug ein Übriges dazu bei. Mit ungleichen Ablieferungssätzen, gezielt veränderten Steuern und harten Strafen bei Nichterfüllung der Ablieferungspflicht sollten vor allem Groß- und Mittelbauern in die Landwirtschaftlichen Produktionsgenossenschaften (LPG) gezwungen werden. Viele Bauern verließen daraufhin Haus und Hof und flohen mit ihren Familien über Westberlin in die Bundesrepublik. Im Frühjahr 1953 lagen 13 Prozent der Anbaufläche in der DDR brach und dies ausgerechnet nach der Missernte von 1952.[10] Deshalb konnte

---

[5] Vgl. Beschluss der 2. Parteikonferenz. In: Dokumente zur Geschichte der SED. Bd. 2, Berlin 1986, S. 168 f.

[6] Vgl. Hagen, Manfred: DDR - Juni 53. Die erste Volkserhebung im Stalinismus. Stuttgart 1992, S. 24.

[7] Weber, Hermann: Kleine Geschichte der DDR. Köln 1980, S. 63.

[8] Vgl. Deutscher, Isaac: Stalin. Eine politische Biographie. Berlin 1990, S. 775.

[9] Für diese Organisation wurden ähnliche Werbekampagnen durchgeführt wie für die KVP. Nach dem 17. Juni 1953 ließ die SED-Führung den »Dienst für Deutschland« heimlich »einschlafen«.

[10] Vgl. Baring, Arnulf: Der 17. Juni 1953. 2. Aufl., Stuttgart 1983, S. 31.

die Lebensmittelrationierung zur Jahreswende 1952/53 nicht gelockert werden. Es wurde sogar zunehmend schwieriger, auf die Lebensmittelkarte die gewünschten Lebensmittel zu bekommen. Oft »*gab es statt der vorgesehenen Menge an Fleisch und Fett Fisch und Zucker als Ersatz*«.[11] Selbst die Versorgung mit Kartoffeln und Brot geriet immer wieder ins Stocken. Obendrein traten nun Mängel in der Kohleversorgung auf. Stromabschaltungen wurden wieder zu regelmäßigen Begleiterscheinungen der Winterabende.

Angesichts dieser katastrophalen Lage fanden seit dem Spätherbst 1952 Arbeitsniederlegungen in Industriebetrieben und Protestversammlungen in den Dörfern statt.[12] Der Flüchtlingsstrom nach Westberlin nahm immer größere Ausmaße an. Die Staatsführung der DDR um Walter Ulbricht und Otto Grotewohl stand vor einem Dilemma. Entweder bemühte sie sich, die krisenhafte Entwicklung aufzuhalten, indem sie gegen deren Ursachen vorging oder aber sie hielt, auf baldige Besserung hoffend, am bisherigen Kurs fest und unterdrückte die Unzufriedenheit der Bevölkerung. Die Ursachen der Krise zu beseitigen, hätte nicht nur bedeutet, den eingeschlagenen sozialistischen Weg infrage zu stellen, sondern auch, an den Ratschlägen der »ruhmreichen Sowjetunion«, also an der »Weisheit Stalins« zu zweifeln. Weil Derartiges zu Lebzeiten des »Generalissimus« politischem Selbstmord gleichkam, hielten sich die SED-Oberen an die sowjetischen Vorgaben. Die Proteste und Arbeitsniederlegungen wurden mit verstärkter Propaganda als »Provokationen des Klassenfeindes« diffamiert und mit den Mitteln der Justiz unterdrückt. Nun häuften sich politisch motivierte Anklagen und Gerichtsurteile. Die Unnachgiebigkeit der Justiz nahm zu. Selbst für unbedeutende Delikte wie Zollvergehen, Steuerrückstände oder Nichterfüllung des Ablieferungssolls musste man mit mehrjährigen Freiheitsstrafen rechnen. Darüber hinaus war man in der SED und der Regierung bestrebt, Sündenböcke zu finden. Die von der SED kontrollierte Presse benannte schon bald Großbauern und »kapitalistische Elemente in der Regierung« als Schuldige an den miserablen Lebensverhältnissen.[13] Am 15. Dezember 1952 wurden der Minister für Handel und Versorgung, Karl Hamann (LDPD), sowie seine beiden Staatssekretäre, Rudolf Albrecht (Bauernpartei) und Paul Baender (SED), wegen »Sabotage« ihrer Ämter enthoben und verhaftet. Am 13. Januar 1953 traf DDR-Außenminister Georg Dertinger (CDU) das gleiche Schicksal. Ihm warf die Justiz »feindliche Tätigkeit« gegen die DDR vor. Parallel dazu durchlief eine der berüchtigten »Säuberungswellen« die Reihen der SED, in deren Folge viele kritische Parteimitglieder (vor allem ehemalige Sozialdemokraten) ausgeschlossen wurden.[14]

---

[11] Hagen: DDR-Juni 1953 (Anm. 6), S. 25.

[12] Vgl. Stoedtner, Gerhard: Der Arbeiter. Bonn 1955, S. 50; Leithäuser, Joachim: Der Aufstand im Juni. Ein dokumentarischer Bericht. In: Der Monat 1953, S. 7.

[13] Vgl. Baring: Der 17. Juni 1953 (Anm. 10), S. 30.

[14] Vgl. Werkentin, Falco: Politische Strafjustiz in der Ära Ulbricht. Berlin 1995, S. 143–146.

2 Die Wirtschaftskrise im Frühjahr 1953 und der Neue Kurs

Am 6. März 1953 wurde der Tod Stalins gemeldet. Die Nachricht löste - trotz gegenteiliger Behauptungen der Parteipresse - in der DDR-Bevölkerung kaum Trauer aus. Sie war eher ein Grund der Erleichterung und neuer Hoffnungen. In den Führungsgremien der SED, dem Politbüro und dem Zentralkomitee schien der Tod »des großen Führers der fortschrittlichen Menschheit« jedoch Betroffenheit ausgelöst zu haben. Die Erklärung der Trauersitzung des Zentralkomitees, in der vom »unermesslichen Schmerz« über den Tod des »genialen Fortsetzers der Sache Lenins« die Rede ist, erweckte zumindest diesen Eindruck.[1] Sicherlich war sie auch ein Zeichen der Sorge vieler SED-Funktionäre, wie es nun in der Sowjetunion und im Ostblock weitergehen würde. Denn Stalin hatte keinen Nachfolger für sich bestimmt. Schon am Tag seines Ablebens begann das Ringen der politischen Erben um die Macht in der UdSSR.[2] Für die SED-Oberen war es nur von untergeordneter Bedeutung, ob Malenkow, Chruschtschow oder Berija an die Spitze des Sowjetstaates traten. Wichtiger war für sie, ob der bisherige Kurs beibehalten würde. Solange nicht feststand, ob es einen Richtungskampf in Moskau gab, hielt Walter Ulbricht an den bisherigen rigorosen innenpolitischen Leitlinien fest.

Die von der DDR-Bevölkerung erhofften Erleichterungen im täglichen Leben blieben aus. Die wirtschaftliche Krise verschärfte sich spürbar. Im Frühjahr 1953 näherte sich die Lebensmittelknappheit dem Ausmaß des Hungerjahres 1947. Nachdem die Sowjetunion eine Bitte der DDR um zusätzliche Lebensmittellieferungen abgelehnt hatte, sah die ostdeutsche Regierung keinen anderen Ausweg mehr, als den Druck auf die Bauern noch weiter zu erhöhen und einigen Bevölkerungsgruppen die Lebensmittelkarten zu entziehen. Auf Beschluss des Ministerrates erhielten ab 1. Mai 1953 private Unternehmer, Großhändler, Handwerker mit mehreren Beschäftigten, selbstständige Rechtsanwälte, Steuerberater, Gaststättenbesitzer, Einzelhändler und Hausbesitzer, die überwiegend vom Mietzins lebten, keine Lebensmittelkarten mehr. Dadurch waren annähernd zwei Millionen Menschen gezwungen, die teuren HO-Waren für ihren Lebensunterhalt zu kaufen. Damit nicht genug, wurden einige Tage

---

1 Vgl. Trauersitzung des Zentralkomitees. In: Dokumente zur Geschichte der SED. Bd. IV, Berlin 1954, S. 296-298.

2 Vgl. Zubok, Vladislav: »Unverfroren und grob in der Deutschlandfrage...«. Berija, der Nachfolgestreit nach Stalins Tod und die Moskauer DDR-Debatte im April-Mai 1953. In: Vgl. Kleßmann, Christoph; Stöver, Bernd (Hg.): 1953 - Krisenjahr des Kalten Krieges in Europa. Köln 1999, S. 31-34.

später die Verbraucherpreise für Wurst, Fleisch und Backwaren angehoben.[3] Zur selben Zeit wuchs die Zahl der »Sonderverkaufsstellen für Angehörige der Intelligenz«, in denen man nur mit einem Sonderausweis einkaufen durfte. Diese Lebensmittelgeschäfte waren eröffnet worden, um vor allem die Massenflucht der technischen Intelligenz und der Ärzte zu stoppen. Sie verfügten bei gleichen Preisen über ein bedeutend reichhaltigeres Warenangebot als die HO-Läden. Großen Teilen der Bevölkerung waren sie deshalb ein Dorn im Auge und eine Quelle vieler Diskussionen und Proteste.[4]

Dazu wurde noch ein neuer »Feind des Sozialismus und des Weltfriedens« ausfindig gemacht: die Jugendgruppen der evangelischen Kirche. Die »Junge Gemeinde« sowie die evangelischen Studentengemeinden waren den SED-Funktionären schon seit längerem ein Dorn im Auge. Nachdem jeder Ansatz von Jugendorganisationen in den Blockparteien zerschlagen und die unabhängigen Studentenräte aus den Hochschulen gedrängt worden waren, bildeten die kirchlichen Gruppen die letzten Stätten organisierter Jugendarbeit außerhalb der staatlichen Jugendorganisation FDJ. Dieser von der SED schwer zu beeinflussende Freiraum sollte nun beseitigt werden. Im Frühjahr 1953 begann die Propagandamaschinerie der SED die Jugendarbeit der evangelischen Kirche in der DDR zu diffamieren. Oberschüler und Studenten, die sich zu diesen Gruppen offen bekannten, wurden von ihren Schulen oder Hochschulen relegiert. Lehrer, die sich schützend vor diese Schüler stellten, mussten mit der fristlosen Entlassung rechnen. Geistliche, die ihre Stimme gegen solche Willkür erhoben, wurden verhaftet und wegen »Boykotthetze« vor Gericht gestellt. Im April 1953 gaben die Behörden offiziell bekannt, dass sie die »Junge Gemeinde« und die Studentengemeinden als illegale Organisationen betrachteten.[5]

Alle diese Aktivitäten trugen noch zusätzlich zur Vertiefung der Krise in der DDR bei und führten zu einem weiteren Ansteigen der Flüchtlingszahlen. Während im Jahr 1952 182 000 Bürger nach Westdeutschland geflohen waren, wählten schon im 1. Halbjahr 1953 226 000 Bürger diesen Ausweg.[6] Dadurch verringerte sich besonders der Mittelstand in der DDR. Noch immer gab es aber nur vereinzelte Streiks und Protestversammlungen, als eine andere Willkürmaßnahme den Topf zum Überlaufen brachte: die Erhöhung der Arbeitsnormen.

---

3 Vgl. Fricke, Karl Wilhelm; Spittmann, Ilse (Hg.): Der 17. Juni 1953. Arbeiteraufstand in der DDR. 2., erw. Aufl., Köln 1988, S. 8.

4 Am 17. Juni wurden viele dieser Läden geplündert und danach alle Sonderverkaufsstellen aufgelöst.

5 Vgl. Oltn. Bernd Heinrich: Die Kenntnis über die Evangelischen Studentengemeinden der Evangelischen Kirche der Kirchenprovinz Sachsen im Verantwortungsbereich der BV Halle – Voraussetzung für eine wirksame politisch-operative Arbeit, Diplomarbeit, Potsdam-Eiche 1985; BStU, ZA, JHS 20332, Bl. 12–15.

6 Vgl. Baring, Arnulf: Der 17. Juni 1953. 2. Aufl., Stuttgart 1983, S. 35.

Die Normerhöhung in der Industrie der DDR war aus betriebswirtschaftlicher Sicht zu diesem Zeitpunkt längst überfällig. Denn die gültigen Arbeitsnormen stammten aus den Nachkriegsjahren, in denen sie generell niedriger als die Vorkriegsnormen festgelegt waren. Inzwischen wurden die Normen in den meisten Betrieben übertroffen. Dafür mussten Prämien gezahlt werden, die den dünnen Etat der DDR belasteten. Aus diesem Grund entfachte die Einheitsgewerkschaft FDGB im Januar 1953 in allen Betrieben einen Werbefeldzug für die freiwillige Erhöhung der Arbeitsnormen. Das stieß natürlich auf wenig Gegenliebe bei den Arbeitern, die auf regelmäßige Prämienzahlungen angewiesen waren. Die SED-Spitze hatte nicht bedacht, dass die durchschnittlich sehr niedrigen Grundlöhne in der ostdeutschen Industrie oft nur zusammen mit den Prämien für ein erträgliches Auskommen der Familien sorgten. Walter Ulbricht und die übrige SED-Führungsriege ließen sich von den zunehmenden Unmutsäußerungen der Bevölkerung jedoch nicht beeindrucken. Ulbricht erklärte, der Klassenkampf verschärfe sich im Rahmen des sozialistischen Aufbaus, also seien Unruhen ganz normal und das Werk der kapitalistischen Reaktion, der man den Kampf ansagen müsse.[7]

Weil alle Appelle für freiwillige Normerhöhungen ergebnislos geblieben waren, beschloss das Zentralkomitee der SED am 14. Mai 1953, *»dass die Arbeitsnormen insgesamt um mindestens 10 Prozent erhöht werden«.*[8] Der Ministerrat der DDR verabschiedete am 28. Mai 1953 eine entsprechende Verordnung. Die Folgen dieser diktatorischen Maßnahme waren Erhöhungen der Arbeitsnormen von bis zu 25 Prozent in einzelnen Bereichen und entsprechende Lohneinbußen für die Beschäftigten. Es war nur noch eine Frage der Zeit, bis die Unzufriedenheit in der Bevölkerung in offene Empörung umschlagen würde.

Die neue Führung im Kreml betrachtete die Entwicklung in der DDR unterdessen mit einiger Sorge. Die Sowjetführer waren noch damit beschäftigt, die gerade errungene Macht zu sichern und wollten zudem die außenpolitische Isolierung der Sowjetunion allmählich auflösen. Ein Kollaps der DDR hätte weitreichende Folgen für das sowjetische Imperium heraufbeschworen und diese Pläne zunichte gemacht. Deshalb befassten sich die Nachfolger Stalins intensiv mit den Problemen in Ostdeutschland. Dabei setzte sich die Meinung durch, dass nur eine Entschärfung des innenpolitischen Kurses eine schnelle Lösung der Schwierigkeiten bringen könnte. Bereits am 15. März 1953 erteilte der politische Berater der Sowjetischen Kontrollkommission in (Ost-)Deutschland (SKK)[9], W. Semjonow, dem SED-Politbüro den Rat, die bisherige

---

7 Vgl. ebenda, S. 36.

8 Beschluss des ZK der SED vom 14. Mai 1953. In: Dokumente zur Geschichte der SED. Bd. IV, Berlin 1954, S. 410–412.

9 Die SKK wurde am 10. November 1949 als Nachfolgeeinrichtung für die Sowjetische Militäradministration in Deutschland (SMAD) geschaffen, nachdem die neu gegründete DDR ihre Teilsouveränität erhalten hatte. Chef der SKK war Sowjetmarschall N. Wassiljewski.

Politik zu korrigieren und unverzüglich die Lebensbedingungen der Bevölkerung zu verbessern.[10] Da die UdSSR jedoch nicht in der Lage war, der DDR mit Lebensmittel-Sonderlieferungen zu helfen, bewilligte sie andere wirtschaftliche Erleichterungen. Im April 1953 wurden alle Reparationen und Exportverpflichtungen vorläufig ausgesetzt. Im Mai 1953 legte die Sowjetregierung schließlich die Kontrollaufgaben in Ostdeutschland in die Hände einer Zivilbehörde. Die SKK wurde aufgelöst und statt dessen das Amt des »Hohen Kommissars in Deutschland« geschaffen, an dessen Spitze W. Semjonow stand.

Als sich die Lage in der DDR trotz allem nicht normalisierte, rief die Sowjetregierung Semjonow nach Moskau zurück, um seinen Standpunkt zu den Problemen in Ostdeutschland in Erfahrung zu bringen. Auf dieser Grundlage sowie auf der Basis weitergehender Analysen durch sowjetische Dienststellen verfasste das Politbüro der KPdSU Ende Mai ein Gutachten »Über Maßnahmen zur Gesundung der politischen Lage in der Deutschen Demokratischen Republik«.[11] In dem mit vielen Empfehlungen zur Kurskorrektur versehenen Schriftstück bekannte sich die sowjetische Führung erstmals zu ihrer Mitschuld an der entstandenen Situation, weil sie den forcierten Aufbau des Sozialismus in der DDR gebilligt hatte. Die Leitung der SED erhielt die Weisung, unverzüglich nach Moskau zu kommen. Dort trafen Walter Ulbricht, Otto Grotewohl und Propagandachef Fred Oelßner am 2. Juni 1953 mit der sowjetischen Regierung zusammen. Zu Beginn der streng geheim gehaltenen dreitägigen Beratung wurde den deutschen Genossen vorgeworfen, nicht angemessen auf die massenhafte Westflucht der DDR-Bevölkerung reagiert zu haben. Dann legte man ihnen das sowjetische Strategiepapier vor und machte ihnen dabei unmissverständlich klar, dass sich die SED den »neuen Erkenntnissen« anzuschließen habe.[12]

Am 5. Juni 1953 kehrte die SED-Delegation nach Berlin zurück und bereits am 9. Juni verkündete das Politbüro der SED eine Politik des »Neuen Kurses«. In einer Bekanntmachung gab die Staatspartei erstmals öffentlich zu, »dass seitens der SED und der Regierung der Deutschen Demokratischen Republik in der Vergangenheit eine Reihe von Fehlern begangen wurde«.[13] Alle Maßnahmen des Frühjahrs 1953 sollten zurückgenommen, der Ausbau der Schwerindustrie zugunsten der Konsumgüterproduktion gedrosselt und damit der Lebensstandard der Bevölkerung in nächster Zeit spürbar verbessert werden. Zwei Tage später setzte der Ministerrat die »Empfehlungen« des Politbüros in vier Verordnungen um.[14] Darin war Folgendes festgelegt:

---

10 Vgl. Baring: Der 17. Juni 1953 (Anm. 6), S. 41.

11 Vgl. Stöckigt, Rolf: Ein Dokument von großer historischer Bedeutung. In: Beiträge zur Geschichte der Arbeiterbewegung. Berlin 1990, S. 648–654.

12 Ebenda.

13 Kommuniqué des Politbüros vom 9. Juni 1953. In: Dokumente zur Geschichte der SED. Bd. IV, Berlin 1954, S. 428.

14 Vgl. Kommuniqué über die Sitzung des Ministerrates der DDR vom 11. Juni 1953. In: Neues Deutschland v. 12.6.1953; Baring: Der 17. Juni 1953 (Anm. 6), S. 42 f.

- der Entzug der Lebensmittelkarten für Selbstständige wurde aufgehoben, die zwei Monate zuvor angeordnete Erhöhung der Verbraucherpreise zurückgenommen;
- alle Zwangsmaßnahmen zur Steuereintreibung wurden ausgesetzt und die aus diesem Grund enteigneten Privatgeschäfte sowie Bauernhöfe zurückgegeben;
- »republikflüchtigen Personen« sollte die Rückkehr in die DDR mit der Rückgabe ihres Eigentums, mit zinslosen Krediten und kostenlosem Saatgut erleichtert werden;
- eine Überprüfung von Strafverfahren und Urteilen sowie die Haftentlassung »leichter Fälle« wurden angekündigt;
- außerdem leitete der Ministerrat Maßnahmen ein, *»die die Annäherung der beiden Teile Deutschlands konkret erleichtern«*[15].

Schließlich fanden am 10. Juni 1953 ein Gespräch zwischen Vertretern der evangelischen Kirche unter Leitung von Bischof Otto Dibelius und dem Ministerrat unter Ministerpräsident Grotewohl sowie am 11. Juni eine Zusammenkunft von Vertretern der evangelischen Kirche unter Probst D. Gräbner und dem Zentralrat der FDJ unter Erich Honecker statt. Im Ergebnis dieser Aussprachen entspannte sich das Verhältnis von Kirche und Staat. Alle Schüler, Lehrer und Studenten, die man wegen ihres Bekenntnisses zur »Jungen Gemeinde« oder den Studentengemeinden aus Oberschulen sowie Universitäten entfernt hatte, wurden wieder aufgenommen und durften versäumte Prüfungen nachholen.[16]

Trotz all dieser Zugeständnisse erreichte die Politik des Neuen Kurses nicht das angestrebte Ziel, die explosive Situation in der DDR zu beseitigen. Dafür waren vor allem drei Faktoren verantwortlich:

Erstens wurde der wichtigste Grund für die Unzufriedenheit der Arbeiterschaft, die Normerhöhung, nicht angetastet. Die Arbeitsnormen waren weder im Kommuniqué des Politbüros noch in den Ministerratsbeschlüssen erwähnt worden. Damit nicht genug, erklärte das Politbüromitglied Friedrich Ebert öffentlich: *»Wer gegen die Normerhöhung ist, stört den Neuen Kurs!«*[17] Ein in der Gewerkschaftszeitung »Tribüne« am 16. Juni gedruckter Artikel bestätigte:

> »Die Beschlüsse über die Erhöhung der Normen sind in vollem Umfang richtig. [...] Weil aber davon abhängt, inwieweit wir die großen Aufgaben

---

[15] Kommuniqué über die Sitzung des Ministerrates vom 11. Juni 1953. In: Neues Deutschland v. 12.6.1953.

[16] Vgl. Oltn. Bernd Heinrich: Die Kenntnis über die Evangelischen Studentengemeinden der Evangelischen Kirche der Kirchenprovinz Sachsen im Verantwortungsbereich der BV Halle - Voraussetzung für eine wirksame politisch-operative Arbeit; BStU, ZA, JHS 20332, Bl. 47 f.; Fricke; Splittmann: Der 17. Juni 1953. Arbeiteraufstand (Anm. 3), S. 11.

[17] Baring: Der 17. Juni 1953 (Anm. 6), S. 46.

> des Fünfjahrplans [...] erreichen können, gilt es, den Beschluss des Ministerrates über die Erhöhung der Arbeitsnormen um durchschnittlich 10 Prozent [...] mit aller Kraft durchzuführen.«[18]

Zweitens erreichte der Beschluss des Politbüros über den Neuen Kurs die Mitglieder und Funktionäre der SED sowie die ihr folgenden Massenorganisationen völlig unvorbereitet. Solch ein bedeutendes Vorhaben, das in diametralem Gegensatz zur bisherigen Politik stand, hätte eigentlich eines Parteitages oder einer Parteikonferenz bedurft. Daher löste die plötzliche, unerwartete Wendung nur Verwirrung und Unsicherheit in der SED, der Wirtschaft und dem Verwaltungsapparat aus. Zweifellos gab es auch Funktionäre, die erleichtert über die neue politische Richtung waren. Die Mehrheit war durch die überraschende Wende in der Politik jedoch verunsichert und entmutigt.

Drittens wirkte bereits diese sehr behutsame Selbstkritik einer sich stets als unfehlbar preisenden Staatspartei nicht beruhigend, sondern aufputschend auf die Bevölkerung. Diejenigen, die schon immer eine kritische Haltung zur SED und ihrer Politik eingenommen hatten, fühlten sich bestätigt und forderten nun öffentlich die Bestrafung und Absetzung der Regierungsverantwortlichen. Die Beschlüsse des Ministerrates wurden *»als Zeichen der Schwäche und sogar des Bankrotts von Partei und Regierung empfunden«*.[19] Immer lauter stellten Redner in Betriebsversammlungen nun die Forderungen: Rücktritt der Regierung und freie Wahlen.

Der erwähnte Artikel in der Gewerkschaftszeitung »Tribüne« sollte schließlich zum Auslöser jener berühmten Demonstration der Berliner Bauarbeiter zum Haus der Ministerien am 16. Juni 1953 werden. Dort stellten Redner auch die Forderung nach einem Generalstreik auf, die sich wie ein Lauffeuer in Berlin verbreitete. Ein am selben Tag gefasster Beschluss des Politbüros der SED, die Normerhöhung zurückzunehmen, erreichte die aufgebrachten Arbeiter nicht mehr. Noch am gleichen Abend berichteten vor allem westliche Radiosender über die Demonstration der Berliner Bauarbeiter sowie über einen geplanten Generalstreik. Diese Nachricht erreichte schnell selbst die abgelegensten Gegenden der DDR.

---

18 Lehmann, Otto: Zu einigen schädlichen Erscheinungen bei der Erhöhung der Arbeitsnormen. In: Tribüne v. 16.6.1953.

19 Hagen, Manfred: DDR - Juni 53. Die erste Volkserhebung im Stalinismus. Stuttgart 1992, S. 34.

3 Die Stadt Halle am Vorabend der Volkserhebung

Die Stadt Halle an der Saale zählte zu den mittleren Großstädten der DDR. Ihre Fläche hatte sich im Jahr 1950 durch 14 Eingemeindungen verdreifacht. So wohnten 1953 auf einer Fläche von 134 Quadratkilometern 294 000 Einwohner. Halle/Saale war von 1945 bis 1952 die Landeshauptstadt Sachsen-Anhalts und seit August 1952 das Verwaltungszentrum des neu gegründeten Bezirkes gleichen Namens. Die »kreisfreie Stadt« gliederte sich in sechs Stadtbezirke. An der Spitze des Stadtrates stand 1953 Oberbürgermeister Kurt Roßner (SED).[1]

Den 2. Weltkrieg hatte Halle verhältnismäßig unbeschadet überstanden. Auf die Stadt waren nur wenige Luftangriffe verübt worden, von denen einer ernsthafte Schäden hinterlassen hatte. Diesem Bombardement fielen die Stadtgebiete am Hauptbahnhof (Riebeckplatz, Charlottenviertel), Wohnhäuser und Fabrikgebäude entlang der Bahnlinie nach Merseburg, die untere Große Steinstraße sowie der Marktplatz zum Opfer.[2] Im Frühjahr 1945 konnte die angedrohte Beschießung der von amerikanischen Truppen eingeschlossenen Stadt durch das entschlossene Handeln tapferer Bürger verhindert werden. Diesem bemerkenswerten Einsatz war es zu verdanken, dass das traditionelle Stadtbild weitgehend erhalten blieb. Das hatte jedoch auch zur Folge, dass es einen großen Bestand an alter Bausubstanz gab, der nur sehr unzureichend bewahrt wurde.

Seit 1694 war Halle eine Universitätsstadt. Neben der nach dem Reformator Martin Luther benannten Universität gab es seit Anfang der fünfziger Jahre ein Pädagogisches Institut und die Kunsthochschule »Burg Giebichenstein«. Kulturell hatte die Stadt an der Saale, besonders zur damaligen Zeit, auch einiges zu bieten. Neben einem großen Landestheater besaß Halle im Jahr 1953 neun Museen sowie neun Kinos. Damit galt Halle Anfang der fünfziger Jahre als einer der Orte mit den meisten Filmtheatern in der Republik. Daneben verfügte die Stadt bereits 1953 über ein ausgebautes Straßenbahnnetz von 82 Kilometern Länge.[3]

Begünstigt durch die geographische Lage an der Kreuzung mehrerer Eisenbahnhauptstrecken und Fernstraßen sowie an der schiffbaren Saale hatte sich Halle zum Verkehrsknotenpunkt für das mitteldeutsche Industriegebiet entwickelt. Diese günstigen Bedingungen förderten die Entstehung vieler Industriezweige im Stadtgebiet. Rund

---

1 Vgl. Statistisches Jahrbuch der Stadt Halle/Saale, o. O., o. J., S. 1 f.

2 Halle erlebte zwar 553 Fliegeralarme, jedoch flogen die Bombergeschwader zumeist über die Stadt hinweg.

3 Vgl. Statistischer Jahresbericht des Bezirkes Halle. Halle/Saale 1958, S. 25 u. 111.

zehn Prozent der gesamten industriellen Produktion des Bezirkes wurden 1953 in Halle hergestellt.[4] Beispiele für die Mannigfaltigkeit der halleschen Industrie waren bekannte Unternehmen wie die Maschinenfabrik »Nagema«, die Halleschen Pumpenwerke, die beiden Waggonfabriken in Ammendorf, die Hallesche Druckfarbenfabrik, der Seifen- und Parfümhersteller »Patina«, die Schokoladenfabrik »Halloren«, eine Kaffeerösterei und die Nahrungsmittelfirma »Kathi«. Insgesamt existierten Mitte der fünfziger Jahre in Halle 238 Industrie- und Handwerksbetriebe. 163 dieser Unternehmen waren Privatbetriebe. Den größten Teil unter ihnen bildeten jedoch kleinere Firmen mit bis zu 75 Beschäftigten (154 Firmen). Alle Großbetriebe waren »volkseigen«.[5] Deshalb arbeiteten von den 128 000 abhängig beschäftigten Bürgern Halles 46 000 in »Volkseigenen Betrieben« und nur 5 000 in Privatbetrieben.[6]

Die Situation in der Stadt Halle im Frühjahr 1953 war ein Spiegelbild der Verhältnisse in der DDR. In der Bevölkerung herrschte Unzufriedenheit über die sich rasant verschlechternden Lebensbedingungen. Viele Bürger waren auch darüber verbittert, dass *»anscheinend alles wieder losging wie nach 1933, nur dieses Mal unter der roten Fahne«*[7]. Innerhalb der Intelligenz und des übrigen Mittelstands grassierten außerdem Angst und Resignation, denn immer öfter hörte man Flüstermeldungen über nächtliche Verhaftungen und monatelanges Verschwinden von Menschen aus ihrer Umgebung.[8] Deshalb vermieden es die Bürger gewöhnlich, die in der DDR herrschenden Zustände öffentlich zu kritisieren. Wenn dies trotzdem geschah, dann, wie aus Meldungen der Volkspolizei und des Staatssicherheitsdienstes hervorgeht, vorwiegend in Gaststätten. So berichtete zum Beispiel ein Wachtmeister der Transportpolizei im März 1953, dass ein Betrunkener im Hauptbahnhof gebrüllt hatte: *»Das nennt man Freiheit! Wenn man in der Ostzone die Wahrheit sagt, wird man verhaftet! [...] Sagt es allen weiter, 1953 kommt die große Wende!«*[9] Dieser Mann, ein Arbeiter im Kohlehandel, wurde augenblicklich verhaftet und zur Kriminalpolizei gebracht. Solche Ausbrüche bildeten eine Ausnahme. Gewöhnlich wurde nur mit guten Bekannten leise diskutiert.

Das änderte sich, als die Arbeitsnormen im Mai 1953 per Beschluss erhöht werden sollten. Nun häuften sich auch aus halleschen Betrieben die Nachrichten über laute Widersprüche und Proteste in Betriebsversammlungen. Selbst unter den SED-

---

4 Vgl. Statistisches Jahrbuch der Bezirkshauptstadt Halle/Saale. Halle 1956, S. 2 f.

5 Den 22 »Volkseigenen Betrieben« (VEB) mit 200–500 Beschäftigten standen nur 2 Privatbetriebe gleicher Größe gegenüber. Die 19 Fabriken mit 500 und mehr Beschäftigten waren alle VEB. Ebenda, S. 66 f.

6 Ebenda, S. 20.

7 Aus dem Erlebnisbericht von A. H. Poppe-Hassink.

8 Vgl. BStU, ASt Halle, AU 13/54, Bd. 2, Bl. 119 f.

9 Aus dem Dienstbericht eines Volkspolizisten; BStU, ASt Halle, AST 4615/53, Bd. 1, Bl. 6 f.

Mitgliedern regte sich in Halle der Widerstand gegen die Normerhöhungen. Die SED-Bezirkszeitung »Freiheit« berichtete von solch einer Versammlung:

> »Der Arbeiter Walter erhob sich und sagte: ›Kollegen, was sich jetzt bei uns tut, ist für uns als Arbeiter beschämend. Siebzig Jahre nach dem Tod von Karl Marx müssen wir noch über die elementarsten Lebensbedürfnisse debattieren. Wenn Karl Marx das ahnte, würde er sich im Grabe umdrehen.‹«[10]

Auch die SED-Führung im Bezirk Halle unter Bezirkssekretär Heinz Glaser ignorierte diese Meinungen und diffamierte sie als Provokationen gegen die Partei oder als »Hetzpropaganda des Klassengegners«. SED-Mitglieder, die offen gegen die bestehenden Missstände aufgetreten waren, erhielten eine Aufforderung zur »Stellungnahme« vor ihrer Parteileitung. Die Parteileitung der Chemischen Werke Buna berichtete über eine derartige Aussprache: *»Mit den Genossen, die eine solche Ansicht vertraten, wurde bereits in Auseinandersetzungen über ihre falschen Auffassungen Klarheit geschaffen.«*[11] Abschließend legte die Parteileitung Maßnahmen fest, »um den falschen Tendenzen und Gerüchtemachern entgegenzutreten«.

Ein deutliches Signal für die schlechte Stimmung innerhalb der Hallenser Bevölkerung war, dass vom Januar bis zum Juni 1953 2 551 Bürger Halle den Rücken kehrten und in die Bundesrepublik oder nach Westberlin flüchteten.[12] In einem Lagebericht an die SED-Bezirksleitung hieß es dazu:

> »Die Gründe des ungesetzlichen Verlassens der DDR sind zum Teil westliche Beeinflussung, eine feindliche Einstellung zur DDR, Begehen von strafbaren Handlungen und private Gründe. Besonders traten im Berichtszeitraum Großbauern, Ärzte, Betriebs- und Geschäftsinhaber in Erscheinung.«[13]

Die Gegenüberstellung der Zahl der »Republikflüchtigen« und der Zahl der »Zuzüge« aus Westdeutschland und Westberlin, wie sie in den damaligen Berichten üblich war,

---

[10] Provokation! In: Freiheit v. 29.5.1953.

[11] Bericht der VP-Abteilung Schkopau an die Bezirksbehörde der VP Halle (BdVP); Landesarchiv Merseburg (LAM), Bestand BdVP Halle 19, Nr. 643, Bl. 2.

[12] Eine beachtliche Zahl, wenn man bedenkt, dass Halle zwischen 1950 und 1957 insgesamt 8 500 Einwohner verlor! Hagen, Manfred: DDR - Juni 53. Die erste Volkserhebung im Stalinismus. Stuttgart 1992, S. 25.

[13] Monatliche Lageeinschätzungen an die Bezirksleitung der SED Halle; LAM, Bestand BdVP Halle 19, Nr. 323, Bl. 22.

verdeutlichte die Misere nur noch mehr.[14] Dieser offenkundige Widerspruch und die zunehmende Missstimmung in der Bevölkerung hätten die verantwortlichen SED-Funktionäre im Bezirk eigentlich alarmieren müssen. Sie versteckten sich jedoch hinter den offiziellen Begründungen aus Ostberlin, in denen oft vom »Wirken des Klassengegners« und von »westlicher Beeinflussung« und nur am Rande von den Fehlern der eigenen Partei die Rede war. Nachdem sich innerhalb der SED-Bezirksleitung Halle und der ihr untergeordneten Vorstände die Verwirrung über die Politik des »Neuen Kurses« gelegt hatte, hoffte man, nun die Bürger mit eifriger Agitation wieder beruhigen zu können. Daran zeigte sich, wie wenig Heinz Glaser und seine Funktionäre die Wünsche und Meinungen in »ihrer« Bevölkerung wirklich kannten. Noch am Abend des 16. Juni, als die Nachrichten vom Berliner Bauarbeiterstreik Halle erreichten, glaubten sie, ein Übergreifen der Unruhen verhindern zu können, indem sie alle Telefon- und Verkehrsverbindungen von und nach der Hauptstadt sperren ließen.[15] Am nächsten Tag sollten sie eines anderen belehrt werden.

---

14 Im 1. Halbjahr 1953 waren 36 Personen in die DDR übergesiedelt. Vgl. ebenda, Bl. 4–74.

15 Vgl. Aktennotizen von Inspektionsgruppen der SED; LAM, Bestand SED-Bezirksleitung Halle, IV/2/3, Nr. 611, Bl. 184 f.

4 Es ist egal, wer uns regiert – wir wollen besser leben!

4.1 Die Arbeitsniederlegung im Waggonbau Ammendorf

Der 17. Juni 1953, ein Mittwoch, begann in Halle wie jeder Arbeitstag. Ab 5.30 Uhr belebten sich allmählich die Straßen. Männer und Frauen begaben sich mit der Straßenbahn, mit Fahrrädern oder zu Fuß zu ihren Arbeitsstellen. Wie immer unterhielt man sich über die neuesten Nachrichten. Doch an diesem Morgen stand eine Meldung, die alle aufrüttelte, im Mittelpunkt der Gespräche: die Demonstration der Berliner Bauarbeiter. Viele hatten davon im Radio gehört, vor allem beim Westberliner Sender »RIAS«, der, im Gegensatz zu den DDR-Medien, sehr ausführlich über die Berliner Ereignisse berichtet hatte. Nach Arbeitsbeginn sah man in der Mehrzahl der halleschen Betriebe immer wieder Arbeiter zusammenstehen, die sich lebhaft über die Berliner Ereignisse unterhielten. Zu diesem Zeitpunkt reagierten die Leitungen der betroffenen Fabriken noch recht schnell und selbstsicher. Denn sie glaubten, die »vom RIAS irregeleiteten Arbeiter« durch Agitation problemlos wieder zur Arbeit bewegen zu können. In einem Rapport aus dem Lokomotiv- und Waggonbau Ammendorf (LOWA) hieß es dazu:

> »Nach diesen Beobachtungen wurde um 7.30 Uhr der Leiter des BS [Betriebsschutzes] verständigt. Dieser setzte sofort mehrere BS-Angehörige als Ermittler in den Werkhallen ein [...] Meldung an die BPO [Betriebsparteiorganisation]. Diese und die Betriebsleitung befanden sich bereits mit den Arbeitern in Diskussionen.«[1]

Die Funktionäre versuchten zunächst, die Ordnung wiederherzustellen, indem sie die Arbeiter auf spätere Betriebsversammlungen vertrösteten. Am Anfang schien diese Taktik aufzugehen. Nur bei »LOWA« hatten sie damit keinen Erfolg. Die Angehörigen der zahlenmäßig großen Abteilungen »D-Zugbau« und »Schmalspurbau« gaben sich mit den Versprechungen nicht zufrieden. Sie unterbrachen die Arbeit, versammelten sich und wollten von den Parteiagitatoren unverzüglich wissen, was die Betriebsparteiorganisation konkret unternahm, um die Arbeits- und Lebensbedingungen der Arbeitnehmer des Werkes zu verbessern. Die überraschten Agitatoren waren mit dieser Fragestellung derart überfordert, dass sie keine zufriedenstellenden Antwor-

---

[1] Blitzbericht des Betriebsschutzes im VEB Waggonbau Ammendorf (LOWA) an die Bezirkspolizeibehörde (BdVP), 17.6.1953; LAM, Bestand BdVP Halle 19, Nr. 73, Bl. 25/2.

ten geben konnten. Sie wurden ausgepfiffen und die Arbeiter der beiden Abteilungen beschlossen, gemeinsam zum Verwaltungsgebäude zu gehen, um dort von der Werkleitung Antworten zu verlangen.

So zogen ab 8.30 Uhr schätzungsweise 300 Arbeiter in mehreren Kolonnen lautstark durch das Werkgelände zum Verwaltungsgebäude. Kleinere Gruppen gingen in die anderen Abteilungen der Waggonfabrik »*und forderten die dort anwesenden Kollegen auf, ihre Arbeit niederzulegen. Daraufhin wurden die Maschinen stillgelegt und wir gingen mit.*«[2] Ein Arbeiter berichtete: »Ein Kollege kam an meine Maschine, drehte die Luft ab und forderte mich auf mitzugehen. Danach ging ich zum Verwaltungsgebäude.«[3] Andere Betriebsangehörige »hörten Lärm auf dem Werkhof und gingen dorthin, um zu sehen was los ist«. Ein Tischler in der Waggonfabrik erzählte: »Plötzlich war Lärm in der Holzabteilung, und als ich aus meinem Kabuff sah, war niemand mehr am Arbeitsplatz. Da bin ich auch zur Verwaltung gegangen.«[4]

Über 2 000 Waggonbauer standen schließlich auf dem Hof vor dem Verwaltungsgebäude und verlangten lautstark, die Direktion zu sehen. Niemand jedoch erschien. Dann wurde ein Tisch herbeigebracht, der als Rednertribüne dienen sollte. Auf ihn stellte sich eine junge, blonde Frau in einem hellen Sommerkleid - die damals 40-jährige Putzfrau Frieda Stephan. Sie rief den Arbeitern zu, dass es schon wieder kein Brot in Halle zu kaufen gäbe und wenn, dann nur schlechtes Brot; sie verlange besseres Brot; sie verlange auch eine Senkung der HO-Preise, damit die Kinder mehr Milch und Butter bekommen könnten; es dürfe auch nicht sein, dass die Intelligenz eigene Läden hätte, in denen es bessere Waren gäbe; sie verlange, diese Privilegien abzuschaffen; man habe lange genug darauf gewartet, dass es allen besser gehe; nun sei die Geduld zu Ende, und alle müssten sich dem Streik der Berliner Bauarbeiter anschließen; denn »*es ist völlig egal, unter welcher Regierung wir leben - Hauptsache wir können bald besser leben!*«[5] Während der Rede erschallten aus der Masse der Zuhörer die Rufe: »Arbeiter, greift zur Macht! Tretet in den Streik! Nieder mit der Regierung!«

Unterdessen trafen zwei Vertreter der Betriebsleitung ein, der Arbeitsdirektor und der Parteisekretär. Beide schätzten jedoch die Situation falsch ein und gossen mit ihren Reden nur Öl ins Feuer. Als der Arbeitsdirektor mit den Worten begann: »*Liebe Kollegen!*«, erschollen schon die Zwischenrufe: »*Wir sind nicht deine Kollegen!*« Dann versuchte er die Streikenden zu beruhigen, forderte sie aber im gleichen Augenblick auf, friedlich die Arbeit wieder aufzunehmen. Daraufhin begann ein solcher Tumult

---

2 Aussage des Meisters Otto K. vom 18.6.1953; BStU, ASt Halle, AU 227/53, Bd. 1, Bl. 11.

3 Aussage des Arbeiters Fritz W. vom 17.6.1953; BStU, ASt Halle, AU 104/55, Bd. 1, Bl. 10.

4 Aussage des Tischlers Arno K. vom 18.6.1953; BStU, ASt Halle, AU 308/54, Bd. 1, Bl. 12.

5 Sinngemäße Wiedergabe der Rede laut Aussagen von Frieda S., Fritz H. und Siegfried N.; BStU, ZA, AU 165/54, Bd. 2, Bl. 25, 35 u. 40, u. AU 244/54, Bd. 1, Bl. 46 f., sowie AP 102/55, Bd. 1, Bl. 8.

auf dem Hof, dass er nicht weitersprechen konnte. Ein junger Mann im Schlosseranzug (der 22-jährige Siegfried Nilius) sprang auf den Tisch und schlug den Arbeitern vor, eine Delegation zu wählen, die zum Werkdirektor gehen sollte. Doch er fand damit kein Gehör.

Deshalb lautete sein zweiter Vorschlag, »*gemeinsam nach Halle zu marschieren, um dem Rat des Bezirkes unsere Forderungen vorzutragen*«.[6] Dies wurde mit großem Beifall angenommen. Der Parteisekretär des Waggonbaus versuchte, die Streikenden von diesem Vorhaben abzubringen. Er ermahnte sie, sich nicht von Falschmeldungen und Provokateuren hinreißen zu lassen. Allerdings ging seine Rede in Pfiffen und Buhrufen der erbosten Arbeiter unter. Der Kraftfahrer Fritz Hartmann schob ihn vom Tisch und forderte die Kollegen auf, den Berliner Bauarbeitern nicht in den Rücken zu fallen, sondern sich auf der Straße zu versammeln und gemeinsam zum Rathaus auf den Marktplatz zu ziehen. Nach diesen Worten löste sich die Ansammlung vor dem Verwaltungsgebäude schnell auf. Die Mehrzahl der Streikteilnehmer verließ den Waggonbau und formierte sich auf der Straße vor dem Werktor zu einem Demonstrationszug. Zwölf Betriebsangehörige gingen nochmals durch alle Werkhallen, um auch die Letzten zur Demonstration zu bewegen. Nur wenige Arbeiter und einige Angestellte blieben zurück.[7] Nach 9.30 Uhr setzte sich der Demonstrationszug mit mindestens 2 000 Teilnehmern[8] in Richtung Innenstadt in Bewegung. Dieser Zug wurde zum Auslöser des Volksaufstandes in Halle.

4.2 »Reiht euch ein!« – Der Demonstrationszug zum Marktplatz

Der Demonstrationszug der Waggonbauer marschierte auf der Merseburger Straße und ihrer Verlängerung, der Stalinallee, einer fast zehn Kilometer langen, kerzengerade vom Vorort Ammendorf zum Stadtzentrum verlaufenden, vierspurigen Verkehrsader in Richtung Halle. Ein Augenzeuge berichtet:

> »Vor den Demonstranten fuhr ein Lkw ohne Ladefläche. Wer müde Beine hatte, fuhr auf ihm ein Stück mit. Drei Personen saßen auf dem Fahrer-

---

[6] Aussage des Arbeiters Siegfried N. vom 18.6.1953; BStU, ZA, AU 244/54, Bd. 1, Bl. 47.

[7] Unter anderem zwei Mitarbeiter des Lohnbüros, die die Lohnunterlagen bewachen wollten und drei Arbeiter zum Inganghalten der Dampfkessel. Vgl. Aussage von Paul H. vom 19.6.1953; BStU, ASt Halle, AP 171/58, Bd. 1, Bl. 7 f.

[8] Während in Polizeimeldungen von 1 000 Arbeitern die Rede ist, berichten Teilnehmer der Demonstration von 2 000 bis 3 000 Arbeitern.

Streikende Arbeiter (wahrscheinlich Waggonbauer von LOWA Ammendorf) auf dem Weg zum Marktplatz

> haus, hielten ein Transparent und gaben den Auftakt für die Sprechchöre: Spitzbart, Bauch und Brille - nicht des Volkes Wille!«[9]

Weitere Losungen waren: »Die HO macht uns k. o.!« - »Wir brauchen keine Volksarmee, gebt uns lieber Butter!« - »Ulbricht, Pieck und Grotewohl machen uns den Magen hohl!« Sämtliche am Weg befindlichen Propaganda-Transparente und Plakate, die damals überall aufgehängt waren, um die Menschen vom Sieg des Sozialismus oder von der Unfehlbarkeit der SED zu überzeugen, wurden heruntergerissen und auf die Straße geworfen.[10] Wegen der Demonstration auf der Stalinallee mussten viele Straßenbahnen anhalten und umkehren. Die Mehrheit der Fahrgäste stieg aus und schloss sich dem Demonstrationszug an. In den Mittagsstunden brach der Straßenbahnverkehr in Halle völlig zusammen. Alle Bahnen fuhren in das Depot in der Freiimfelder Straße. Die meisten Straßenbahnfahrer und Schaffner legten die Arbeit nieder und begaben sich ebenfalls zum Marktplatz.

Am »Rosengarten« nahmen die Demonstranten einen am Straßenrand stehenden Lkw in ihren Besitz. Mehrere junge Männer fuhren damit zur Chemischen Fabrik

---

[9] Erlebnisbericht von G. Piater.

[10] Nach Augenzeugenberichten sollen junge Arbeiter dabei erstaunliche Kletterkünste bewiesen haben.

Ammendorf und zu den Braunkohlengruben, um die dort beschäftigten Arbeiter zum Streik aufzurufen. Auf ihrem Weg begegneten sie einer Gleisbaubrigade der Reichsbahn. Eine Jugendliche dieser Brigade berichtete: »Wir wurden gegen 9.40 Uhr mit einem Lastwagen abgeholt und wurden nach Halle gefahren. [...] Man hat uns vorher gesagt, dass wir aufhören sollten zu arbeiten, um mitzustreiken. Das Auto sowie die Arbeiter waren von der Waggonfabrik aus Ammendorf.«[11]

Der Grund, warum gerade die »Ammendorfer« mit ihrem Demonstrationszug den Aufstand in Halle auslösen konnten, war, dass sich zur damaligen Zeit die Mehrzahl der halleschen Fabriken im Osten und Südosten der Stadt, entlang der Stalinallee befand. Als der Demonstrationszug an diesen Firmen vorbeizog, wurde lauthals gerufen: »*Wollt ihr unsere Freunde sein, so reiht euch ein!*« Dabei beließen es die Waggonbauer aber nicht. Jugendliche wie der 19-jährige Arbeitslose Paul Böhme, die auf Fahrrädern den Zug begleiteten, bekamen von den alten, streikerfahrenen Arbeitern den Auftrag, vorauszufahren und die einzelnen Betriebe zu informieren. Wenn sie damit keinen Erfolg hatten, drangen die Waggonbauer selbst gruppenweise in die Fabriken ein und appellierten an die Solidarität der Beschäftigten. Auf diese Weise wurden alle Einrichtungen an der Stalinallee/Merseburger Straße zum Streik und zur Teilnahme an der Demonstration ermuntert. Die Blitzmeldungen an die Bezirkspolizeibehörde (BdVP) überschlugen sich:

9.45 Uhr	HO-Kreiskontor Halle Die Arbeiter und Angestellten des Betriebes wurden durch eine Delegation demonstrierender LOWA-Arbeiter aufgefordert, die Arbeit niederzulegen und mit ihnen zu demonstrieren. Zwei oder drei Angestellte kamen dieser Aufforderung nach.
9.55 Uhr	Druckfarbenfabrik Ammendorf Der Betrieb wurde durch Provokateure der LOWA aufgefordert, die Arbeit niederzulegen und mitzudemonstrieren. Teilgenommen haben circa 50 Prozent.
10.25 Uhr	MTS Leitwerkstatt Circa 50 LOWA-Arbeiter drangen in die Leitwerkstatt ein. Der BS wurde überrannt und die Werkangehörigen aufgefordert mitzudemonstrieren. Angeschlossen haben sich circa 20 Arbeiter.
10.30 Uhr	Poliklinik Süd Bildung von Diskussionsgruppen durch die Ärzte. Ein Teil der Ärzte und der Arbeiter gingen daraufhin auf die Straße. Circa 20 Arbeiter schlossen sich den Demonstranten an.

[11] Aussage des Lehrlings Traude D. vom 19.6.1953; BStU, ASt Halle, AP 117/55, Bd. 1, Bl. 6 u. 10.

11.00 Uhr IFA-Werk
Provokateure der LOWA fordern die IFA-Arbeiter auf, ebenfalls die Arbeit niederzulegen. Circa 200 Arbeiter arbeiten nicht.[12]

Weitere Betriebe, aus denen sich viele Beschäftigte den LOWA-Arbeitern anschlossen, waren »Nagema« Halle, die Pumpenwerke, die Zuckerraffinerie, die »Diamalt«- und die VAKA-Werke. In den Nachmittagsstunden folgten noch viele andere hallesche Unternehmen dem Beispiel der Waggonbauer.

Es bleibt unbestritten, dass die Arbeiter und Angestellten der »LOWA« Ammendorf einen wesentlichen Anteil am Zustandekommen des großen Demonstrationszuges zur Innenstadt hatten. Es wäre jedoch falsch, sie als die alleinigen Initiatoren der Ereignisse in Halle anzusehen. Zu dieser Einsicht waren bereits die SED-Funktionäre kurz nach dem 17. Juni gekommen. Denn nur in wenigen, zumeist kleinen Unternehmen, wie der MTS-Leitwerkstatt Halle, hörten die Beschäftigten erst beim Eintreffen der Waggonbauer mit der Arbeit auf.[13] In der Mehrzahl der Fabriken trafen die »Ammendorfer« schon auf diskutierende oder gar streikende Arbeiter und gaben nur noch den Anstoß zur Teilnahme an der Demonstration. Wie das vor sich ging, soll am Beispiel zweier Betriebe veranschaulicht werden.

Auch die Arbeiter und Angestellten der Druckfarbenfabrik hatten die Meldungen von den Vorgängen in Berlin gehört. Deshalb war am Morgen des 17. Juni an einen normalen Arbeitsbeginn nicht zu denken. Immer wieder kamen einzelne Arbeiter zur Betriebsleitung, um Auskunft über die Veränderung der Arbeitsnormen zu erhalten. In den Abteilungen diskutierten die Arbeitskollegen, »dass die alten Normen wieder in Kraft treten sollten«. Also fielen die Argumente der Waggonbauer, die um 9.55 Uhr das Werkgelände betraten, auf fruchtbaren Boden. Die Demonstranten wurden sogar von Betriebsangehörigen durch die Werkhallen geführt, um jeden für den Streik zu gewinnen. Als »Unbekannte«[14] schließlich die Werksirene in Gang setzten, traten alle Druckfarbenwerker in den Streik. Propagandaplakate und Bilder der DDR-Regierung, die an den Wänden der Werkhallen hingen, wurden zerstört. Dann schloss sich über die Hälfte der Belegschaft dem Demonstrationszug an. Die Werk- und die Parteileitung der Druckfarbenfabrik, die gerade im Sitzungssaal berieten, wie man die Beschäftigten beruhigen könnte, wurden völ-

---

[12] Chronologische Aufstellung der Ereignisse am 17. Juni durch die BdVP; LAM, Bestand BdVP Halle 19, Nr. 73, Bl. 25/1 u. 26/1.
[13] Vgl. Aussage von Philipp M. vom 18.6.1953; BStU, ASt Halle, AP 74/55, Bd. 1, Bl. 7.
[14] Weder das MfS noch die VP bekamen in den folgenden Untersuchungen heraus, wer die Sirene angestellt hatte. Im Verdacht standen sowohl ein Buchhalter der Farbenfabrik als auch Waggonbauer von Ammendorf.

lig überrascht und konnten ihren Arbeitnehmern nur noch tatenlos hinterherschauen.[15]

In der Maschinenfabrik »Nagema«, die von dem Demonstrationszug erst gegen 11.10 Uhr erreicht wurde, ging alles noch turbulenter vor sich. Hier hatte der Betriebsschutz rechtzeitig von der Werkleitung die Anweisung erhalten, die Werktore zu verschließen und niemanden herein- oder hinauszulassen. An den Gittern der Tore wurden Eisenbleche als Sichtblenden angebracht. Auf diese Weise gelang es den Verantwortlichen zwar, jeglichen Blickkontakt zwischen ihren Betriebsangehörigen und den Demonstranten zu unterbinden. Der Schall der Sprechchöre war jedoch nicht aufzuhalten. Zwei Arbeiterinnen, die 43-jährige Paula Rauch und die 20-jährige J. D. reagierten als erste auf die Rufe von der Stalinallee. Neugierig liefen sie zu der hohen Mauer, welche die Maschinenfabrik von der Straße trennte, kletterten auf einen Absatz und schauten über die Mauer. Die Schreie der Pförtner, sofort herunterzukommen, ignorierten sie. Erstaunt erblickten die beiden Arbeiterinnen einen Lkw, auf dem junge Arbeiter standen, die ihnen zuriefen: *»Solidarität mit den Berliner Bauarbeitern! [...] Herabsetzung der Arbeitsnormen! [...] Schließt Euch dem Streik an!«* Während Paula Rauch sofort zu ihrem Arbeitsplatz lief, um die Kollegen zu informieren, rief D. den Demonstranten zu: *»Wir schließen uns an - wartet!«* Daraufhin hielt der Lkw an, und die demonstrierenden Arbeiter versuchten, in die Maschinenfabrik hineinzukommen. Es gelang ihnen jedoch nicht, eines der massiven Werktore von außen zu öffnen. Dann betrat Paula Rauch mit einigen Kollegen den Werkhof, sprang D. vom Mauerabsatz und plötzlich hatte »jemand« ein Tor geöffnet.[16] Demonstranten stürmten in die Fabrik und riefen die Betriebsangehörigen auf mitzumarschieren. Vorerst kamen nur wenige Angehörige von »Nagema«, unter ihnen die D. und die Rauch, dieser Aufforderung nach. Die übrigen Maschinenbauer hörten zwar auf zu arbeiten, blieben jedoch abwartend auf dem Hof stehen. Denn gerade in diesem Moment ließ die Werkleitung von »Nagema« die Nachricht verbreiten, im Werk IV fände eine Betriebsversammlung über die Normen statt. Während sich der Demonstrationszug auf der Stalinallee wieder in Bewegung setzte, begab sich die Mehrzahl der Maschinenbauer diszipliniert zur Versammlung. Es hatte den Anschein, als ob die ins Werk gekommenen Agitatoren der SED-Kreisleitung diesmal triumphierten. Das war jedoch nur ein kurzer Erfolg, den sie mit ihrem dogmatischen Auftreten in der Betriebsversammlung schnell wieder verspielten. In dieser Versammlung sollten die Arbeiter der Maschinenfabrik einer Resolution zustimmen, die zum Inhalt hatte, dass sich die

15 Vgl. Aussagen von Paul W., Else K. und Ilse K. vom 6.8. und 28.8.1953; BStU, ASt Halle, AU 113/53, Bd. 1, Bl. 30-33, 37-40 u. 46.

16 Einer der Pförtner sagte später aus, R. und D. hätten das Tor geöffnet. Dies konnte ihnen aber nicht nachgewiesen werden, da es keine weiteren aussagewilligen Zeugen gab und beide den Vorwurf vehement bestritten.

An der Spitze des Zuges läuft das spätere Mitglied des Zentralen Streikkomitees von Halle, Rudolf Weber.

Maschinenbauer keiner Aktion westlicher Provokateure anschließen, sondern zur Stärkung des Arbeiter-und-Bauern-Staates höhere Arbeitsleistungen (sprich: Normen) bringen würden. Ein großer Tumult war das Ergebnis dieses Vorschlages. Empört verließen fast alle Betriebsangehörigen die Fabrik, schlossen sich der Demonstration an oder gingen nach Hause.[17]

Als die Demonstranten um 11.45 Uhr den Thälmannplatz (heute Riebeckplatz), den am Bahnhof gelegenen verkehrsreichsten Platz Halles, erreichten, hatte sich ihre Anzahl auf über 8 000 Menschen vergrößert. Am Thälmannplatz befand sich zur damaligen Zeit das Gebäude der SED-Kreisleitung Halle, im Volksmund auch das »weiße Haus«[18] genannt. Dieses Haus fiel den protestierenden Arbeitern nicht nur wegen seiner Farbe sofort ins Auge. Denn es war, mehr als andere Häuser, mit Propaganda-Transparenten dekoriert. Während der Demonstrationszug in die Klement-Gottwald-Straße (heute Leipziger Straße) einschwenkte, begannen mehrere Gruppen jun-

---

17 Vgl. Aussagen von Paula R., Johanna D., Ingeborg F. und Rudolf H., 18.9. und 21.-23.9.1953; BStU, ASt Halle, AU 64/54, Bd. 2, Bl. 14-19, sowie AU 163/53, Bd. 2, Bl. 18-22, 43 f. u. 48 f.

18 Diese Bezeichnung bezog sich auf die blütenweiße Farbe, mit der das Haus angestrichen war.

ger Arbeiter die Transparente an der Kreisleitung abzureißen. Als der Wachschutz der Kreisleitung und einige Funktionäre die rebellierenden Arbeiter durch lautes Schimpfen daran hindern wollten, versuchten die Demonstranten, in das Parteigebäude einzudringen. Daraufhin zogen die Wachleute ihre Pistolen und schossen mehrmals in die Luft. Die angreifenden Arbeiter wurden durch diesen ersten Waffengebrauch am 17. Juni 1953 in Halle völlig überrascht. Erschrocken und verwirrt zogen sie sich zurück. Nachdem ein erneuter Vorstoß genauso endete, unternahmen die Arbeiter vorerst keinen weiteren Versuch, das SED-Haus zu stürmen. Sie schlossen sich wieder den anderen Demonstranten an, die bereits auf dem Weg zum Leipziger Turm waren.[19]

»Der energische Widerstand des Betriebsschutzes und der Genossen der Kreisleitung« wurde in späteren Auswertungen der SED stets als Beispiel für Heroismus gegen die »faschistischen Provokateure« hervorgehoben. Die Genossen hatten jedoch nicht verhindern können, dass »irgend jemand« während des Tumults an ihren Hauseingang mit Kreide geschrieben hatte: *»Verzogen nach Moskau! Haus zu vermieten!«*[20] Außerdem bleibt es fraglich, ob die wenigen Wachleute einen konzentrierten Angriff der zahlenmäßig weit überlegenen Demonstranten wirklich aufgehalten hätten. Denn einerseits war das Gebäude der Kreisleitung mit den ungesicherten Fenstern im Erdgeschoss für eine solche »Rundum-Verteidigung« denkbar ungeeignet. Andererseits zeigte der weitere Verlauf der Ereignisse, dass viele Volkspolizisten auf einen derartigen »Häuserkampf« weder praktisch noch mental vorbereitet waren. Doch die Mehrzahl der Demonstrierenden zeigte zu diesem Zeitpunkt nur wenig Interesse am Sturm auf die SED-Kreisleitung. Also marschierte die Kolonne, bis auf einige junge Arbeiter, ohne Halt daran vorbei. Der Grund dafür war, dass ein anderes Vorhaben unterdessen weit größere Bedeutung für die Demonstranten erlangt hatte: die Befreiung der politischen Gefangenen.

---

19 Vgl. Berichte des Volkspolizei-Kreisamtes (VPKA) und der BdVP über den Verlauf der faschistischen Provokation am 17.6.1953, 1.7.1953; LAM, Bestand BdVP Halle 19, Nr. 73, Bl. 12/1, u. Nr. 75, Bl. 5.

20 Aussage von Paul B. vom 24.8.1953; BStU, ASt Halle, AU 156/53, Bd. 1, Bl. 64.

5 Propaganda statt Polizeieinsatz – die Reaktionen der Staatsmacht im Bezirk während der Vormittagsstunden

5.1 Agitatoren gegen Demonstranten

An der Stalinallee in Halle befand sich, auf halbem Weg zwischen der Waggonfabrik Ammendorf und dem Thälmannplatz (heute Riebeckplatz), eine Kaserne der Kasernierten Volkspolizei (KVP). Die Anführer des Demonstrationszuges sahen der ersten Reaktion der Staatsmacht auf den Protest der Arbeiter mit Anspannung entgegen. Als sich der Zug der Kaserne näherte, sah man, dass die Gittertore verschlossen waren. Trotzdem stockte die Kolonne kurz, und einige junge Arbeiterinnen gingen zu den Gittertoren, um mit den dahinter stehenden Polizisten zu sprechen. Es gelang ihnen zwar nicht, KVP-Angehörige für die Demonstration zu gewinnen, doch der Aufmarsch der Arbeiter wurde auch nicht angegriffen. Die KVP-Einheiten blieben in der Kaserne und schauten reglos zu, wie der Demonstrationszug laut »Reiht euch ein!« rufend, an ihnen vorbeimarschierte.[1] Die Ursache dieser erstaunlichen Regungslosigkeit lag in der Verwirrung, die der überall beginnende Aufstand der DDR-Bevölkerung in den Führungsetagen der SED ausgelöst hatte. Die KVP-Truppen unterstanden direkt dem Innenministerium in Berlin und hatten von dort keinen Befehl erhalten auszurücken.

Im Politbüro der SED war man in den frühen Morgenstunden des 17. Juni noch immer der Auffassung, man könne die Unruhen auf Berlin beschränken. Um 2.00 Uhr nachts erhielt der Chef der BdVP Halle, VP-Inspekteur Zaspel, vom Generalinspekteur der Volkspolizei die Anweisung, die 350 Kursanten der Polizeischule in Aschersleben mit Waffen und Polizeiknüppeln auszurüsten und auf dem schnellsten Weg nach Berlin zu transportieren. Gegen 5.00 Uhr erging an Inspekteur Zaspel der Befehl, »*die Angehörigen der BdVP sofort zu alarmieren, die Amtsleiter und Polit-Stellvertreter zu den Ämtern zu beordern und alle Dienststellen anzuweisen, auf irgendwelche Berliner Gruppen, die Betriebe im Bezirk aufsuchen wollten, scharf zu achten und sie sofort dem MfS zu übergeben*«.[2] Ein ähnlicher Befehl erreichte den Leiter der Bezirksverwaltung Halle des MfS, Oberstleutnant Vödisch. Eine andere Weisung aus Berlin, die auch dem Rat des Bezirkes, der Stadtverwaltung und den Parteileitungen erteilt wurde, forderte alle Institutionen auf, Ruhe zu bewahren, einsatzbereit zu sein und ansonsten den Dienst wie gewöhnlich durchzuführen. Demzufolge begaben sich

---

1 Vgl. ebenda. Siehe auch Erlebnisbericht von G. Piater.

2 Bericht des Chefs der BdVP Halle an die Bezirkparteikontrollkommission (BPKK), 1.7.1953; LAM, Bestand BdVP Halle 19, Nr. 75, Bl. 10.

die Offiziere der BdVP zu Schulungsveranstaltungen, der Rat des Bezirkes trat zu einer Sitzung zusammen, und der Erste Sekretär der SED-Bezirksleitung, Heinz Glaser, reiste zur Politbürositzung nach Berlin. In Anbetracht dieser gewaltigen Fehleinschätzung erscheint es nicht verwunderlich, dass die Führungselite des Bezirkes von den Streiks und Demonstrationen überrascht wurde und in den ersten Stunden völlig hilflos reagierte.

Vor seiner Abreise nach Berlin hatte SED-Bezirkschef Glaser in den frühen Morgenstunden des 17. Juni seine Stellvertreter zu sich befohlen. Er wies sie auf mögliche Unruhen in Großbetrieben des Bezirkes hin und erteilte ihnen den Auftrag, sofort mit Agitationsgruppen zu diesen potenziellen Streikzentren zu fahren. Der noch jungen, unerfahrenen Verantwortlichen für Agitation und Propaganda, Gerda Haak, wurde die Aufgabe übertragen, als leitende SED-Funktionärin in der SED-Bezirksleitung Halle zurückzubleiben.[3] Um 8.40 Uhr erhielt Gerda Haak die ersten Meldungen über Streiks in Betrieben des Bezirkes. Diese Nachrichten beunruhigten sie noch nicht allzusehr, denn sie glaubte, erfahrene Agitatoren dorthin geschickt zu haben. Um 9.00 Uhr folgte die Mitteilung von der ersten Arbeitsniederlegung in einer halleschen Fabrik. Selbst diese Meldung alarmierte Gerda Haak noch nicht. Doch dann brachen die Ereignisse vehement über sie herein. Ab 10.00 Uhr überschlugen sich die Meldungen. Aus allen Kreisen trafen nun Nachrichten über Streiks und Demonstrationen ein. Schließlich erhielt sie einen Anruf vom 1. Sekretär der SED-Kreisleitung Halle, Karl Schumann. Er teilte ihr mit, dass ein Demonstrationszug von Ammendorf in Richtung Halle unterwegs sei und er alle Genossen der Kreisleitung als Agitatoren diesem Zug entgegengeschickt habe, um ihn nicht nach Halle kommen zu lassen. Jetzt brauche er noch mehr Agitatoren, dann könne es ihm gelingen, den Demonstrationszug umzuleiten. Gerda Haak versprach, weitere Mitarbeiter der Bezirksleitung zu schicken. Tatsächlich sind irgendwelche Agitatoren, die den Demonstrationszug aufhalten sollten, niemals in Erscheinung getreten. Wahrscheinlich sind sie bereits beim Anblick der vielen Demonstranten geflohen.

Die SED-Sekretärin für Agitation und Propaganda wusste jedoch nicht, wie sie reagieren sollte, wenn die Demonstranten nicht aufzuhalten waren. In der Hoffnung, Ratschläge für weiteres Handeln zu bekommen, rief Gerda Haak beim Zentralkomitee (ZK) der SED in Berlin an. Zu ihrem Erstaunen musste sie feststellen, dass in Berlin ebenso große Verwirrung und Panik herrschten wie in Halle. Der ZK-Sekretär für Agitation, Hermann Axen, ließ sie gar nicht erst ausreden, sondern verwies sie nur an eine Informationsabteilung, die alles notieren würde. Dann war die Verbindung unterbrochen. Daraufhin wandte sie sich hilfesuchend an den Vorsitzenden des Rates

---

[3] Gerda Haak war die Ehefrau von FDJ-Bezirkschef Ernst Haak. Die Schilderung beruht unter anderem auf ihrem Bericht an die Bezirksleitung vom 19.6.1953; LAM, Bestand SED-Bezirksleitung Halle, IV/2/55, Nr. 1134, Bl. 303–309.

des Bezirkes und ehemaligen Ministerpräsidenten Sachsen-Anhalts, Werner Bruschke. Dieser hatte wenig Zeit, weil er gerade in einer Ratssitzung saß. Er riet ihr, sich mit dem Chef der BdVP in Verbindung zu setzen.[4] Der Panik nahe, telefonierte Gerda Haak mit VP-Inspekteur Zaspel und bat um Polizeischutz für die SED-Bezirksleitung. Polizeichef Zaspel teilte der SED-Funktionärin mit, dass er in Erwägung ziehe, *»mit den Kräften der Wacheinheit und der BdVP die Demonstration vor dem Stadtgebiet Halles auseinanderzutreiben«*. Dafür gäbe es günstige Möglichkeiten. Leider dürfe er eine solche Aktion nicht ohne Genehmigung der sowjetischen Kontrollbehörde durchführen. Er habe seine Pläne dem Leiter der sowjetischen Bezirkskommandantur übermittelt und warte nun auf Antwort.[5]

Inzwischen war es 11.15 Uhr. Der Demonstrationszug näherte sich dem Thälmannplatz, ohne aufgehalten worden zu sein. Der SED-Bezirkssekretärin blieb nicht mehr viel Zeit, um Unruhen aus dem Stadtzentrum fernzuhalten. Also entschied sich Gerda Haak, selbst zur sowjetischen Kommandantur in der Richard-Sorge-Straße (heute Luisen-Straße) zu fahren. Die Kommandeure der sowjetischen Truppen im Bezirk Halle, die Generäle Chromjakow und Bjelow, ließen die SED-Funktionärin nicht lange warten. Sie forderten die Haak auf, die Situation im Bezirk zu schildern und wollten dann wissen, was die Deutschen gegen die Streiks und die Demonstrationen bisher unternommen hätten. Auf den möglichen Einsatz bewaffneter Kräfte angesprochen, teilten die Sowjetoffiziere der überraschten Gerda Haak mit, dass es im Augenblick klüger sei, nicht mit Polizeikräften gegen die streikenden Arbeiter vorzugehen. Denn bei einem Versagen der Volkspolizei ständen keine Soldaten der Roten Armee zur Hilfe bereit. Die sowjetischen Abteilungen befänden sich fast alle im Sommermanöver außerhalb der Stadt und müssten erst zurückgerufen werden. Überdies vertraten Chromjakow und Bjelow eine für die SED-Funktionärin unfassbare Meinung, als sie sagten, wenn man die Demonstranten in Ruhe lasse, würden diese sich schon von selbst abreagieren und am Nachmittag nach Hause gehen. Ohne ihre Einwände zu beachten, legten die sowjetischen Generale fest, auch weiterhin keine polizeilichen Maßnahmen gegen den Demonstrationszug durchzuführen. Die Volkspolizei sollte nicht öffentlich in Erscheinung treten und nur im Notfall in kleineren Gruppen ausrücken, um staatliche und andere öffentliche Gebäude zu schützen. Die Waffen dürften einzig bei direkter Gefahr für Leib und Leben benutzt werden. VP-Inspekteur Zaspel erhielt eine entsprechende Order und musste seine auf den Einsatzbefehl wartenden Polizeitruppen in der Kaserne belassen. Zum Abschluss des Gesprächs gaben die Sowjetgenerale der SED-Bezirksleitung noch den folgenden Rat: Wenn die Demonstranten wirklich bis zum Marktplatz marschierten, dann sollte

4 Vgl. Schreiben des Vorsitzenden des Rates des Bezirkes Halle an die BPKK, 5.8.1953; LAM, Bestand SED-Bezirksleitung Halle, IV/2/55, Nr. 1135, Bl. 174–177.

5 Bericht des Chefs der BdVP Halle an die BPKK, 1.7.1953; LAM, Bestand BdVP Halle 19, Nr. 75, Bl. 11.

SED-Kreischef Schumann dort zu ihnen sprechen und sie von den Vorteilen der Politik des Neuen Kurses überzeugen. Ausgerüstet mit solchen Ratschlägen begab sich Gerda Haak zurück zur Bezirksleitung der SED.[6]

5.2 Die Lautsprecheranlage auf dem Hallmarkt

Nachdem sie in der Bezirksleitung angekommen war, telefonierte Gerda Haak sofort mit dem Chef der SED-Kreisleitung Halle, Karl Schumann. Sie teilte ihm den Vorschlag der sowjetischen Genossen mit, bei einer eventuellen Kundgebung auf dem Marktplatz oder dem Hallmarkt zu den Demonstranten zu sprechen. Entweder hielt Karl Schumann diesen Ratschlag für einen Parteiauftrag der Bezirksleitung oder er war von seiner Redekunst sehr überzeugt. Jedenfalls gab er augenblicklich Anweisungen an die Stadtbezirksleitung West zur Einrichtung einer Rednerbühne. Gegen 11.45 Uhr erhielt der Leiter der Lautsprecher- und Filmstelle Halle von der SED-Stadtbezirksleitung West »den telefonischen Auftrag, sofort eine Lautsprecheranlage auf dem Balkon des Umspannwerkes auf dem Hallmarkt aufzubauen. Da ich merkte, dass der Anrufer aufgeregt war, habe ich die Kreisleitung der SED angerufen, um festzustellen, ob der mir erteilte Auftrag stimmt.«[7]

Nachdem die Kreisleitung den Auftrag bestätigt hatte, schickte der Betriebsleiter die beiden Rundfunkmechaniker Albrecht K. und Joachim M. zum Hallmarkt. Der Rundfunk-Mechanikermeister berichtete bei seiner Vernehmung einige Wochen später:

> »Ich machte mich sofort fertig und ging auf den Hof, wo bereits ein kleiner Lkw, mit den notwendigen Apparaturen beladen, bereit stand. Ich fuhr gemeinsam mit dem Arbeitskollegen [...] auf den Hallmarkt. Hier schafften wir gemeinsam die Apparaturen auf den Balkon des Umspannwerkes, da dort die Lautsprecher fest installiert sind, und machten die Anlage betriebsfertig.«[8]

Plötzlich begann auf dem 100 Meter vom Hallmarkt entfernten Marktplatz ein großer Tumult. Daraufhin wollten die beiden Rundfunkmechaniker die Lautsprecheranlage in Sicherheit bringen. Sie begannen, die Geräte wieder abzubauen. Genau zu diesem Zeitpunkt traf Kreisparteichef Schumann in Begleitung von fünf Kriminal-

---

[6] Vgl. Bericht des Bezirkssekretärs für Agitation und Propaganda an die SED-Bezirksleitung Halle, 19.6.1953; LAM, Bestand SED-Bezirksleitung Halle, IV/2/55, Nr. 1134, Bl. 305 f.

[7] Aussage des Betriebsleiters Joachim M. vom 20.7.1953; BStU, ASt Halle, AU 99/53, Bd. 3, Bl. 63 f.

[8] Aussage des Rundfunk-Mechanikermeisters Albrecht K.; ebenda, Bl. 77.

polizisten auf dem Balkon des Umspannwerkes ein. Die Anwesenheit der Kriminalisten unter Leitung von VP-Oberrat Anders (dem Chef der Kriminalpolizei des Saalkreises) bewies, über welche Macht ein SED-Kreissekretär verfügte. Denn der eigentliche Auftrag dieser Polizisten hatte darin bestanden, die Staatsanwaltschaft Halle sowie die daneben liegende Strafvollzugsanstalt vor den Demonstranten zu schützen. Auf dem Weg dahin geschah Folgendes:

> »Am Markt erschien der 1. Sekretär der Kreisleitung Halle, Genosse Schumann, und forderte uns mit einem Kopfnicken auf, zu ihm zu kommen. Dieser Aufforderung kamen der VP-Oberrat sowie ich [VP-Kommissar] nach. Genosse Schumann gab uns zu verstehen, dass er auf dem Hallmarkt zu den Massen sprechen will und wir ihn aus diesem Grunde begleiten sollen.«[9]

Ohne Widerspruch ließen die Kriminalpolizisten von ihrem eigentlichen Auftrag ab und folgten dem SED-Funktionär. Der scheinbar allmächtige Parteichef der Stadt hielt sich jedoch nur wenige Minuten auf dem Balkon des Umspannwerkes auf. Dann verschwand er mit seinen Begleitern genauso lautlos, wie er angekommen war. Die mit der Anlage beschäftigten Mechaniker bemerkten ihn kaum. Sie konnten später nur aussagen, dass sechs Herren auf dem Balkon erschienen waren, unter denen sich ein Mitglied der Kreis- oder Bezirksleitung der SED befunden habe. Vielleicht hatte der Anblick der halb abgebauten Lautsprecheranlage Schumann von seinem Vorhaben abgebracht, vermutlich aber waren es die nun eintreffenden Menschenmassen, die es nicht ratsam erscheinen ließen, eine aufrüttelnde Rede zu halten.

Dreißig Minuten später, gegen 13.30 Uhr, kamen etwa 20 Personen auf den Balkon. Sie verlangten von den Rundfunkmechanikern, sofort die Lautsprecheranlage wieder in Betrieb zu setzen. Der Mechaniker Willi M. berichtete:

> »Da ich mich erst weigerte, sagten einige Personen: ›Wenn ihr die Anlage nicht aufstellt, stellen wir sie eben selbst auf. Es sind genügend Spezialisten vom RFT [Rundfunk- und Fernmeldetechnik] da.‹ Weil ich keine fremden Personen an die Anlage heranlassen wollte, bauten wir die Anlage wieder betriebsfertig auf.«[10]

Das war der Grund, warum die Streikleiter von Halle auf dem zentralen Versammlungsplatz der Stadt über eine funktionierende Lautsprecheranlage verfügen konnten. Die Verantwortlichen der SED in Halle hatten, wegen einer aus Ignoranz und Überheb-

---

9 Aussage des VP-Kommissars Heinz J. vom 27.6.1953; BStU, ASt Halle, AU 239/54, Bd. 2, Bl. 36.

10 Aussage des RFT-Mechanikers Willi M. vom 20.7.1953; BStU, ASt Halle, AU 99/53, Bd. 3, Bl. 91.

lichkeit resultierenden Unkenntnis, den von ihnen als »Provokateure« titulierten Demonstranten eine Kommunikationsanlage zur Verfügung gestellt. Obwohl sein Mut und seine Initiative Kreisparteichef Schumann später vor einer Parteistrafe bewahrten, wurde diese Episode in allen Parteiberichten und Untersuchungen schamhaft verschwiegen. Selbst staatliche Institutionen kannten die Zusammenhänge um die Lautsprecheranlage auf dem Hallmarkt nicht. Deshalb fragte die Bezirksstaatsanwaltschaft im Herbst 1953 bei der SED-Bezirksleitung an, ob die Gerüchte über eine im Auftrag der SED-Kreisleitung aufgestellte Lautsprecheranlage etwa der Wahrheit entsprächen. Wenn es zuträfe, so endete dieses Schreiben, müsse unbedingt eine Untersuchung eingeleitet werden. Eine Antwort auf diese Anfrage ist nicht zu finden. Die ansonsten sehr schnell aktiv werdende Bezirksparteikontrollkommission blieb in diesem Fall tatenlos.[11]

[11] Vgl. Schreiben der Bezirksstaatsanwaltschaft Halle an die Bezirksverwaltung für Staatssicherheit Halle, 24.9.1953; BStU, ASt Halle, AST 4881/53, Bd. 1, Bl. 51.

6 »Wir holen unsere politischen Gefangenen!« – Der Angriff auf das Gerichtsgebäude am Hansering

Der von den Waggonbauern angeführte große Demonstrationszug bewegte sich unbehelligt vom Leipziger Turm zum Gerichtsgebäude am Hansering, dem Sitz des Kreis- und des Bezirksgerichtes Halle. Im Verlauf des langen Marsches von Ammendorf in das Stadtzentrum war zu den bisherigen Absichten der Arbeiter eine neue Forderung hinzugekommen und hatte für die Teilnehmer der Demonstration besondere Bedeutung erlangt: Freiheit für alle politischen Gefangenen. Es ist viel darüber spekuliert worden, wer der Initiator für diese Losung war. Stammte sie von Mittelständlern, aus deren Bekanntenkreis jemand über Nacht »verschwunden« war oder von Arbeitern, deren Kollegen man verhaftet hatte? Letzteres ist eher unwahrscheinlich, weil niemand aus den an der Vormittags-Demonstration beteiligten Betrieben in den Tagen vor dem 17. Juni inhaftiert worden war. Es gibt aber noch eine andere Erklärung.

In Gesprächen mit Zeitzeugen, die am Volksaufstand in der Saalestadt teilgenommen hatten, kann man hin und wieder hören, dass Arbeiter von den Leuna- und den Buna-Werken am 17. Juni 1953 nach Halle gekommen wären und hier die Streiks ausgelöst hätten. Genauere Recherchen beweisen jedoch, dass es sich bei diesen Überlieferungen zum Teil um Legenden handelt. Denn aus allen verfügbaren Quellen geht hervor, dass die Angehörigen der beiden Chemischen Großbetriebe am 17. Juni 1953 nicht nach Halle, sondern in das näher gelegene Merseburg marschierten. Es befanden sich an diesem Tag aber ein Werkbus mit 14 Leunaarbeitern und ein Lkw der Leuna-Werke mit elf Arbeitern in Halle. Die Chemiearbeiter waren im Auftrag des Streikkomitees der Leuna-Werke nach Halle gekommen, um die Freilassung von sieben Arbeitskollegen zu fordern, die man wenige Tage vor dem Volksaufstand verhaftet hatte. Die erste Gruppe der Leunaarbeiter, unter Führung des Klempners Rudolf Meyer, fuhr gegen 11.00 Uhr mit dem Werkbus nach Halle. Die Streikenden hatten auf den Autobus in großen Buchstaben mit Kreide geschrieben: »Wir holen unsere politischen Gefangenen aus Halle.« Sicherlich traf dieser Bus auf der Stalinallee in Halle mit dem Demonstrationszug zusammen und begleitete den Zug ins Stadtzentrum. Wahrscheinlich wurden die Hallenser Demonstranten auf diese Weise mit der Idee einer Befreiung der politischen Gefangenen konfrontiert.[1]

---

[1] Vgl. Aussage des Klempners Rudolf M. vom 25.6.1953; Aussage des Elektrikers Joachim F. vom 3.9.1953; BStU, ASt Halle, AU 283/53, Bd. 1, Bl. 17 f. u. 21 f., u. AU 26/54, Bd. 1, Bl. 97, 163 u. 167 f.; siehe auch den Erlebnisbericht von D. Zukunft.

Um 12.00 Uhr kam der Demonstrationszug vor dem Gerichtsgebäude am Hansering an. Sprechchöre ertönten: »Gebt die politischen Gefangenen frei!« Obwohl die Justizmitarbeiter, nach einem SED-Bericht[2], von dem Angriff auf ihr Gebäude völlig überrascht worden sein sollen, war der Eingang des Gerichts vorsorglich mit einem Eisengitter verschlossen. Einer der Lastwagen, die den Demonstrationszug begleitet hatten, fuhr rückwärts gegen das Gitter des Eingangstores und drückte es ein. Sofort stürmten 20 bis 30 Demonstranten in das Gebäude. Gleichzeitig zerstörten einige Jugendliche zwei Fenster im Erdgeschoss und kletterten ebenfalls in das Haus. Alle im Flur sowie im Treppenhaus befindlichen Fahnen, Plakate und Transparente wurden heruntergerissen und aus den Fenstern geworfen.[3] Diese Vehemenz des Ansturms verstörte die Justizangestellten. Sie schlossen sich in ihren Dienstzimmern ein und verhinderten damit zugleich, dass den Demonstranten Gerichtsakten in die Hände fielen. Im Flur des Gerichtsgebäudes entdeckten die Arbeiter eine verängstigte Frau, die ihnen mitteilte, dass im ersten Stock gerade ein Mann verurteilt würde. Augenblicklich stürmten einige junge Männer in den ersten Stock und wollten in den Gerichtssaal eindringen. Doch der diensthabende Wachtmeister S. hatte reaktionsschnell die Tür verschlossen. Daraufhin ergriffen die Arbeiter eine im Vorraum stehende Sitzbank und rammten die Tür ein. Als die Tür krachend aufsprang, floh der verantwortliche Bezirksrichter Bachert aus dem Gerichtssaal und verließ das Gebäude durch einen Hinterausgang.[4] Der zur Bewachung des Angeklagten anwesende Volkspolizist zog seine Dienstpistole. Bevor er jedoch einen Schuss abgeben konnte, wurde er von den heranstürmenden Arbeitern niedergeschlagen und entwaffnet. Dazu ein Beteiligter: *»Man nahm ihm die Pistole weg, und ich habe die Munition herausgenommen und die Pistole zerschlagen. Denn wir brauchten keine Waffen.«*[5] Dann führten die jungen Arbeiter den verdutzten Angeklagten, der seinen eigenen Angaben zufolge wegen »imperialistischer Hetze« verurteilt werden sollte, triumphierend aus dem Gerichtssaal. Nach 20 Minuten hatten alle Demonstranten das Gerichtsgebäude wieder verlassen, denn es fand an diesem Tag nur eine Verhandlung statt und deshalb befand sich auch nur ein Gefangener in dem Gebäude. Etwa 90 Minuten später versuchten 50 Jugendliche, erneut in das Gerichtsgebäude einzudringen. Sie wurden jedoch von den Justizangestellten, die sich inzwischen von ihrem Schrecken erholt hatten, hinausgedrängt.[6]

---

2 Vgl. Bericht der SED-Organisation des Bezirksgerichts an die BPKK, 23.10.1953; LAM, Bestand SED-Bezirksleitung Halle, IV/2/4, Nr. 745, Bd. 1, Bl. 108 f.

3 Vgl. Aussage des Buchhalters Manfred K. vom 3.2.1954; BStU, ASt Magdeburg, AU 28/54, Bd. 1, Bl. 69.

4 In dem Bericht heißt es dazu, der Richter hätte sich gerade in einer Sitzungspause befunden und dann nur vorübergehend das Haus verlassen.

5 Aussage des Schweißers Paul B. vom 24.6.1953; BStU, ASt Halle, AU 156/53, Bd. 1, Bl. 65.

6 Vgl. Bericht der BdVP Halle über die Besetzung öffentlicher Einrichtungen am 17.6.1953, 21.6.1953; LAM, Bestand BdVP Halle 19, Nr. 74, Bl. 7.

7 Von der Demonstration zum Volksaufstand – Die Ereignisse am Nachmittag des 17. Juni 1953 in Halle

Bereits während der Besetzung des Gerichtes begann der große, über 8 000 Teilnehmer umfassende Demonstrationszug allmählich auseinander zu fallen. Die Ursache war, dass zu diesem Zeitpunkt eine von der Mehrheit anerkannte Führung fehlte. Zwar gab es die Streikleitungen der einzelnen Betriebe, doch diese waren meist nur den jeweiligen Betriebsangehörigen bekannt und wurden auch nur von diesen akzeptiert. Der Demonstrationszug hatte über eine Leitung verfügt, solange eine Fabrik wie der Waggonbau Ammendorf die Mehrheit der Demonstranten stellte und die Beschäftigten der übrigen streikenden Betriebe mitzog. Auf diese Weise funktionierten zum Beispiel am 17. Juni 1953 die stabilen und wirkungsvollen »Zentralen Streikleitungen« in den Kreisstädten Bitterfeld (wo die Arbeitnehmer vom Chemiekombinat und der Filmfabrik Wolfen den Ton angaben) und Merseburg (wo die Arbeiter der Leuna- und der Buna-Werke führten). In der Großstadt Halle existierten aber keine Großbetriebe mit 5 000 und mehr Beschäftigten. Dazu kam, dass die Kumpel eines der zahlenmäßig größten Unternehmen der Saalestadt, der Braunkohlengrube Ammendorf, überhaupt nicht an der Demonstration teilnahmen. Hier war es der Grubenleitung gelungen, die Kohlekumpel mit dem Hinweis auf ihre bergmännischen Privilegien von größeren Streiks abzuhalten. Dafür schlossen sich nun, je mehr der Marschzug sich dem Stadtzentrum von Halle näherte, auch viele Bürger anderer Bevölkerungsschichten (unter anderem LaborantInnen, VerkäuferInnen, Handwerker, Straßenbahner, Universitätsangestellte, StudentenInnen sowie SchülerInnen) den streikenden Arbeitern an. Nach 12.30 Uhr kamen die Beschäftigten weiterer Betriebe hinzu, die nicht in der Nähe der Stalinallee ihren Standort hatten, wie das Reichsbahnausbesserungswerk und die Stahlbaufabriken von »ABUS«.[1] In diesen Unternehmen erfuhren die Arbeiter erst in der Mittagspause von den Ereignissen in Halle.

Im Werk II des »ABUS«-Unternehmens fand in der Mittagspause eine von der Werkleitung einberufene Betriebsversammlung statt. Während der lebhaften Diskussion über die Arbeitsnormen stürmte der Betriebskraftfahrer M. in den Raum und rief: *»Diskutiert hier nicht über die Normen! In Halle ist der Teufel los! Dort wird gestreikt!«* Daraufhin sprangen alle Betriebsangehörigen auf und wollten ebenfalls streiken. Der Technische Leiter des Werkes versuchte die Arbeiter zu beruhigen, indem er sagte: *»Erst schicken wir drei Kollegen zum Marktplatz, die feststellen sollen,*

1 ABUS: Betriebe für die Ausrüstung von Bergbau und Schwermaschinenbau. In Halle gab es zwei räumlich getrennte Werke.

was dort eigentlich los ist.« Er schlug den im Werk geachteten Gütekontrolleur Hans Höring als Leiter der Gruppe vor. Damit war die Mehrheit der Arbeiter einverstanden. Also fuhr Hans Höring mit zwei Arbeitskollegen im Werkauto zum halleschen Marktplatz. Als er gegen 13.30 Uhr zurückkam, wurde die Belegschaft erneut zusammengerufen. Hans Höring schilderte den Mitarbeitern die Situation in Halle und fragte sie dann: »*Wollt Ihr Euch mit den Kollegen in Halle solidarisch erklären?*« Die Betriebsangehörigen des Werkes II sprachen sich einstimmig dafür aus und legten die Arbeit nieder. Ein Teil der Arbeiter ging nach Hause. Alle anderen zogen unter Führung Hörings zum Marktplatz. Die Arbeiter im Werk I wurden telefonisch über diesen Beschluss informiert und schlossen sich ebenfalls dem Streik an.[2]

Die Anzahl der Streikführer innerhalb des Demonstrationszuges nahm also zu. Sie einigten sich jedoch nicht über die weitere Vorgehensweise. Zwar gab es unter ihnen einige Männer, die darüber nachdachten, wie man die folgenden Aktionen koordinieren könne. Sie waren zu diesem Zeitpunkt aber nicht in der Lage sich durchzusetzen. Die Disziplin innerhalb der Marschkolonne ließ nach. Bald zeigten sich die ersten Zerfallserscheinungen im Demonstrationszug. Einige Gruppen blieben nicht vor dem Gerichtsgebäude stehen, sondern zogen daran vorbei; andere kamen gar nicht erst dorthin, sie gingen gleich zum Marktplatz. Während die Demonstranten in das Justizgebäude eindrangen, begaben sich weitere Gruppen zu den in der Nähe befindlichen Kleinbetrieben und ermutigten die Beschäftigten zum Streik.[3] Etliche Demonstranten verließen nun sogar den Marschzug, um Mittag zu essen. Nach der Besetzung des Gerichtsgebäudes teilte sich der Demonstrationszug im Wesentlichen in drei Kolonnen. Eine Kolonne zog die Große Steinstraße hinauf zur Bezirksleitung der SED und zum Rat des Bezirkes, die zweite begab sich zur Strafvollzugsanstalt II in der Kleinen Steinstraße, und die dritte Kolonne bewegte sich zum Marktplatz. Obwohl sich die Aktionen der drei Marschblöcke gleichzeitig abspielten, sollen sie zur besseren Überschaubarkeit nacheinander dargestellt werden.

---

2 Vgl. Aussagen von Hans H. vom 19./20.6.1953; Aussagen der Arbeiter Walter D., Paul W. und Rudolf T. vom 20./21.6.1953; BStU, ASt Halle, AU 99/53, Bd. 4, Bl. 109, u. AU 204/54, Bd. 1, Bl. 46 f. u. 69–71.

3 Vgl. Aussage des Elektrikers Herbert K. vom 25.6.1953; BStU, ASt Halle, AU 176/54, Bd. 1, Bl. 10.

7.1 Von der SED-Zentrale zum »Roten Ochsen« – Der Weg der ersten Marschkolonne

7.1.1 Der Sturm auf die SED-Bezirksleitung

Werner Bruschke, der Vorsitzende des Rates des Bezirkes Halle, leitete die Ratssitzung am 17. Juni nur sehr unkonzentriert. Immer wieder musste er an die Meldungen über Streiks und beginnende Demonstrationen im Bezirk denken, die am Morgen im Rat des Bezirkes eingetroffen waren. Dann dachte er besorgt an die SED-Bezirksleitung. Sie würde bestimmt ein Ziel der aufgeputschten Arbeiter sein und ausgerechnet heute befand sich nur die junge Sekretärin für Agitation und Propaganda, Gerda Haak, mit höchstens 20 Mitarbeitern (die Mehrheit Frauen) sowie vier Angestellten des Betriebsschutzes (darunter zwei Frauen) in dem Gebäude. Würde sie die Verteidigung der Bezirksleitung richtig organisieren können? Als sie ihn wenige Minuten zuvor hilfesuchend angerufen hatte, war sie von ihm mit dem Hinweis abgewiesen worden, sich an die BdVP zu wenden. Ein Klopfen riss Bruschke aus seinen Grübeleien. Ein Beauftragter der sowjetischen Bezirkskommandantur war beim Rat des Bezirkes eingetroffen und verlangte, den Vorsitzenden zu sprechen. Er übermittelte ihm den Beschluss der sowjetischen Kommandantur, keine Polizei, sondern Agitatoren gegen die Demonstranten einzusetzen und riet ihm, zur SED-Bezirksleitung zu gehen, um Gerda Haak zu unterstützen. Daraufhin brach Werner Bruschke die Ratssitzung ab. Er ordnete an, das Gebäude des Rates für alle Besucher zu sperren. Dann ging er zur SED-Bezirksleitung.[4]

Gegen 12.10 Uhr traf Werner Bruschke im »Haus der Einheit«, dem Sitz der SED-Bezirksleitung Halle, am Marx-Engels-Platz (heute Steintor) ein. Er begab sich sofort in das Dienstzimmer von Gerda Haak und verlangte, das Gebäude unverzüglich für den Besucherverkehr zu sperren sowie die Eisengittertore zu verschließen. Gerda Haak informierte ihn, dass *»in Magdeburg beim Rat des Bezirkes durch Provokateure Demolierungen vorgenommen«* worden wären. Daraufhin rief Bruschke den Bezirks-Polizeichef Zabel an und bat ihn nachdrücklich um Polizeischutz für das Gebäude der SED-Bezirksleitung. Er bekam zur Antwort, die Polizeikräfte für die Objektsicherung seien bereits unterwegs. Unruhig beobachteten die SED-Funktionäre die Straße. Doch Polizeifahrzeuge konnten sie nirgends entdecken. Dafür mussten sie hilflos mit ansehen, wie Demonstranten in loser Formation die Steinstraße entlangkamen und sich vor der Bezirksleitung versammelten. Anfangs schienen es nur 40 oder 50 Leute zu sein, die, Losungen rufend, auf dem Marx-Engels-Platz standen. Doch der Zustrom von Demonstranten riss nicht ab. Inzwischen standen circa 1 000 Menschen vor der

---

4 Vgl. Persönlicher Bericht des Vorsitzenden des Rates des Bezirkes Halle an die BPKK, 5.8.1953; LAM, Bestand SED-Bezirksleitung Halle, IV/2/55, Nr. 1135, Bl. 174–177.

Bezirksleitung. Die Propaganda-Transparente auf dem Marx-Engels-Platz wurden heruntergerissen. Werner Bruschke rief die im Gebäude anwesenden Genossinnen zu sich und riet ihnen, »*sie möchten, wenn irgend möglich, versuchen, das Haus durch den Hintereingang zu verlassen*«. Kaum hatte er ausgesprochen, da setzte auf dem Hof der Bezirksleitung großer Tumult ein, und in der untersten Etage klirrten die Fensterscheiben. Eine Mitarbeiterin der Bezirksleitung »*kam die Treppe hochgerannt und berichtete, dass Banditen die Türen einschlagen [...]*«. Der Ratsvorsitzende Bruschke lief in das Treppenhaus, um mit den Leuten zu reden. Die anderen SED-Funktionäre verschwanden völlig ratlos und verängstigt in ihren Zimmern und schlossen sich ein.[5]

Kein Demonstrant, der sich an der Erstürmung der SED-Bezirksleitung beteiligt hatte, konnte später genau sagen, warum er in dieses Gebäude eingedrungen war. Die Mehrzahl der Beteiligten erzählte, sie sei aus Neugierde in das SED-Gebäude hineingegangen.[6] Da aber, wie der Monteur Fritz W. berichtete,[7] nach der Erstürmung des Hauses zuerst die an der Außenwand befestigten monströsen Transparente und Ulbricht-Bilder entfernt wurden, ist dies wahrscheinlich der unmittelbare Anlass für die Besetzung der SED-Bezirksleitung gewesen.

Den jungen Männern (Arbeitern, Studenten und Schülern), die an der Spitze der Demonstranten in die Bezirksleitung eindrangen, gelang es sehr schnell, das Gittertor zum Hof aufzuhebeln. Danach war es für sie nur noch eine Kleinigkeit, durch die nicht vergitterten Fenster in das Haus einzusteigen und die Zimmertüren von innen aufzubrechen. Schließlich öffneten sie von innen die große Eingangstür und 300 bis 400 Demonstranten strömten in das Gebäude. Die Aufständischen rissen die Propagandatafeln und die Bilder der SED-Führer von den Wänden und warfen sie aus den Fenstern. Sie drangen, ohne auf Widerstand zu stoßen, bis in die zweite Etage vor, denn die wenigen Angehörigen des Wachschutzes der SED-Bezirksleitung hatten sich ebenfalls in ihren Dienstzimmern eingeschlossen. Angst und vielleicht auch Vernunft hielten diese Wachleute davon ab, ihre Pistolen gegen die Demonstranten einzusetzen.[8] Die Türen im ersten und zweiten Stock des Hauses, hinter denen die SED-Mitarbeiter angstvoll ausharrten, ließen sich von außen nur schwer aufbrechen und wurden deshalb bald in Ruhe gelassen. Dafür fiel den Hausbesetzern die Vertriebsabteilung für Parteiliteratur in die Hände. Unter dem Jubel der Massen wurden Parteiprogramme der SED, Stalin- und Ulbricht-Biografien sowie die »Geschichte der UdSSR

---

5 Persönlicher Bericht des Sekretärs für Agitation und Propaganda der SED-Bezirksleitung Halle an die BPKK, 19.6.1953; LAM, Bestand SED-Bezirksleitung Halle, IV/2/55, Nr. 1134, Bl. 306-309.

6 Vgl. Aussage der Putzfrau Frieda S. vom 18.6.1953; Aussage des Studenten Ernst-Adolph S. vom 13.7.1953; BStU, ASt Halle, AU 165/54, Bd. 2, Bl. 27, u. AU 287/53, Bd. 1, Bl. 38.

7 Vgl. Aussage des Monteurs Fritz W. vom 17.6.1953; BStU, ASt Halle, AU 104/55, Bd. 1, Bl. 10 f.

8 Der Leiter des Wachschutzes wurde dafür später seines Postens enthoben und bestraft. Vgl. Bericht der Abteilung Betriebsschutz an die BdVP, 13.7.1953; LAM, Bestand BdVP Halle 19, Nr. 75, Bl. 56.

(Abriß)« in großer Zahl aus den Fenstern geworfen. Nach zehn Minuten erlahmte der Eifer der Demonstranten. Die Mehrzahl verließ die SED-Bezirksleitung wieder, formierte sich zu einem Marschblock und zog gemächlich durch die Ludwig-Wucherer-Straße in Richtung Rat des Bezirkes davon. Die SED-Mitarbeiter kamen vorsichtig aus ihren Zimmern heraus, und fast alle »jungen Genossinnen« verließen nun die Bezirksleitung fluchtartig durch die Hintertür. Niemand dachte jedoch daran, diese Hintertür wieder zu verschließen. Das sollte Folgen haben.

Nur wenige junge Demonstranten, unter ihnen auch der Physikstudent Ernst-Adolph Soa, blieben noch in der SED-Bezirksleitung zurück und durchstreiften die Flure. Student Soa erzählte:

> »Ich lief bis in die oberste Etage und fand einige Angestellte des Hauses der Einheit vor. Diese fragten mich, was ich als Fremder in diesem Haus zu suchen hätte. Ich antwortete, indem ich aus dem Fenster wies, da unten steht eine große Volksmenge. Daraufhin ging ich wieder nach unten.«[9]

Einer der »Angestellten«, die den Studenten barsch aus dem Haus wiesen, war der Ratsvorsitzende Bruschke. Als er jedoch vier junge Arbeiter ebenso aus der Bezirksleitung treiben wollte, hatte er weniger Glück. Sie hielten ihn fest und wollten zuerst seinen Ausweis sehen. Bruschke berichtete:

> »Ich habe verweigert, den Ausweis zu zeigen [...] Darauf sind sie mit mir ins Handgemenge gekommen, und man wollte mich auf die Straße hinausschleppen. Bei dem Versuch, mich die Treppe hinunterzustoßen, habe ich die Nebenstehenden mit hinuntergerissen. Auf dem nächsten Treppenabsatz gingen die Auseinandersetzungen mit den Eingedrungenen weiter.«[10]

In diesem Augenblick betraten zwei Volkspolizeitrupps (16 Mann) das Gebäude der Bezirksleitung und halfen Werner Bruschke.

Die Polizisten gehörten zu einer Einheit der BdVP Halle, die VP-Inspekteur Zaspel nach mehreren flehentlichen Telefonanrufen von Gerda Haak zum Schutz der SED-Bezirksleitung abkommandiert hatte. Ihre verspätete Ankunft sowie ihre geringe Zahl zeugten aber davon, welches Chaos zu diesem Zeitpunkt auch in der Bezirksbehörde der VP herrschte. Die Ursache dieses Durcheinanders lag nicht nur in dem unerwarteten Aufstand der Hallenser Bürger, sondern auch in der Anordnung der sowjeti-

9 Aussage des Studenten Ernst-Adolph S. vom 13.7.1953; BStU, ASt Halle, AU 287/53, Bd. 2, Bl. 26.

10 Persönlicher Bericht des Vorsitzenden des Rates des Bezirkes Halle an die BPKK, 5.8.1953; LAM, Bestand SED-Bezirksleitung Halle, IV/2/55, Nr. 1135, Bl. 175 f.

schen Kommandantur, die Polizei nur zum Objektschutz einzusetzen. Denn nun mussten die bereits auf dem Gelände der BdVP konzentrierten Polizeitruppen in größter Eile auf einzelne Objekte aufgeteilt werden. Noch während dieser Einteilung der Polizeitruppen, gegen 12.15 Uhr, erreichten die ersten telefonischen Hilferufe von Ämtern und SED-Büros die BdVP. Plötzlich sollten alle infrage kommenden Gebäude möglichst gleichzeitig geschützt werden. Das überforderte die Offiziere der Bezirksbehörde. Ein Zeichen für die chaotischen Zustände bei der BdVP war auch, dass die zur SED-Bezirksleitung befohlene Gruppe auf halbem Weg noch einmal umkehren musste, weil sie ihre Waffen vergessen hatte.[11] Also trafen die 16 Volkspolizisten erst bei der SED-Bezirksleitung ein, als das Gebäude längst vom Großteil der Aufständischen wieder verlassen worden war. Sie kamen jedoch noch rechtzeitig, um den Ratsvorsitzenden Bruschke vor weiteren körperlichen Angriffen zu bewahren. Jetzt war es für die wenigen Polizisten auch ein leichtes, die restlichen Eindringlinge aus der Bezirksleitung hinauszudrängen. Dabei ließen sie sich jedoch zu einem folgenschweren Fehler hinreißen. Werner Bruschke hatte von den Volkspolizisten verlangt, den jungen Arbeiter, welcher ihn zuerst angegriffen hatte, als Rädelsführer festzunehmen. Die Polizisten erfüllten den Wunsch des Vorsitzenden des Rates des Bezirkes. Sie informierten aber sicherheitshalber ihre Dienststelle und baten darum, weitere Polizeikräfte zur SED-Bezirksleitung zu schicken. Daraufhin ordnete VP-Inspekteur Zaspel den Einsatz von vier zusätzlichen Gruppen im »Haus der Einheit« an. Aber die Demonstranten waren schneller. Kaum hatten die jungen Arbeiter die Festnahme ihres Kameraden bemerkt, liefen sie dem Demonstrationszug in die Ludwig-Wucherer-Straße hinterher und riefen laut: *»Im Haus der Einheit sind welche von uns festgenommen worden, wir müssen sie befreien!«* Diese Nachricht verbreitete sich in Windeseile bis zur Spitze des Zuges. Daraufhin kehrte der Demonstrationszug um, und die aufgebrachte Menge lief eilends zur SED-Bezirksleitung zurück.[12]

Kaum waren sie am »Haus der Einheit« angekommen, drangen die etwa 1 000 wütenden Demonstranten gleichzeitig durch mehrere Eingänge in das Gebäude ein. Dabei kam ihnen entgegen, dass der Hintereingang nicht mehr verschlossen war. Diesen Ansturm konnten die 16 Polizisten in der Bezirksleitung nicht abwehren. Sie wurden sofort überwältigt und entwaffnet. Man nahm ihnen die Mützen weg und riss ihnen die Schulterstücke ab. Polizisten, die sich dagegen wehrten, wurden niedergeschlagen. Die noch anwesenden SED-Funktionäre retteten sich wieder in ihre Dienstzimmer. Werner Bruschke, den die Aufständischen nun gezielt suchten, musste sich in der Besenkammer verstecken. Erst jetzt erreichten weitere Polizeigruppen (insgesamt

---

[11] Vgl. Tagesbericht des Diensthabenden der BdVP Halle vom 17.6.1953; LAM, Bestand BdVP Halle 19, Nr. 73, Bl. 96.

[12] Aussage des Müllfahrers Emil H. vom 4.7.1953; Aussage des Malers Paul P. vom 12.4.1954; BStU, ASt Halle, AU 244/53, Bd. 2, Bl. 18, u. AU 208/54, Bd. 1, Bl. 114.

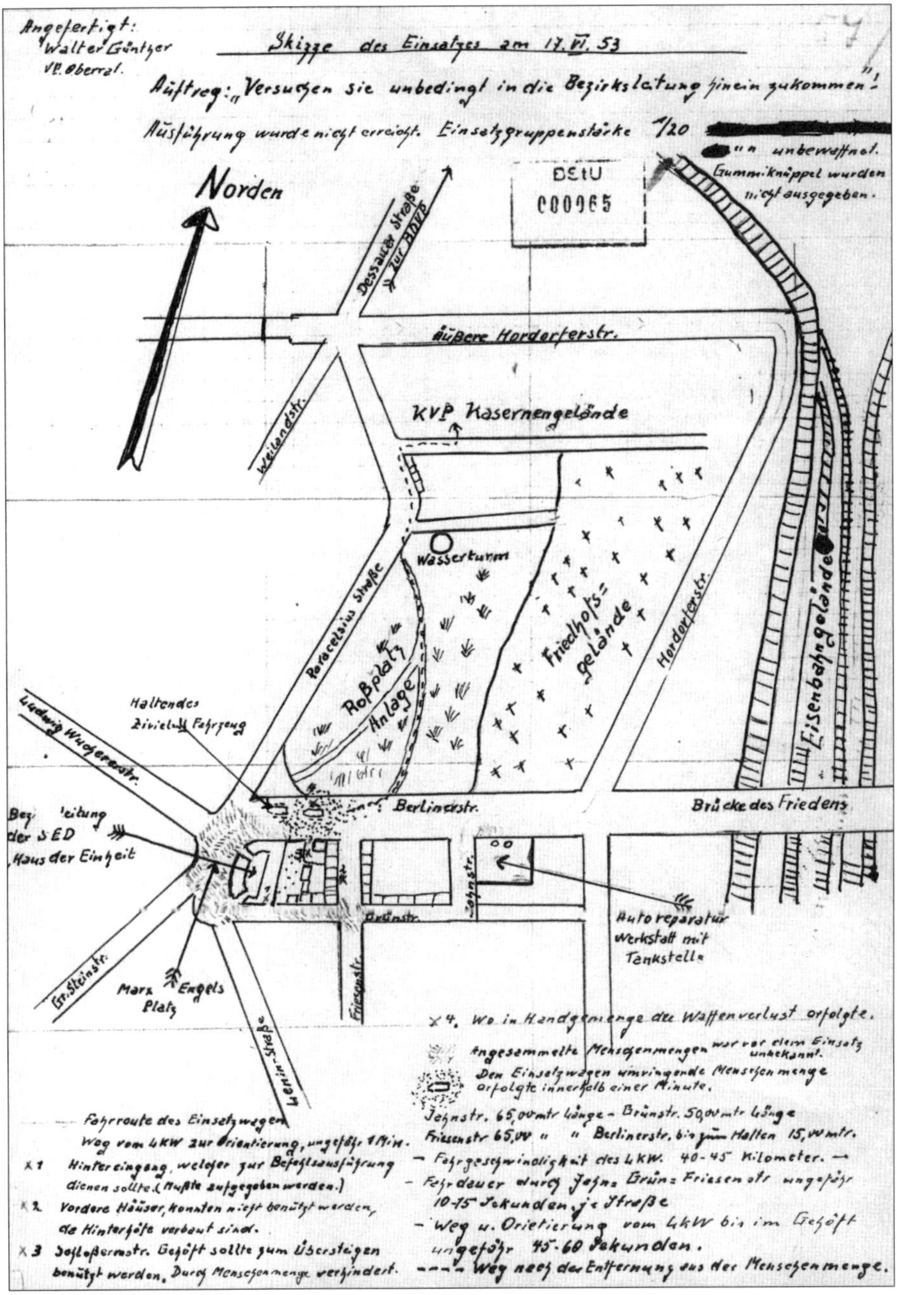

Skizze des Polizeioberrates Günther für die Untersuchungskommission über die Vorkommnisse am 17. Juni 1953 vor der SED-Bezirksleitung

40 Mann) unter der Leitung der VP-Oberräte Ludwig und Günther die Bezirksleitung. Sie hatten den strikten Befehl, unter allen Umständen in die Bezirksleitung einzudringen und das Haus *»von den Provokateuren zu säubern«*.[13] Da sie mit ihren zwei Lastwagen jedoch nicht gleichzeitig, sondern im Abstand von fünf Minuten dort eintrafen, war es den Demonstranten möglich, die Polizeigruppen einzeln auszuschalten. Dabei hatte der Polizeitrupp von Oberrat Ludwig noch Glück. Er kam zuerst am Einsatzort an und hielt an der von der Bezirksleitung abgewandten Seite des Häuserblocks. So gelangten elf Volkspolizisten unbemerkt durch ein Nachbargrundstück in die SED-Zentrale. Als die Aufständischen den Einsatzwagen schließlich entdeckten, zog sich der Rest der Polizeigruppe schnell auf den Lastwagen zurück und versuchte zu entkommen. Die Polizisten kamen jedoch nicht weit. Sie wurden aufgehalten und gewaltsam von ihrem Einsatzwagen heruntergezogen.

Dem zweiten Polizeitrupp erging es noch schlechter. Sein Kommandeur, VP-Oberrat Günther, schrieb darüber in einer Stellungnahme: *»Aus taktischen Gründen versuchte ich, den hinteren Eingang des Gebäudes zu benutzen. Das gesteckte Ziel musste ich jedoch aufgeben, da die Grünstraße* [heute Kromayer-Straße] *sowie der Marx-Engels-Platz von randalierenden Menschen gefüllt waren. Als Ausweg [...] fuhr ich mit dem Lkw in 40er Tempo aus der Grünstraße in die Friesenstraße/Ecke Berliner Straße. Daselbst blieb ich mit dem Lkw stehen, um mich zu orientieren.«*[14] Günther schlich in einen Hinterhof, um von dort einen Weg in die SED-Bezirksleitung zu erkunden. Dieses Mal waren die Aufständischen jedoch wachsamer. Jugendliche entdeckten den Polizeiwagen und alarmierten umgehend die anderen Demonstranten. Sofort wurde der Einsatzwagen von Aufständischen umringt und am Weiterfahren gehindert. Einige Männer rissen den Kraftfahrer aus dem Fahrerhaus, andere öffneten die Motorhaube und schraubten die Ventileinsätze aus dem Motor. Oberrat Günther, der gerade aus dem Hinterhof zurückkam, wurde von Demonstranten umzingelt, *»welche die unflätigsten Redensarten und Drohungen gegen mich ausstießen und Stockhiebe auf mich niedersausen ließen. [...] Da die Übermacht zu groß war, zog ich es vor, mit dem Lkw abzufahren. Beim Einsteigen wurde ich aus dem Führerhaus herausgerissen, von hinten gewürgt und geschlagen.«*[15] Nachdem der Lastwagen fahrunfähig gemacht worden war, forderten die Aufständischen die Volkspolizisten auf, die Koppel samt Waffe abzuschnallen und herunterzusteigen. Student Soa berichtete: *»Nachdem die Volkspolizisten aufgefordert wurden, die Schulterstücke und Koppel abzulegen, und die Volkspolizisten den Lkw verließen, beteiligte ich mich aktiv daran, die Schulterstücke abzureißen.«*[16]

---

13 Einsatzbefehl des 3. VP-Kommandos am 17.6.1953; BStU, ASt Halle, AU 287/53, Bd. 1, Bl. 65.

14 Stellungnahme des VP-Oberrates Günther an die Bezirksverwaltung für Staatssicherheit zum Vorgang am »Haus der Einheit« am 17.6.1953, 17.8.1953; ebenda, Bl. 46.

15 Ebenda.

16 Aussage des Studenten Ernst-Adolph S. vom 13.7.1953; ebenda, Bd. 2, Bl. 27.

Auf diese Weise wurde auch die zweite Polizeieinsatzgruppe kampfunfähig gemacht und auseinandergetrieben.

Warum kam es hier zu den ersten größeren gewaltsamen Ausschreitungen gegen Volkspolizisten? Ein Grund war, dass sich dieser Demonstrationszug, im Gegensatz zu den beiden anderen, überwiegend aus jungen Frauen und Männern im Alter von 20 bis 22 Jahren zusammensetzte. Die jungen Leute waren leicht für eine Sache zu begeistern, zugleich jedoch auch ungeduldiger als ihre älteren Kollegen und schneller bereit, die Fäuste einzusetzen. Hinzu kam der Gruppeneffekt, das gegenseitige Anstiften zu Tätlichkeiten gegen die Polizisten. Selbst die Studenten Soa und Pilz sagten später aus, sie seien von den Massen mitgerissen worden.[17] Im Gegensatz dazu versuchten ältere Demonstranten immer wieder die Gewaltaktionen zu bremsen und einzelne Polizisten zu schützen. So berichtete der Student der Landwirtschaft Gotthard Pilz: »*Als aus dem ›Haus der Einheit‹ mehrere Volkspolizeikommissare einzeln herausgeschlagen und immer mehr von den Massen belästigt wurden, sagten verschiedene Arbeiter, ›der war anständig, vergreift Euch nicht an diesem*!‹«[18] Ein weiterer Grund für die gewaltsamen Ausschreitungen bestand darin, dass es den besonnenen Anführern nicht gelang, die Massen von Gewalt und Zerstörungen abzuhalten, wenn Polizisten die Demonstranten direkt mit der Waffe bedrohten oder aus ihrer Mitte Einzelne verhaften wollten. Ein gewaltsames Vorgehen der Sicherheitskräfte bewirkte am 17. Juni 1953 gewaltsame Gegenmaßnahmen der Aufständischen. So waren die Verwüstungen im Gebäude der SED-Bezirksleitung nach dem zweiten Angriff viel größer als nach dem ersten. Darüber hinaus schlossen sich den Demonstranten in Halle bald auch einzelne Kriminelle und andere entwurzelte Personen an, die von den Streikführern kaum zu kontrollieren waren. Diese Menschen wussten meist nicht, warum demonstriert wurde und sahen den Aufstand nur als eine günstige Gelegenheit an, mit Polizisten, Richtern und anderen Funktionären abzurechnen.

Nach dem versuchten Handstreich in der Bezirksleitung der SED mussten zehn Polizisten ärztlich versorgt werden. In diesem Zusammenhang sollte nicht unerwähnt bleiben, mit welcher Kaltschnäuzigkeit die Polizeiführung des Bezirkes Halle die Verletzungen ihrer Mitarbeiter kommentierte. In einem Untersuchungsbericht hieß es dazu: »*Die Aufnahme einiger Genossen in das Krankenhaus und die bei anderen sichtbaren Verletzungen drücken aus, dass die Genossen gekämpft haben, um im Besitz der Waffe zu bleiben. [...] Es ist mit Sicherheit anzunehmen, dass verschiedene Genossen hartnäckiger als andere um den Erhalt ihrer Waffe gekämpft haben.*«[19] Volkspolizisten, denen von Aufständischen die Waffe weggenommen worden war,

---

17 Vgl. ebenda; Aussage des Studenten Gotthard P. vom 24.6.1953; BStU, ASt Halle, AST 4480/53, Bl. 15.

18 Aussage des Studenten Gotthard P. vom 24.6.1953; ebenda, Bl. 14.

19 Analyse der BdVP über Waffenverluste am 17.6.1953, 23.6.1953; LAM, Bestand BdVP Halle 19, Nr. 74, Bl. 116 f.

mussten mit einer Bestrafung rechnen, wenn sie nicht beweisen konnten, standhaft dagegen gekämpft zu haben. Als bester Beweis für gezeigte Tapferkeit wurden körperliche Blessuren angesehen. Trotz des Widerstandes vieler Volkspolizisten fielen den Aufständischen zwölf Pistolen in die Hände. Die obendrein erbeuteten Schulterstücke, Polizeitrillerpfeifen und Polizeimützen wurden von einigen jüngeren Demonstranten als Souvenirs behalten. Als die Demonstranten versuchten, einen der Polizeilastwagen umzukippen, wurde das von Ammendorfer Arbeitern unter Führung des Kraftfahrers Hartmann verhindert. Hartmann reparierte den Motor des Lkw und chauffierte den Lastwagen mit Demonstranten auf der Ladefläche durch die Straßen der Stadt.[20] Dieser Lkw war einer von sechs Lastwagen, mit denen junge Aufständische am Nachmittag des 17. Juni durch Halle fuhren und die Bevölkerung zur Unterstützung aufriefen.

Nachdem die festgenommenen Arbeiter befreit und alle Volkspolizisten sowie die Wachkräfte aus dem Gebäude hinausgeprügelt worden waren, verließen die Demonstranten gegen 12.45 Uhr die Bezirksleitung der SED und versammelten sich auf dem Marx-Engels-Platz. Mit dem Ruf *»Alles zum Bezirksrat!«* setzte sich der Demonstrationszug in Bewegung und marschierte erneut in die Ludwig-Wucherer-Straße. Werner Bruschke konnte nun sein Versteck in der Besenkammer wieder verlassen. Er lief so schnell ihn seine Beine trugen durch Nebenstraßen zum Rat des Bezirkes, um seine Mitarbeiter zu warnen.

7.1.2 »Entwaffnet die Polizisten!« – Der Angriff auf den Rat des Bezirkes

Der im August 1952 gegründete »Rat des Bezirkes Halle« hatte seinen Sitz in der Willi-Lohmann-Straße (heute Sitz der Bezirksregierung Halle). Zu diesem Gebäude marschierte in den Mittagsstunden des 17. Juni 1953 ein Demonstrationszug von etwa 600 bis 800 Menschen. Die Anzahl der Demonstranten war kleiner geworden, weil sich ungefähr 250 Teilnehmer nach dem Verlassen der SED-Bezirksleitung von dem Marschblock getrennt hatten und zum Marktplatz gezogen waren. Dafür kam ein anderer kleiner Demonstrationszug (etwa 80 bis 100 Menschen) durch die August-Bebel-Straße gelaufen und vereinigte sich mit dem größeren Marschblock in der Ludwig-Wucherer-Straße.

Im Rat des Bezirkes fand seit 9.00 Uhr eine der planmäßigen Sitzungen statt. Der Vorsitzende Bruschke hatte die Sitzung trotz der alarmierenden Nachrichten aus Halle nicht verschieben wollen, weil die Vertreter der Landkreise angereist waren. Also tagte man unbeirrt im großen Sitzungssaal, obwohl in regelmäßigen Abständen Meldungen über die sich verschärfende Situation im Bezirk eintrafen. Erst um 11.10 Uhr musste die Sitzung plötzlich unterbrochen werden, weil Vertreter der sowjetischen

---

[20] Vgl. Aussage des Kraftfahrers Fritz H. vom 23.6.1953; BStU, ASt Halle, AU 165/54, Bd. 1, Bl. 44.

Bezirkskommandantur den Vorsitzenden Bruschke sprechen wollten. Als Werner Bruschke in den Sitzungssaal zurückkam, erklärte er die Ratssitzung für beendet. Er informierte die Sitzungsteilnehmer über die Streiks und Demonstrationen im Bezirk und forderte alle Anwesenden auf, unverzüglich in ihre Landkreise zurückzukehren. Dann übergab er die Leitung des Rates des Bezirkes an seinen Stellvertreter Werner Becker[21] und verließ um 11.50 Uhr das Gebäude in Richtung SED-Bezirksleitung.

Werner Becker hatte von Bruschke die Anweisung erhalten, das Haus mithilfe der Mitarbeiter zu sichern und wenn möglich, einige Angehörige des Rates als Agitatoren zur Unterstützung der SED-Kreisleitung in die Innenstadt zu schicken. Jedoch unterschätzte auch Becker das Ausmaß der Streikbewegung in Halle. Er glaubte, die Demonstranten zögen nur zum Hallmarkt, um dort ihre Forderungen zu stellen. Also sandte er 75 Prozent aller Mitarbeiter des Rates (fast alle männlichen Angestellten) als Agitatoren in das Stadtzentrum. Dann ließ er die Tore des Gebäudes verschließen. Damit schien für ihn der Schutz des Hauses gewährleistet zu sein.[22] Um 12.30 Uhr erhielt er einen beunruhigenden Telefonanruf von Werner Bruschke. Mit aufgeregter Stimme berichtete dieser, dass die Demonstranten gewaltsam in die SED-Bezirksleitung eingedrungen seien; das Schlimmste hätte zum Glück verhütet werden können. Doch nun marschiere der Hauptteil der Demonstranten wahrscheinlich zum Rat des Bezirkes; jeden Augenblick könne ein Überfall beginnen.[23] Werner Becker telefonierte daraufhin sofort mit der BdVP und bat um Polizeischutz für den Rat des Bezirkes. Nachdem ihm Polizeiinspekteur Zaspel die Entsendung eines Polizeikommandos zugesichert hatte, rief Becker mithilfe eines Lautsprechers alle noch im Haus befindlichen Mitarbeiter zusammen. Er teilte die wenigen Männer und Frauen in sechs Gruppen ein und postierte die immer ängstlicher werdenden Angestellten zum Schutz des Gebäudes am Haupttor, im Innenhof und am Hoftor. Auf die zaghafte Anfrage eines Mitarbeiters, wie man die Provokateure aufhalten solle, gab Werner Becker den Rat, Knüppel und andere Gegenstände zur Verteidigung zu benutzen. Außerdem sollte der Feuerlöschschlauch im Hof angeschlossen werden.

Damit hatte der stellvertretende Vorsitzende des Bezirksrates sein Gebäude eigentlich besser auf einen möglichen Angriff von Demonstranten vorbereitet, als Gerda Haak die SED-Bezirksleitung. Bei einem Kontrollgang durch den Rat des Bezirkes musste Becker jedoch zur Kenntnis nehmen, dass der Schutz des Hauses mit den wenigen verbliebenen Mitarbeitern offensichtlich nicht zu gewährleisten war. Da sich

---

21 Werner Becker war seit der Gründung des Bezirkes Halle im August 1952 erster Stellvertreter des Vorsitzenden. Nach der Pensionierung von Werner Bruschke im Jahr 1954 wurde er Vorsitzender des Rates des Bezirkes.

22 Vgl. Persönlicher Bericht des Genossen Becker an die BPKK, 7.8.1953; LAM, Bestand SED-Bezirksleitung Halle, IV/2/4, Nr. 1132, Bl. 31 f.

23 Vgl. Persönlicher Bericht des Vorsitzenden des Rates des Bezirkes Halle an die BPKK, 5.8.1953; LAM, Bestand SED-Bezirksleitung Halle, IV/2/55, Nr. 1135, Bl. 176.

in den Büroräumen im Erdgeschoss keine Mitarbeiter mehr aufhielten, waren alle Fenster ungeschützt. Außerdem stellte Werner Becker verärgert fest, dass seine Angestellten an den ihnen zugewiesenen Orten nur ängstlich herumstanden. Trotz seiner Aufforderung hatte niemand einen Knüppel ergriffen. Der Feuerlöschschlauch lag ebenfalls nicht bereit und das Haupttor stand noch immer offen. Als Becker den verantwortlichen Mitarbeiter am Haupttor zur Rede stellte, erwiderte dieser, dass das Tor noch nicht geschlossen werden konnte, weil einige Kollegen zum Mittagessen gehen wollten. Wütend schlug der stellvertretende Vorsitzende das Tor zu. Dabei bemerkte er entsetzt, dass sich das schwere Eichentor überhaupt nicht verschließen ließ. Das Torschloss war seit längerem defekt. Einem Wutanfall nahe, schaute Becker auf die Straße vor dem Rat des Bezirkes. Noch waren keine Demonstranten zu sehen, nur ihre Sprechchöre konnte man bereits hören. In diesem Augenblick traf das angekündigte Polizeikommando zum Schutz des Hauses ein.[24] Die 20 Volkspolizisten wunderten sich, dass das Tor des Bezirksrates noch offen stand. Ihr Kommandeur, VP-Rat Heim, postierte 14 mit Pistolen bewaffnete Polizisten sofort an der Vorderfront des Hauses. Sechs Polizisten sollten den Hof sichern. Um 13.00 Uhr war es dann so weit: »*Ca. 5 Minuten nach Eintreffen des Kommandos beim Rat des Bezirkes erschienen die Demonstranten unter der Leitung der Provokateure und richteten an den Sichtwerbungen Verwüstungen an und bewarfen das Gebäude unter Schmährufen mit Steinen.*« [25]

Obwohl der Rat des Bezirkes zu diesem Zeitpunkt offenbar besser geschützt war als alle anderen öffentlichen Gebäude, brauchten die 800 Aufständischen nur wenige Minuten, um den Polizeikordon zu durchbrechen. Angeheizt durch den erfolgreichen Sturm auf die SED-Bezirksleitung sowie die Zerschlagung der dortigen VP-Kommandos, hatte die Aggressivität der Demonstranten deutlich zugenommen. Darüber hinaus wirkten die vor dem Tor stehenden Volkspolizisten auf manchen Demonstranten wie ein rotes Tuch. Einige Aufständische bewaffneten sich jetzt mit Zaunlatten, andere rissen die Stangen von den Transparenten vor dem Rat des Bezirkes ab. Dann stürmten sie auf die Polizisten vor dem Hauptportal los.[26] VP-Meister S. berichtete: »*Die Masse der Provokateure richtete jetzt ihren Druck auf das Hauptportal, wo wir Aufstellung genommen hatten. Die von uns versuchten Diskussionen mit der Menschenmasse, zur Abhaltung von ihren Provokationen, wurden mit Angriffen auf die VP-*

---

[24] Vgl. Persönlicher Bericht des Genossen Becker an die BPKK, 7.8.1953; LAM, Bestand SED-Bezirksleitung Halle, IV/2/4, Nr. 1132, Bl. 33; Analyse der Parteiorganisation beim Rat des Bezirkes über die Ereignisse am 17.6.1953, 17.10.1953; LAM, Bestand SED-Bezirksleitung Halle, IV/2/4, Nr. 745, Bl. 70.

[25] Bericht der BdVP Halle über die Aktivitäten am 17.6.1953, 18.6.1953; LAM, Bestand BdVP Halle 19, Nr. 73, Bl. 98.

[26] Vgl. Aussage des Meisters in der Waggonfabrik Otto K. vom 18.6.1953; BStU, ASt Halle, AU 227/53, Bd. 1, Bl. 20 f.

Angehörigen quittiert.« [27] Währenddessen hatten weitere Aufständische, unter ihnen der mit seiner Körpergröße alle überragende Müllfahrer Emil Henkel, einige Fenster im Erdgeschoss des Gebäudes eingeschlagen und waren durch diese Fenster in den Rat des Bezirkes eingedrungen. Drei Polizisten bemühten sich, die eingedrungenen Arbeiter wieder hinauszujagen. Sie hatten jedoch gegen die immer zahlreicher werdenden Eindringlinge keine Chance. Die drei Polizisten wurden entwaffnet und aus dem Dienstzimmer auf den Flur hinausgestoßen.[28]

Inzwischen hatte auch der Polizeitrupp am Haupttor vor dem Ansturm der Demonstranten zurückweichen müssen. Hier wurden die Aufständischen von dem 19-jährigen Arbeitslosen Paul Böhme[29] angeführt. Dabei kam es zu einem in Halle am 17. Juni einmaligen Zwischenfall. Als die Volkspolizisten die Demonstranten mit drohend erhobenen Knüppeln auf sich zukommen sahen, wollten einige ihre Dienstpistolen ziehen. Sie kamen jedoch nicht dazu, weil Paul Böhme schneller war. Er hatte eine Polizeipistole in der SED-Bezirksleitung erbeutet. Diese zog er nun blitzschnell aus seiner Hosentasche und befahl den Polizisten, die Hände hoch zu nehmen. Dann forderte er die ihn begleitenden jungen Arbeiter auf, die Volkspolizisten zu entwaffnen. Einige Polizeibeamte berichteten später, dass mehrere Aufständische im Besitz von Waffen gewesen wären und sogar Warnschüsse abgegeben hätten.[30] Diese Angaben sind jedoch nicht zu beweisen. Es scheint sich dabei eher um Schutzbehauptungen der Ordnungshüter zu handeln, die einer drohenden Strafe wegen »Feigheit vor dem Feind« zuvorkommen wollten. Deshalb sind Hinweise über Schüsse vor dem Rat des Bezirkes auch in keinem offiziellen Bericht der BdVP und in keiner Aussage von Demonstranten zu finden.

Durch die energische Aktion von Paul Böhme wurden mehreren Polizisten die Waffen weggenommen. Viel hätten sie damit ohnehin nicht unternehmen können, denn ihr Kommandeur, VP-Rat Heim, hatte kurz zuvor den Befehl gegeben, unter keinen Umständen zu schießen. Er wurde deshalb später von Bezirks-Polizeichef Zaspel bestraft, *»da er seinen Auftrag, das Gebäude zu schützen, nicht befehlsgemäß ausführte und durch das Verbot, nicht zu schießen, den Gangstern die Möglichkeit gab, in das Gebäude einzudringen«*.[31] Dabei machte es sich VP-Inspekteur Zaspel sehr

---

27 Dienstbericht des VP-Meisters S. vom 26.6.1953; BStU, ASt Halle, AU 156/53, Bd. 1, Bl. 92.

28 Vgl. Aussage des Müllfahrers Emil H. vom 4.7.1953; BStU, ASt Halle, AU 244/53, Bd. 2, Bl. 18.

29 Paul Böhme hatte im VEB Waggonbau Ammendorf eine Lehre als Elektroschweißer absolviert. Im Januar 1952 war er vom Jugendgericht Halle wegen Körperverletzung zu 6 Monaten Gefängnis verurteilt worden. Nach der Entlassung floh er im August 1952 in die BRD. Am 16. Juni 1953 kam er jedoch in die DDR zurück. Sein Fall wurde vom Bezirksgericht Halle und in der SED-Presse exemplarisch als Beweis dafür benutzt, dass »von Westdeutschland geschickte jugendliche Aufwiegler« den Aufstand am 17.6.1953 ausgelöst hätten.

30 Vgl. Aussage des Wachtmeisters S. vom 22.6.1953; BStU, ASt Halle, AU 244/53, Bd. 1, Bl. 22.

31 Vorschlag der BdVP zur Bestrafung verantwortlicher Offiziere beim Einsatz zum Schutz des Rates des Bezirkes, 23.6.1953; LAM, Bestand BdVP 19, Nr. 74, Bl. 118.

einfach. Vor die gefürchtete Bezirksparteikontrollkommission geladen, schob er alle Schuld am Versagen der Polizeikräfte während des 17. Juni 1953 seinen Offizieren zu. Diese hätten seine Befehle nur mangelhaft ausgeführt, wären unfähig gewesen oder hätten gar »verräterisch gehandelt«. Polizeichef Zaspel erwähnte bei der Anhörung jedoch nicht, dass er noch am Vormittag selbst den Befehl gegeben hatte, nur im äußersten Notfall die Schusswaffen zu benutzen. VP-Rat Heim handelte entsprechend dieser Anweisung und verhinderte dadurch ein Blutbad vor dem Rat des Bezirkes. Er rettete damit jedoch nicht nur das Leben vieler Demonstranten, sondern auch die ihm unterstellten Polizisten. Denn es ist leicht vorstellbar, was den wenigen VP-Angehörigen widerfahren wäre, wenn sie die Erregung der zahlenmäßig überlegenen Aufständischen durch Schüsse noch weiter angeheizt hätten. So trugen die Volkspolizisten zwar einige Schrammen davon, keiner jedoch wurde ernsthaft verletzt und musste, wie einige Polizeibeamte, die vor der SED-Bezirksleitung zum Einsatz kamen, in ein Krankenhaus eingeliefert werden. Auch im Rat des Bezirkes waren es wieder ältere, besonnene Arbeiter, die manchen außer Rand und Band geratenen Jugendlichen davon abhielten, Polizisten und Mitarbeiter des Rates zu misshandeln.[32]

Obwohl sie ihre Waffen nicht benutzen durften, sollen sich die Volkspolizisten vor dem Rat des Bezirkes tapfer körperlich zur Wehr gesetzt haben. Gegen die Übermacht der Demonstranten besaßen sie aber keine Chance. Die VP-Angehörigen wurden überwältigt, entwaffnet und durch die Gänge des Gebäudes gejagt. Die zum Schutz des Hauses eingeteilten Mitarbeiter des Rates flohen von Panik ergriffen in die Zimmer der oberen Etagen oder versteckten sich auf dem Hinterhof. Nur der Verantwortliche, Werner Becker, versuchte, gemeinsam mit den Volkspolizisten die Aufständischen aus dem Haus zu drängen. Er wurde niedergeschlagen und trug eine Platzwunde am Kopf davon. Nachdem ihn ein Polizist vor den Aufständischen gerettet hatte, verkroch sich Becker geschockt in seinem Dienstzimmer und schloss sich ein. Der Schock war offenbar so stark, dass sich Becker noch Stunden später weigerte, die Tür für seine Sekretärin zu öffnen. Die Tür musste schließlich eingeschlagen werden, da besorgte Mitarbeiter glaubten, Becker sei ohnmächtig geworden.[33]

Das war die einzige Tür, die am 17. Juni im Rat des Bezirkes beschädigt wurde. Die Aufständischen beschränkten sich darauf, durch die Gänge des Hauses zu laufen und die »Sichtwerbung«, wie SED-Symbole, Fahnen und Wandzeitungen abzureißen und aus den Fenstern zu werfen. Aus Zimmern, die nicht verschlossen waren, wurden aber auch Akten und Bücher hinausgeworfen. Mitarbeiter des Rates berichteten später, sie

---

32 Vgl. Aussage des Wachtmeisters S. vom 22.6.1953; Dienstbericht des VP-Meisters S. vom 26.6.1953; BStU, ASt Halle, AU 244/53, Bd. 1, Bl. 22, u. AU 156/53, Bd. 1, Bl. 92.

33 Vgl. Persönlicher Bericht des Genossen Becker an die BPKK, 7.8.1953; LAM, Bestand SED-Bezirksleitung Halle, IV/2/4, Nr. 1132, Bl. 33 f.

hätten die Bilder von Pieck, Grotewohl und Ulbricht heldenhaft vor der Vernichtung bewahrt, indem sie diese in Schränken versteckten. »*Nur das große Bild von Stalin konnte nicht versteckt werden und wurde von den Provokateuren mutwillig zerstört.*«[34] Dann begannen Jugendliche, Möbel zu zerschlagen und Gardinen abzureißen. Sie wurden von älteren Arbeitern daran mit dem Argument gehindert, letzten Endes müsste man dies nur alles wieder selbst erarbeiten. Zugleich forderten die Älteren alle Aufständischen auf, das Haus zu verlassen und weiter zu demonstrieren.[35] Die Bemühungen der älteren Demonstranten zeigten bald Wirkung. Die Jugendlichen hörten nach und nach auf, sich an dem Mobiliar des Bezirksrates abzureagieren und verließen allmählich das Gebäude. Gegen 13.30 Uhr hatten alle Aufständischen den Rat des Bezirkes wieder verlassen. Während sich die Mehrheit zu einem Demonstrationszug formierte und in Richtung Reileck davonmarschierte, blieb ein Teil der jugendlichen Demonstranten noch unschlüssig im Hof des Rates zurück.

7.1.3 »Gebt die politischen Häftlinge frei!« – Die Attacken auf das Zuchthaus »Roter Ochse«

Auf dem Weg vom Rat des Bezirkes zum Reileck, einer verkehrsreichen Straßenkreuzung, zerfiel der Demonstrationszug allmählich in einzelne Gruppen, denn die Streikführer sowie viele andere ältere Arbeiter verließen den Zug und gingen zum Marktplatz oder zum Hallmarkt. Dafür schlossen sich nun einige Studenten an, die in der nahe gelegenen Mensa der Universität von den Vorgängen in Halle gehört hatten. Als die Schar um 13.35 Uhr am Reileck ankam, bestand sie zum überwiegenden Teil aus jungen Leuten im Alter zwischen 18 und 25 Jahren. Dieses niedrige Durchschnittsalter war ein Grund für den Zwischenfall, der sich am Reileck ereignete.

Die Demonstranten entdeckten zwischen den Fahrzeugen, die wegen des Menschenauflaufs am Reileck nicht weiterfahren konnten, einen schwarzen Pkw, Typ BMW. Da solch ein BMW zur damaligen Zeit nur der Dienstwagen eines Partei- oder Staatsfunktionärs sein konnte, erregte er sofort die Aufmerksamkeit der jugendlichen Demonstranten. Sie umringten ihn, rissen die Fahrzeugtüren auf und wollten von den zwei erschreckten Insassen wissen, wer sie seien und wohin sie fuhren. Ehe die beiden Männer im BMW jedoch antworten konnten, erblickten die Demonstranten SED-Abzeichen am Revers der Jacketts. Das war für die Jugendlichen Antwort genug. Der Beifahrer des BMW berichtete: »*Sie rissen uns die Parteiabzeichen ab. Ich persönlich wurde aus dem Wagen gezogen, meine Aktentasche wurde mir abgenommen. Die*

---

34 Bericht des Kaderleiters beim Rat des Bezirkes über die Vorgänge am 17. Juni 1953, 23.6.1953; LAM, Bestand Rat des Bezirkes, Nr. 1669, Bl. 1.

35 Vgl. Aussage der Frieda S. vom 18.6.1953; Aussage des Paul B. vom 24.8.1953; BStU, ASt Halle, AU 165/54, Bd. 1, Bl. 16, u. AU 156/53, Bd. 1, Bl. 67.

Menschen drängten mich vom Fahrzeug ab und bearbeiteten mich mit einigen Hieben und Fußtritten, ganz besonders als sie feststellten, dass ich zur Bezirksleitung der SED wollte.«[36] Die Untersuchung des Aktentascheninhalts hatte nämlich ergeben, dass es sich bei den Fahrzeuginsassen um einen Sekretär der SED-Kreisleitung Aschersleben und seinen Kraftfahrer handelte, die zu einer Dienstberatung nach Halle geladen worden waren. Nachdem die Demonstranten den Parteifunktionär in die Flucht geschlagen hatten, wandten sie sich seinem Auto zu. Drei junge Männer stiegen in den BMW ein, weitere sprangen auf die Trittbretter an den Seiten. Dann zwang man den Fahrer weiterzufahren. Der verängstigte Kraftfahrer Walter B. gehorchte zwar, fuhr jedoch aufgrund der Menschenansammlung nur sehr langsam. Als er schon nach wenigen Metern wieder halten musste, nutzte er die Gelegenheit zur Flucht aus dem Auto.[37] Einige Jugendliche verfolgten ihn, konnten ihn aber nicht einholen. Nur zwei junge Männer, der 23-jährige Elektrokarren-Fahrer Kurt V. und der 21-jährige Kfz-Schlosser Otto K., waren in dem BMW sitzengeblieben. Als die anderen nicht sofort zurückkamen und sich auch sonst niemand um sie kümmerte, ergriff Kurt V. die günstige Gelegenheit und fuhr gemeinsam mit Otto K. in dem imposanten Auto davon. Zuerst fuhren die beiden jungen Männer triumphierend zu den Wohnungen ihrer Freundinnen. Sie luden die beiden freudig überraschten jungen Frauen zu einer Fahrt durch Halle ein und fuhren mit ihnen kreuz und quer durch die Stadt. Um Passanten auf sich aufmerksam zu machen, soll Kurt V. während der Fahrt mehrmals aus dem Autofenster gerufen haben, *»Früh sind die Bonzen gefahren, jetzt fahren die Arbeiter!«*[38] Die vier jungen Leute fuhren bis 22.30 Uhr mit dem BMW durch Halle. Dann brachte Kurt V. seine drei Mitfahrer nach Hause und stellte schließlich den Pkw in der Nähe seiner Wohnung ab, wo ihn ein Volkspolizist am 18. Juni entdeckte.

Neben dem BMW der SED-Kreisleitung Aschersleben fuhr am 17. Juni 1953 noch ein weiterer Dienstwagen gleichen Typs durch Halle. Ihn hatten junge Demonstranten vom Rat des Bezirkes mitgenommen.[39] Also bewegten sich am 17. Juni 1953 insgesamt fünf Lastwagen, zwei Lautsprecherwagen und zwei Pkw mit Aufständischen durch die Stadt Halle. Dabei erregten die beiden Pkw das besondere Interesse des Staatssicherheitsdienstes. Nach Ansicht der MfS-Mitarbeiter, die auch am 18. Juni noch nichts von den entwendeten Dienstfahrzeugen der SED-Oberen wussten, konnten nur »westdeutsche oder Westberliner Provokateure« mit solch großen Autos in Halle gewesen sein, um den Aufstand anzuführen. Dementsprechend intensiv waren die Untersuchungen über die beiden schwarzen BMW. Nachdem sich deren Herkunft

---

36 Bericht des Genossen H. über die Fahrt nach Halle am 17. Juni 1953, 18.7.1953; BStU, ASt Halle, AU 248/53, Bd. 3, Bl. 59.

37 Vgl. Meldung des Kraftfahrers Walter B. an das MfS, 17.6.1953; ebenda, Bd. 2, Bl. 130.

38 Aussagen von Christa K. und Hannelore T., 28.7.1953; ebenda, Bl. 100.

39 Vgl. Aussage des Waggonbauers Horst F. vom 18.6.1953; BStU, ASt Halle, AP 237/55, Bd.1, Bl. 7.

jedoch am 20. Juni 1953 aufgeklärt hatte, verschwanden alle Fragen zu den Pkw aus den Untersuchungsprotokollen.[40]

Die jungen Demonstranten, die am Reileck standen, beschäftigte vor allem die Frage, wohin sie nun marschieren sollten. In diesem Augenblick fuhr ein Lautsprecherwagen[41] vorbei und forderte die Bürger von Halle auf, um 18.00 Uhr zu einer Kundgebung auf den Hallmarkt zu kommen und für die Freilassung der politischen Gefangenen einzutreten. Kaum war der Lautsprecherwagen aus dem Blickfeld verschwunden, besetzten die Studenten der Landwirtschaftlichen Fakultät, Hans-Georg Isermeyer, Wieland Krüger, Herbert Priew und Harry Schuster, das Häuschen des Verkehrspostens auf dem Reileck. Ein Arbeiter setzte die für den Verkehrspolizisten bestimmte Lautsprecheranlage in Gang. Dann sprachen die Studenten nacheinander den folgenden Text durch das Mikrofon: *»Deutsche Männer! Deutsche Frauen! Wir demonstrieren heute abend um 18.00 Uhr auf dem Hallmarkt für Frieden, Einheit und Freiheit. Erscheint in Massen, verhaltet Euch diszipliniert. Denn nur so können wir etwas erreichen. Einheit macht stark!«*[42] Darüber hinaus appellierten die vier Studenten an die Demonstranten, nicht gewaltsam gegen die Volkspolizei und die Besatzungsmacht vorzugehen. Nachdem der Aufruf ein paar Mal durchgegeben worden war, trat ein Waggonbauer an das Mikrofon. Er rief die Demonstranten auf, zu dem in der Nähe befindlichen Zuchthaus »Roter Ochse« Am Kirchtor zu marschieren, um die politischen Häftlinge zu befreien.[43] Diese Aufforderung hatte zur Folge, dass die meisten Demonstranten das Reileck verließen und in Gruppen durch den Mühlweg zum »Roten Ochsen« liefen. Die vier Studenten blieben in dem Verkehrshäuschen, das Demonstranten mit eigenen Transparenten dekoriert hatten, zurück.

Die Strafvollzugsanstalt I in Halle befand sich auf einem weiträumigen Areal, das von der Ulestraße, der Hermannstraße, der Henriettenstraße und der Straße Am Kirchtor begrenzt wurde. Die Haftanstalt war bereits im Jahr 1842 als »Königlich-Preußische Straf-, Lern- und Besserungsanstalt« eröffnet worden. Sie galt bis zum Ende des 19. Jahrhunderts als eines der modernsten Gefängnisse in der Welt. Weil der rote Ziegelbau in seinen Umrissen einem liegenden Ochsen ähneln soll, wurde er von der Bevölkerung seit Anfang des 20. Jahrhunderts nur noch »Roter Ochse« genannt. Von 1942 bis 1945 war der zum Zuchthaus umgewandelte »Rote Ochse« eine der Hinrichtungsstätten des NS-Regimes. Zwischen 1945 und 1950 befanden sich in dem Zuchthaus der Sitz des Sowjetischen Militärtribunals sowie die gefürchtete Haftanstalt des sowjetischen Geheimdienstes NKWD. Ab 1952 diente der »Rote Ochse« dem

---

40 Vgl. BStU, ASt Halle, AU 220/53, Bd. 1, Bl. 31–33, u. Bd. 2, Bl. 22–24.

41 Zu dem Lautsprecherwagen siehe Abschnitt 7.3.

42 Aussagen der Studenten Herbert P., Hans-Georg I. und Harry S. vom 20.6.1953; BStU, ASt Halle, AU 236/54, Bd. 1, Bl. 32, 36, 42 u. 47; Zeitzeugenbericht von H. Priew.

43 Vgl. Aussage des Waggonbauers Fritz W. vom 17.6.1953; BStU, ASt Halle, AU 104/55, Bd. 1, Bl. 10.

DDR-Innenministerium als Zuchthaus. Ein Teil des Gebäudekomplexes beherbergte zugleich die Untersuchungshaftanstalt der Bezirksverwaltung für Staatssicherheit Halle.

Gegen 14.00 Uhr näherten sich etwa 700 Demonstranten dem Zuchthaus. Zunächst versuchten einige junge Männer, unter ihnen der Student Gotthard Pilz, den bewachten Hintereingang der Haftanstalt in der Ulestraße zu stürmen. Es gelang ihnen aber nicht, die kleine Eisentür aufzubrechen. »*Da im Inneren der Doppeltür vier bis fünf Polizisten standen, gingen wir nicht weiter vor, sondern ich rief den anderen zu, ›Hierher!, Hierher!‹, und wir stürmten zum Haupteingang.*«[44] Bald hatte sich die Menschenmenge vor dem großen Tor in der Straße »Am Kirchtor« versammelt. Rufe wurden laut: »*Wir wollen die Gefangenen haben! - Gebt die Gefangenen frei! - Gebt unsere Brüder frei!*«[45] Steine prasselten gegen das Tor und wurden über die Gefängnismauer geworfen. Dann bemühten sich einige Aufständische vergeblich, das Tor mit einem Balken aufzurammen. Daraufhin wollte der Leiter des Zuchthauses, VP-Inspekteur Blossfeld, »die Gemüter etwas abkühlen«.[46] Er ließ einen Feuerwehrschlauch anschließen und die Massen über die Gefängnismauer hinweg mit kaltem Wasser bespritzen. Die Demonstranten liefen kreischend auseinander und versuchten, sich vor dem Wasser zu schützen. Daher glaubte die Wachmannschaft des Zuchthauses, wieder Herr der Lage zu sein. Die Polizisten öffneten eine Luke im Eingangstor, schoben den Feuerwehrschlauch ein Stück hindurch und wollten die Aufständischen mit einem kräftigen Wasserstrahl von der Straße spülen. Sie hatten jedoch nicht mit dem Mut und der List der Demonstranten gerechnet. Mehrere Jugendliche schlichen sich in gebückter Haltung an die Luke heran. Dann ergriffen sie blitzschnell den Schlauch, rissen ihn den Polizisten aus den Händen, drehten den Schlauch und spritzten durch die Luke auf den Gefängnishof zurück. Nun waren es die Polizisten, die fluchend zur Seite sprangen. Schnell ließ der Zuchthausleiter das Wasser abstellen.[47]

Nach diesem Erfolg versammelten sich die Aufständischen wieder vor dem Haupttor des Zuchthauses. Erneut wurde lautstark die Freilassung der Gefangenen gefordert und wieder flogen einige Steine über die Gefängnismauer. Doch wie sollte man in das Zuchthaus hineinkommen, um die Häftlinge befreien zu können? »*Auf einmal sagten welche, wir werden mit dem Lastwagen das Tor einrammen.*«[48] Also fuhr einer der beiden Lastwagen, die den Zug begleitet hatten, rückwärts gegen das Tor und versuchte, die zwei schweren Torflügel aufzudrücken. Dem ersten Ansturm hielt das mächti-

---

[44] Aussage des Studenten Gotthard P. vom 24.6.1953; BStU, ASt Halle, AST 4480/53, Bd. 1, Bl. 15. Zeitzeugenbericht von G. Pilz.

[45] Aussage des Waggonbauers Arno K. vom 25.6.1953; BStU, ASt Halle, AU 308/54, Bd. 1, Bl. 16.

[46] Vgl. Bericht der BdVP über die Ereignisse am 17. Juni 1953 im Bezirk Halle, 3.7.1953; LAM, Bestand BdVP Halle 19, Nr. 75, Bl. 12.

[47] Vgl. Aussage des Fleischermeisters Martin G. vom 18.6.1953; Aussage des Richters Paul L. vom 25.6.1953; BStU, ASt Halle, AU 74/53, Bd. 1, Bl. 4, u. AP 64/55, Bd. 1, Bl. 7.

[48] Aussage des Kameramanns Albert A. vom 29.6.1953; BStU, ASt Halle, AU 220/53, Bd. 2, Bl. 23.

Demonstranten fordern vor dem Haupttor des Zuchthauses »Roter Ochse« in der Straße Am Kirchtor die Freilassung der politischen Gefangenen.

Mit Steinwürfen gegen das Tor und über die Zuchthausmauer soll der Forderung Nachdruck verliehen werden.

ge Zuchthaustor noch stand. Jedoch beim zweiten Anlauf gab das Tor krachend nach. Mit einem Triumphschrei drangen die Demonstranten in den Vorhof des Zuchthauses ein. Sie kamen allerdings nicht weit, denn inzwischen war eine Veränderung der Situation eingetreten. Die Demonstranten wussten nicht, dass Bezirks-Polizeichef Zaspel um 14.15 Uhr einen folgenschweren Befehl erlassen hatte. Die beiden wichtigsten Punkte des Befehls lauteten:

> »1. Die wesentlichen Objekte, wie Volkspolizeiämter, Strafvollzugsanstalten, SED-Kreisleitungen, Räte der Kreise [...] sind unter allen Umständen zu sichern.
> 2. Die Benutzung der Schusswaffe bei Abwehrhandlungen ist ab sofort erlaubt!«[49]

Auf einmal standen die überraschten Aufständischen vor einer Reihe von Volkspolizisten, die mit Gewehren auf sie zielten. Schon ertönte der Ruf des Zuchthausleiters: »*Zurück! Sonst wird geschossen!*« Doch die Aufständischen wichen nicht zurück. Sie drangen weiter gegen die Polizisten vor. Die gaben nun einige Warnschüsse ab. Damit konnten die Aufständischen vorerst zwar gestoppt werden, und einige zogen sich sogar zurück. Aber die Mutigsten unter ihnen versuchten nach kurzem Zögern erneut, die Polizisten anzugreifen. In diesem Augenblick erschallte der Befehl: »Feuer!« und die Volkspolizisten schossen in die Menge. Drei Demonstranten blieben tödlich getroffen auf dem Pflaster liegen, andere erlitten Schussverletzungen. Jetzt war ein Vordringen nicht mehr möglich. Die Menge flüchtete von Panik ergriffen. Dabei gab es weitere Verletzte, denn einige Demonstranten kamen in der Panik zu Fall und wurden von anderen überrannt.[50]

Auch die auf der Straße vor dem Haupteingang versammelte Menschenmenge lief eilig auseinander. Etliche Demonstranten fuhren auf den zwei Lastwagen, darunter der von Fritz Hartmann gelenkte ehemalige Polizeiwagen, zum Hallmarkt. Andere brachten die Verletzten in Kliniken oder gingen nach Hause. Nur 200 bis 300 Demonstranten harrten noch am Zuchthaus »Roter Ochse« aus. Sie zogen in die Hermannstraße und versuchten, von dieser Seite in das Zuchthaus einzudringen. Ein Teilnehmer berichtete: »*Durch die Hermannstraße kam ich dann an die Mauer zum ›Roten Ochsen‹. An diese Mauer fuhr ein Trecker mit Hänger, von dessen Ladefläche aus Demonstranten versuchten, in den Hof des Gefängnisses zu gelangen. Daraufhin*

---

[49] Befehl des Chefs der BdVP Halle an alle Volkspolizeiämter, 17.6.1953; LAM, Bestand BdVP Halle 19, Nr. 73, Bl. 152.

[50] Vgl. Aussagen des Physikstudenten Ernst-Adolph S. vom 3. und 10.7.1953; Aussage des Malers Paul P. vom 12.4.1954; BStU, ASt Halle, AU 287/53, Bd. 1, Bl. 15 u. 28, u. AU 208/54, Bd. 1, Bl. 115.

Die Wachmannschaft versucht vergeblich, die Demonstranten mit Wasser aus einem Feuerwehrschlauch von der Straße zu vertreiben.

Ein Lkw wird herangefahren, um das Zuchthaustor aufzubrechen.

fiel ein Schuss vom Wachturm, der mit deutlichem Knall in die gegenüberliegende Hauswand einschlug.«[51] So wurde auch dieser Vorstoß der Aufständischen abgewehrt. Aber sie formierten sich noch ein drittes Mal zum Angriff auf den »Roten Ochsen«. Dieses Mal durchbrachen sie mit dem Traktor den Holzzaun, der ein Stück des Zuchthausgeländes von der Hermannstraße abschirmte. Die Wachmannschaft der Strafanstalt war jedoch darauf vorbereitet. Die Polizisten erwarteten die Demonstranten bereits und schossen erneut auf die unbewaffneten Menschen. Wieder gab es Verletzte unter den Aufständischen, und zwei weitere junge Männer wurden von den Polizeikugeln getötet. Nach diesen erneuten Opfern war der Angriffswille der Demonstranten am »Roten Ochsen« gebrochen. Manch einer sagte nun angesichts der Toten und Verletzten: *»Es hat keinen Zweck, ohne Waffen wird es nichts, weil die Waffen haben.«*[52] Weitere Aufständische verließen die Ansammlung.

Gegen 15.15 Uhr zog sich das immer kleiner werdende Häuflein der Demonstranten in die Henriettenstraße zurück. Hier harrten sie aus und verlangten lautstark: »Freiheit für die Gefangenen!« Der Wachleiter des Zuchthauses, VP-Oberkommissar Müller, stellte empört fest: *»Trotz mehrmaliger Aufforderungen meinerseits, das Vorgelände der Anstalt zu verlassen, kamen sie diesen Aufforderungen nicht nach!«*[53] Erst sowjetische Panzer konnten die Demonstranten um 16.00 Uhr von den Straßen vor dem »Roten Ochsen« vertreiben. Auf diese Weise endete der Marsch des ersten Demonstrationszuges.

Die Verteidigung des »Roten Ochsen« galt unter den SED- und Polizeiführern des Bezirkes Halle als Musterbeispiel für den Umgang mit »Provokateuren und Konterrevolutionären«. Dementsprechend wurden der Leiter des Zuchthauses und die Mitglieder der Wachmannschaft in den ersten Einschätzungen der BdVP auch besonders hervorgehoben. Trotzdem scheint das brutale Vorgehen bei einigen SED-Führern ein schlechtes Gewissen hinterlassen zu haben. Dies war vielleicht ein Grund, warum kein Mitarbeiter des Zuchthauses »Roter Ochse« auf der späteren Auszeichnungs- und Belobigungsliste des Chefs der BdVP Halle zu finden war.[54] Außerdem begannen bereits am 18. Juni 1953 in der SED-Propaganda und den Massenmedien die Versuche, den Schusswaffeneinsatz als letzte Möglichkeit der Selbstverteidigung vor »bewaffneten faschistischen Banditen« zu rechtfertigen. Das Hauptargument bestand stets darin, dass die Aufständischen am »Roten Ochsen« angeblich bewaffnet gewesen waren und sogar geschossen hätten. Aus allen verfügbaren Archivalien und Erlebnisberichten geht jedoch hervor, dass es am 17. Juni 1953 in Halle nur zwei Orte gege-

---

[51] Erlebnisbericht von G. Piater. Siehe auch Erlebnisbericht von L. Lutzke.

[52] Aussage des Lehrlings Anneliese S. vom 17.6.1953; BStU, ASt Halle, AU 261/54, Bd. 2, Bl. 16 f.

[53] Meldung des VP-Oberkommissars M. vom 17.6.1953; ebenda, Bd. 1, Bl. 31.

[54] Vgl. Befehl 6/53 des Chefs der BdVP Halle über Bestrafungen und Belobigungen, 7.7.1953; LAM, Bestand BdVP Halle 19, Nr. 75, Bl. 44–48.

ben hat, an denen Aufständische mit erbeuteten Polizeipistolen gedroht haben. Das Zuchthaus Am Kirchtor war keiner dieser Orte. Darüber hinaus ist mit hoher Wahrscheinlichkeit davon auszugehen, dass am 17. Juni 1953 in Halle von keinem Aufständischen ein Schuss abgegeben wurde. Wenn es solche Vorkommnisse wirklich gegeben hätte, dann wären sie von den SED-hörigen Medien gewiss bis ins kleinste ausgeschlachtet und nicht nur in Nebensätzen erwähnt worden.

Einige Tage später wurde von der Bezirksleitung der SED und der Bezirksverwaltung für Staatssicherheit sogar die Beerdigung eines Opfers zur Rechtfertigung des Schusswaffeneinsatzes skrupellos missbraucht. In den Nachmittagsstunden des 17. Juni 1953 hatte sich der Aspirant an der Landwirtschaftlichen Fakultät der Martin-Luther-Universität, Gerhard Schmidt, gemeinsam mit seiner Ehefrau auf dem Weg zu den Schwiegereltern befunden. Die Route führte das junge Paar am Zuchthaus »Roter Ochse« vorbei. Dabei gerieten die Schmidts in der Straße »Am Kirchtor« in den Tumult vor dem Haupteingang des Zuchthauses. Als Gerhard Schmidt auf der gegenüberliegenden Straßenseite am Zuchthaustor vorbeiging, wurde er von einer Gewehrkugel, die an einem Straßenbaum abgeprallt war, tödlich getroffen.[55] In einem vertraulichen Polizeibericht wurde dazu festgestellt: »*Schm. kann nicht als Provokateur oder Gegner unserer Ordnung bezeichnet werden. Er geriet in den Demonstrationszug und wurde hier erschossen. Er ist als Opfer der Provokateure zu betrachten. Von wem er erschossen wurde, ist nicht bekannt.*«[56] Der Hinweis »Opfer der Provokateure« brachte die SED-Oberen auf die Idee, die Beerdigung Gerhard Schmidts als propagandistische Kundgebung »gegen die faschistischen Provokateure« zu inszenieren. In einem Vorschlag der SED-Bezirksleitung für die Beerdigung hieß es unter anderem: »*Teilnahme einer Delegation der Universität an der Beerdigung (ca. 5 Mann). Der Sekretär der Betriebsparteiorganisation wird verpflichtet, in den Morgenstunden des Beerdigungstages eine kleine Gruppe mit Kranz zur Beerdigung zu delegieren. Auswertung nachträglich in der Zeitung (mit Bild). Tendenz: Opfer der Provokateure.*«[57] Am Rand dieses Vorschlags wurde noch handschriftlich festgehalten: »*evtl. größere Trauerkundgebung!*« Verantwortlich für die Organisation und den Ablauf der »Beerdigungsveranstaltung« war die SED-Kreisleitung Halle.

Die propagandistische Vorbereitung des Begräbnisses begann am 23. Juni 1953. An diesem Tag erschien in der SED-Lokalzeitung »Freiheit« eine mit Unwahrheiten durchsetzte »*Mitteilung der Sicherheitsorgane über den Mord an dem Dr.-Aspiranten*

---

[55] Vgl. Löhn, Hans-Peter; Gursky, André: Der 17. Juni 1953 in Halle. Begleitmaterial zur Sonderausstellung in Halle im Juni 1998. Halle 1998, S. 50; Aufstellung der am 17.6.1953 eingelieferten Verletzten in der Chirurgie der Universität, o. D.; LAM, Bestand SED-Bezirksleitung Halle, IV/2/55, Nr. 1134, Bl. 251; Erlebnisbericht von I. und W. Matzel.

[56] Vorschlag der SED-Bezirksleitung an die BdVP zur Beisetzung der Opfer vom 17.6.1953, 22.6.1953; LAM, Bestand BdVP Halle 19, Nr. 74, Bl. 95.

[57] Ebenda, S. 96.

Gerhard Schmidt«. In der Bekanntmachung wurde die falsche Behauptung verbreitet, Gerhard Schmidt sei von faschistischen Provokateuren erschossen worden, »*die die Strafanstalt am Kirchtor unter Anwendung von Schusswaffen zu stürmen versuchten«.* Die Bekanntmachung endete mit den absurden Bemerkungen: »*Die faschistischen Banditen hetzten die umherstehenden Bürger zur Teilnahme an ihrem Gewaltstreich auf und schossen auf jeden, der sich ihnen widersetzte. Dabei wurde der Jugendfreund Schmidt, der seine Abscheu gegen diese Verbrechen kundgab, von diesen durch einen Pistolenschuss niedergestreckt.«*[58] Damit war eine Erklärung für den Tod Gerhard Schmidts vorgegeben, auf die sich die weiteren Zeitungsartikel und Nachrufe zu stützen hatten. Deshalb besaßen alle nachfolgenden Abhandlungen über den Tod Gerhard Schmidts im Wesentlichen den gleichen Inhalt. Derweil bemühten sich einige Autoren sogar noch, durch die Benutzung besonders pathetischer Floskeln die anderen zu übertreffen. So konnte man in einem Nachruf des Rektorats der Martin-Luther-Universität lesen: »*Die Kugel, die Gerhard Schmidt traf, sollte die große Sache des Weltfriedens treffen.«*[59] Für die Zeitung »Freiheit« war die Tat »*ein weiterer Beweis für die Skrupellosigkeit der imperialistischen Kriegstreiber«.* In einem von Erich Honecker unterzeichneten Telegramm des Zentralrats der FDJ an die Ehefrau Gerhard Schmidts war von einer »*schändlichen Mordtat faschistischer Provokateure und Kriegstreiber«* die Rede. Das »Neue Deutschland«, Sprachrohr des Zentralkomitees der SED, hatte schließlich herausgefunden, dass Gerhard Schmidt erschossen wurde, »*weil Adenauer, Kaiser und Ollenhauer gemeinsam mit ihren ausländischen Auftraggebern einen neuen Krieg inszenieren wollten«.*[60]

Zusätzlich waren Parteileitungen und Staatssicherheitsdienst emsig bemüht, die Wahrheit über den Tod des Aspiranten zu unterdrücken. Obwohl nach der Niederschlagung des Volksaufstandes kaum jemand wagte, einer SED-Meldung offen zu widersprechen, verbreitete sich unter den Universitätsangehörigen beharrlich die Meinung, Gerhard Schmidt sei als Unbeteiligter von einer verirrten Polizeikugel getroffen worden.[61] Einen nicht unbedeutenden Anteil, dass die Wahrheit über den Tod Gerhard Schmidts bekannt wurde, hatten die Ärzte in der Universitätsklinik, die den tödlich Getroffenen untersuchten. Das war neben anderen der Internist Professor Matzel, der noch in seiner Wohnung nahe beim Zuchthaus »Roter Ochse« die Erstversorgung Gerhard Schmidts vorgenommen hatte. Der »Doktorvater« Gerhard Schmidts, Professor Friedrich, hielt zu Beginn einer Vorlesung am 18. Juni eine kurze

58 Mitteilung der Sicherheitsorgane über den Mord an dem Dr.-Aspiranten Gerhard Schmidt. In: Freiheit v. 23.6.1953.

59 Er fiel im Kampf für den Frieden, Nachruf der Martin-Luther-Universität Halle. In: Freiheit v. 24.6.1953.

60 Vgl. Halle nahm Abschied von Gerhard Schmidt. In: Neues Deutschland v. 26.6.1953.

61 Vgl. Bericht des IM »Rampa« vom 20.10.1953; BStU, ASt Halle, AOP 202/54, Bd. 1, Bl. 289.

Gedenkrede für seinen Aspiranten, in der er davon sprach, dass Schmidt »*von einer verirrten Kugel getroffen*« worden sei.[62]

Am 24. Juni 1953 fand die Beisetzung Gerhard Schmidts auf dem Kröllwitzer Friedhof statt. Sie wurde wie ein Staatsbegräbnis zelebriert. Alles begann mit einem von der SED-Kreisleitung organisierten Trauermarsch mit angeblich 5 000 Bürgern (darunter Abordnungen der Polizei, der FDJ und vieler Betriebe) durch die Stadt Halle zum Friedhof im Stadtteil Kröllwitz. Hier fand die eigentliche Trauerfeier statt, deren Höhepunkt eine Rede des FDJ-Bezirkschefs Ernst Haak sein sollte. Diese an Schwülstigkeit kaum zu übertreffende Ansprache, in der von »*wachsendem Zorn gegen verruchte Mörder*« und »*heiligem Hass*« die Rede war,[63] bildete den traurigen Abschluss der Vereinnahmung eines Opfers zur Manipulierung der öffentlichen Meinung über den Volksaufstand. Solche falsch dargestellten Geschehnisse bildeten die propagandistische Basis für die Anfang Juli 1953 vom ZK der SED ausgegebene These vom 17. Juni 1953 als einem »konterrevolutionären, faschistischen Putschversuch«.

Als offizielle Vertreter der Universität nahmen an der Trauerfeier der Rektor, Professor Stern, der Prorektor für Forschung, Professor Funk, und Professor Friedrich teil. Eigentlich hatte die gesamte Fakultät anwesend sein wollen. »*Das tragische Ereignis sei aber zu einer politischen Demonstration missbraucht worden; darum habe die Fakultät die offizielle Beteiligung am Trauerzug abgelehnt. Für eine Unwahrheit demonstrieren wir nicht!*«[64] In einem wenige Tage später stattfindenden erweiterten Konzil der Universität mokierte sich Politbüromitglied Fred Oelßner über dieses Verhalten. Ironisch rief er aus, dass das Interesse der Landwirtschaftlichen Fakultät an der feierlichen Beisetzung doch sehr nachgelassen hätte, nachdem bekannt wurde, dass Schmidt von Provokateuren erschossen worden sei. Daraufhin erhoben sich mehrere Professoren demonstrativ von ihren Plätzen und verließen noch während der Rede Oelßners die Aula. Ein SED-Informant meldete entrüstet: Ein Professor »*knallte beim Hinausgehen die Tür der Aula demonstrativ zu*«.[65]

Die Ehefrau Verena Schmidt wurde am Tag vor der Beisetzung vom Rektor der Universität besucht. Er bot ihr einen Studienplatz an der ABF und an der Universität an. Sie sollte dafür an der Trauerkundgebung teilnehmen und nirgendwo »Vermutungen« über den Tod ihres Mannes äußern. Ansonsten habe sie zu schweigen, denn man könne auch anders. So nahm Verena Schmidt voller Scham am Trauermarsch und an der inszenierten Beerdigung ihres Ehemannes teil. Einen Studienplatz lehnte sie jedoch ab. Aus Angst vor Repressalien sprach sie erst nach dem Ende der DDR über die

---

62 Erlebnisbericht von Prof. Friedrich.

63 Vgl. Gelöbnis Ernst Haaks am Grab von G. Schmidt. In: Freiheit v. 25.6.1953.

64 Vertraulicher Bericht an die Universitätsparteileitung, 3.7.1953; LAM, Bestand SED-GO der MLU, IV/7/501, Nr. 16 b, Bl. 18.

65 Vgl. ebenda, Bl. 26.

wahren Ursachen, die zum Tode ihres Mannes geführt hatten. Das MfS blieb ihr, wie Frau Schmidt meinte, bis 1989 auf den Fersen.[66]

7.2 Die Befreiung der Häftlinge aus der Untersuchungshaftanstalt Halle

7.2.1 »Zurück oder wir schießen!« – Der erste Angriff auf die Haftanstalt

Dieser Abschnitt wird die Aktionen des zweiten Demonstrationszuges veranschaulichen, der sich gegen 12.20 Uhr von der Masse der Demonstranten vor dem Gerichtsgebäude abspaltete und zur Strafvollzugsanstalt II marschierte. Diese Strafvollzugsanstalt befand sich in der Kleinen Steinstraße, in der Nähe des halleschen Marktplatzes und war nur wenige hundert Meter vom Gerichtsgebäude entfernt. Direkt neben der Haftanstalt lag das Haus der Staatsanwaltschaft Halle. Die Strafvollzugsanstalt II war ein kleines Gefängnis, hinter dessen Mauern hauptsächlich Untersuchungsgefangene eingekerkert waren, die auf ihre Gerichtsverhandlung warteten, sowie verurteilte weibliche Häftlinge, die in andere Gefängnisse transportiert werden sollten. Die Hallenser Bevölkerung nannte dieses Gefängnis meist nur »die Untersuchungshaftanstalt«. Das Haupttor der Haftanstalt lag in der Kleinen Steinstraße. Außerdem gab es auf der Rückseite des Gefängnishofes noch ein Tor zum Hansering.

Bereits zwei Tage vor dem Aufstand in Halle hatte es in der Nähe der Haftanstalt deutliche Anzeichen für bevorstehende Unruhen gegeben. Am 15. Juni 1953 versammelten sich 300 Menschen vor dem Haupttor der Untersuchungshaftanstalt und forderten die Freilassung jener Gefangenen, denen wegen »Wirtschaftsverbrechen« oder »antidemokratischer Hetze« der Prozess gemacht werden sollte. Die Demonstranten beriefen sich dabei auf das Kommuniqué des ZK der SED vom 9. Juni 1953, in dem verkündet worden war, »*diejenigen Untersuchungshäftlinge sofort zu entlassen, gegen die ein Verfahren nach dem Gesetz zum Schutze des Volkseigentums* [sogenannte Wirtschaftsverbrechen] *anhängig gemacht wurde und bei denen keine höhere Strafe als die gesetzliche Mindeststrafe von 1-3 Jahren zu erwarten ist*«.[67] Die aufgeschreckte Anstaltsleitung versuchte, mit den Menschen vor dem Gefängnis zu diskutieren und bat zugleich beim Volkspolizeikreisamt (VPKA) um den Einsatz von Polizeitruppen. Die Menschenansammlung konnte aber erst in den Abendstunden durch

---

[66] Nach einem Interview, das der ehemalige Mitarbeiter der BStU, U. Dräger, im Frühjahr 1993 mit Frau Roennecke (Schmidt) führte.

[67] Schreiben des Ingenieurs Hans L. an das Kreisgericht Halle, 12.6.1953; BStU, ASt Halle, AU 229/53, Bd. 1, Bl. 69.

den Einsatz eines Kommandos der VP aufgelöst werden.[68] Noch waren die Demonstranten friedlich geblieben und hatten sich ohne Gewaltanwendung auseinandertreiben lassen. Als sich eine derartige Demonstration am 16. Juni nicht wiederholte, glaubten die verantwortlichen Polizeioffiziere, die Krise sei überwunden und hoben alle zusätzlichen Sicherungsmaßnahmen wieder auf. Das sollte sich als verfrüht erweisen.

Am 17. Juni 1953 löste der Diensthabende der BdVP um 10.35 Uhr unerwartet in der Untersuchungshaftanstalt Alarm aus und befahl, alle Gefangenen sofort einzuschließen. Ehe der verdutzte Anstaltsleiter, VP-Kommissar Polster, eine Begründung für diese Maßnahme erhalten konnte, war die Verbindung unterbrochen. Also ließ er erst einmal alle Häftlinge in die Zellen bringen und einschließen.[69] Dann setzte er eine Außenstreife ein und befahl seiner Stellvertreterin, vom Balkon der »Politischen Abteilung« aus die Kleine Steinstraße zu beobachten, denn er nahm an, es würden wieder nur einige Bürger vor dem Gefängnis demonstrieren wollen. Aber nirgendwo zeigten sich Menschenansammlungen. Gefängnisleiter Polster glaubte, dass es sich bei der Anweisung der BdVP um eine übertriebene Vorsichtsmaßnahme handelte. Als aber gegen 11.10 Uhr fünf Volkspolizisten vom Volkspolizeikreisamt Halle in der Haftanstalt eintrafen und meldeten, sie seien zur Verstärkung geschickt worden, ahnten die Vollzugsbeamten, dass etwas Ernstes in Halle passiert sein musste. Zu diesem Zeitpunkt hielten sich neben den fünf Polizisten 28 Vollzugsbeamte (20 Frauen und nur acht Männer) in der Untersuchungshaftanstalt auf. Anstaltsleiter Polster ordnete an, die vorhandenen 15 Pistolen auszugeben. Zwei Dachposten sollten zusätzlich die umliegenden Straßen beobachten. Um 12.00 Uhr meldete einer der Dachposten, dass ein großer Demonstrationszug vom Leipziger Turm zum Gerichtsgebäude marschierte. Daraufhin befahl der Gefängnisleiter, die Außenstreifen zurückzuholen und alle Tore, einschließlich des Tores zur Staatsanwaltschaft, zu schließen. Im Falle eines gewaltsamen Eindringens in die Haftanstalt sollten sich die Angehörigen der Wachmannschaft in den Gefängnisbau zurückziehen. Nachdem VP-Kommissar Polster diese Anweisungen erteilt hatte, verständigte er das VPKA und bat um sofortige Verstärkung. Er begründete die dringende Bitte damit, dass die Mehrzahl seiner Angestellten Frauen seien. Außerdem könnten die Gefängnishöfe bei einem ernsthaften Angriff nicht gehalten werden, weil die beiden Holztore solch einem Ansturm kaum standhalten würden. Doch der verantwortliche Offizier im VPKA antwortete nur, sie sollten in der Strafvollzugsanstalt die Ruhe bewahren und sich nicht provozieren lassen. Ansonsten wäre die Bezirksbehörde der Volkspolizei (BdVP) für Verstärkungen zuständig. Also rief Anstaltsleiter Polster unverzüglich beim Chef der BdVP, VP-Inspek-

68 Vgl. Bericht des Leiters der Strafvollzugsanstalt (SVA) II an die BdVP, 23.6.1953; LAM, Bestand BdVP Halle 19, Nr. 701, Bl. 15.

69 Vgl. Aussage der Untersuchungsgefangenen Frieda M. vom 18.6.1953; BStU, ASt Halle, AU 88/53, Bd. 1, Bl. 3.

teur Zaspel, an. Er schilderte die Situation, bat um Verstärkung und wies darauf hin, dass er im Notfall den Schießbefehl geben müsste. VP-Chef Zaspel entgegnete kühl, er werde ihm schnellstens Verstärkung schicken. Gleichzeitig betonte er, »*bevor von der Schusswaffe Gebrauch gemacht wird, rufen Sie erst nochmals bei mir an!*«[70] Um 12.20 Uhr war es dann soweit, Demonstrationszüge marschierten sowohl durch die Große Steinstraße als auch durch die Rathausstraße zur Untersuchungshaftanstalt.

Beflügelt von dem schnellen Eindringen in das Gerichtsgebäude und zugleich enttäuscht darüber, dass dort nur ein Gefangener befreit werden konnte, zogen annähernd 2 000 Demonstranten zur Strafvollzugsanstalt II. Dort besetzten sie die Kleine Steinstraße sowie die angrenzenden engen Gassen vor dem Haupttor des Gefängnisses. Dieser Demonstrationszug besaß nicht mehr den Zusammenhalt, der die anderen Marschblöcke kennzeichnete. Vor der Untersuchungshaftanstalt befand sich ein Menschenauflauf, dessen Teilnehmer ständig wechselten. Während viele Demonstranten im Laufe der Zeit die Menschenmasse verließen, kamen andere Hallenser Bürger hinzu, neugierig gemacht durch den Lärm vor der Haftanstalt. Die Aufständischen forderten lautstark die Freilassung der politischen Gefangenen. Von einem benachbarten Ruinengrundstück wurden Ziegelsteine geholt und gegen das Tor geworfen. Bald flogen die Steine auch gegen die Fensterscheiben im Haus der Staatsanwaltschaft und zerstörten viele. Für die Wachmannschaft war es von diesem Zeitpunkt an kaum noch möglich, die Demonstranten auf der Straße zu beobachten. Denn sobald sich ein Uniformierter am Fenster zeigte, wurde er mit Steinen beworfen. Da sich aber innerhalb der Haftanstalt trotz der Steinwürfe und Sprechchöre nichts tat, nahmen einige Demonstranten einen Balken und rammten damit das große Holztor, bis das Schloss im Tor nachgab.[71] Triumphierend drangen 30 bis 40 Aufständische um 12.30 Uhr in den kleinen Vorhof des Gefängnisses ein. Ein zweites Holztor versperrte ihnen jedoch den Weg in den Gefängnishof. Die Demonstranten begannen, auch dieses Tor aufzubrechen. Doch es war stabiler als das erste Portal.

Während sich einige Männer an dem zweiten Tor zu schaffen machten, begannen die übrigen Demonstranten das Gebäude der Staatsanwaltschaft anzugreifen. Steine flogen durch die zerstörten Fenster und beschädigten Mobiliar in den Dienstzimmern. Zugleich versuchten Demonstranten, die Haustür der Staatsanwaltschaft einzuschlagen. Die Tür gab allmählich nach. Doch zum Glück für die Angestellten in der Staatsanwaltschaft ertönte in diesem Augenblick ein Jubelschrei vom Untersuchungsgefängnis, der verkündete, dass das zweite Gefängnistor geöffnet worden war. Sofort ließen die Aufständischen von der Staatsanwaltschaft ab und stürmten in den Gefängnis-

---

[70] Bericht des Leiters der SVA II an die BdVP, 23.6.1953; LAM, Bestand BdVP Halle 19, Nr. 701, Bl. 15 f.

[71] Vgl. Aussagen der Arbeiterin Ingeborg F. vom 18.6.1953 und des Arbeitslosen Rudi S. vom 5.10.1953; BStU, ASt Halle, AU 64/54, Bd. 2, Bl. 14, u. AU 151/53, Bd. 2, Bl. 28.

Demonstranten vor dem verschlossenen Tor der Strafvollzugsanstalt II (Untersuchungshaftanstalt) in der Kleinen Steinstraße. Ein Schild wurde in die Fahnenhalterung gesteckt, auf dem zu lesen ist: »Der Bart ist ab!«

hof. Nun wollten die Demonstranten auch in das Gebäude der Haftanstalt hineingelangen. Einige Männer bemühten sich, die Eingangstür mit Eisenrohren aufzuhebeln. Um 13.00 Uhr gelang es ihnen schließlich, die Eingangstür zum Gefängnisgebäude aufzubrechen. Während die Demonstranten in den Flur der Gefängnisverwaltung eindrangen, zogen sich die Vollzugsbeamten und die Polizisten hinter die Tür des Zellenhauses zurück.[72] Die Aufständischen begannen, die Dienstzimmer der Haftanstaltsleitung zu durchwühlen. Zu diesem Zeitpunkt passierte auf der Straße vor der Haftanstalt ein Vorfall, der sich vielen Augenzeugen besonders einprägte. Denn in Gesprächen mit Zeitzeugen des Volksaufstandes hört man immer wieder, dass ein Zivilist, vielleicht ein Funktionär der SED, von jungen Demonstranten über den Marktplatz gejagt und in der Rathausstraße verprügelt worden sei. Schließlich habe er sich blutend in den Ratshof retten können. In den zur Verfügung stehenden Archivalien finden sich Hinweise auf zwei ähnliche Fälle.[73] Aber nur eine dieser Begebenheiten wurde genauer dokumentiert. Sie soll an dieser Stelle kurz dargestellt werden.

---

72 Vgl. Zeugenaussage des Polizisten Gustav G. vom 25.6.1953; BStU, ASt Halle, AU 229/53, Bd. 2, Bl. 57.

73 Ein Hinweis zu Ausschreitungen gegen einen KVP-Angehörigen auf dem Hallenser Marktplatz findet sich auch im Gerichtsurteil gegen den Arbeitslosen Kurt B. Vgl. Beschluss des Obersten Gerichts der DDR in der Strafsache gegen Kurt B. vom 14.4.1954; Bundesarchiv, ASt Berlin, Akte Nr. 768/65, Bl. 9 f.

Kriminalkommissar Heinz J.[74] zwängte sich durch die Menschenmassen im Hof der Haftanstalt. Er hatte den Auftrag, die Lage in der Untersuchungshaftanstalt zu erkunden und dem Leiter des VPKA darüber zu berichten. Als er den Hof gerade wieder verlassen wollte, erkannte ihn der mit ihm verwandte Fuhrunternehmer Martin Riffert. Der Fuhrunternehmer rief dem Kommissar mehrmals laut hinterher, er solle bloß verschwinden, sonst bekäme er noch Prügel.[75] Nach eigenen Aussagen wollte er den Kriminalisten nur warnen. Das mag dahingestellt bleiben. Der Effekt war jedoch, dass die Demonstranten auf den Polizisten aufmerksam wurden. Kommissar Heinz J. berichtete:

> »Diese Äußerungen wiederholte der R. dreimal in überlautem, vernehmlichem Ton. Die Menge, die unmittelbar im Innenzug der Haftanstalt stand, hat ohne weiteres die Worte [...] vernommen. [...] Ca. 5 m hinter der Ecke Rathausstraße - Kleine Steinstraße wurde ich dann plötzlich von 20 bis 30 Personen (mir unbekannt) gestellt. Man sagte mir auf den Kopf zu, dass ich von der Kriminalpolizei bin und forderte von mir meine Dienstwaffe. Die Herausgabe meiner Dienstwaffe verweigerte ich. Aufgrund dessen wurde ich niedergeschlagen.«[76]

Junge Männer entrissen J. die Dienstpistole samt Munition und den Dienstausweis. Als der Kriminalkommissar daraufhin aufsprang, wurde er erneut niedergeschlagen und gegen einen Lastwagen geworfen. Dann ließen die Aufständischen von ihm ab, und er konnte sich in den Ratshof, den Sitz des Hallenser Magistrats, retten, wo er verbunden wurde. Die Pistole kam in die Hände des Bauarbeiters Heinz H., der während des Sturmes auf die Untersuchungshaftanstalt mit dieser Waffe Polizisten bedrohte. Einen Schuss hat er aus dieser Pistole aber nicht abgegeben.[77]

Währenddessen durchsuchten Demonstranten die Zimmer der Gefängnisverwaltung nach Schlüsseln für den Zellentrakt. Sie hatten zuvor die mit Spezialglas versehene Tür zum Zellenhaus entdeckt, hinter der sich auch die Vollzugsbeamten und die Volkspolizisten aufhielten. Jugendliche brachen mit einem Schraubstock eine Kasset-

---

74 Siehe hierzu auch Abschnitt 5.2.

75 Der Fuhrunternehmer Martin R. wurde am 18.6. auf Veranlassung des Kommissars J. verhaftet. Da er aber bei seiner Aussage blieb und ihm das Gegenteil nicht nachgewiesen werden konnte, sprach ihn das Bezirksgericht Halle am 22.7.1953 frei. Vgl. Aussagen des Martin R. vom 18.6.1953; BStU, ASt Halle, AU 239/54, Bd. 2, Bl. 31 f.

76 Aussage des Kommissars Heinz J. vom 27.6.1953; ebenda, Bl. 36 f.

77 Nachdem Heinz H. von seiner Schwiegermutter angezeigt worden war, fanden Mitarbeiter des MfS am 21.6.1953 die Waffe in seinem Keller und nahmen ihn fest. Am 27.6.1953 wurde Heinz H. vom Bezirksgericht Halle zu fünf Jahren Gefängnis verurteilt. Vgl. Aussagen von Heinz H. und Tassilo H. vom 21. und 22.6.1953; BStU, ASt Halle, AU 208/53, Bd. 1, Bl. 3 f., u. Bd. 2, Bl. 18.

te auf und entnahmen die darin befindlichen Schlüssel. Doch keiner der Schlüssel passte in das Schloss der »Glastür«.[78] Dann entdeckten einige Aufständische in einem Dienstzimmer den Vollzugsbeamten W., dem es nicht mehr gelungen war, sich in den Zellentrakt zu retten. Der Wachmann wollte sich mit seiner Pistole verteidigen. Doch junge Aufständische, unter ihnen der Gleisbauarbeiter Rudi Schmidt, stürzten sich blitzschnell auf ihn und entrissen ihm die Waffe. Danach zwangen sie ihn unter Anwendung von Gewalt, seine Dienstschlüssel herauszugeben. Aber auch mit diesen Schlüsseln konnten die Aufständischen die »Glastür« zum Zellenhaus nicht öffnen. Immer wütender schrien die jungen Demonstranten den Wachmann an, er solle ihnen gefälligst helfen, sonst ergehe es ihm schlecht. Doch trotz aller Drohungen beharrte der Vollzugsbeamte darauf, dass er die Zellentür mit diesen Schlüsseln nicht öffnen könne. Daraufhin ließen die Männer von ihm ab und warfen in ohnmächtiger Wut Blumentöpfe und andere Gegenstände gegen die Tür zum Zellenhaus.[79]

Zu diesem Zeitpunkt, gegen 13.10 Uhr, traf ein Lastwagen mit einer Gruppe von 20 Polizisten des VPKA vor der Strafanstalt ein. Die Polizisten sollten die Wachmannschaft verstärken und die Haftanstalt sichern.[80] Dafür war es jedoch bereits zu spät. Der Polizeiwagen kam gar nicht erst bis zum Gefängnistor, er blieb in der Menschenmasse stecken. Nun vollzog sich hier fast die gleiche Prozedur wie vor der SED-Bezirksleitung. Demonstranten öffneten die Tür zum Fahrerhaus des Lkw und rissen den Kraftfahrer heraus. Zugleich forderten andere Demonstranten die auf dem Lastwagen sitzenden Polizisten auf, unverzüglich abzusteigen und zu verschwinden. In dieser Situation gab der Kommandeur der Polizeigruppe, VP-Kommissar Lehnert, den Befehl, jeder solle sich allein oder in kleinen Gruppen zur Haftanstalt durchschlagen. Also sprangen die Polizisten vom Lastwagen und begannen sich gewaltsam durch die Menschenansammlung zu drängen. Dabei befanden sie sich aber in einer sehr ungünstigen Lage: Die Demonstranten vor der Untersuchungshaftanstalt waren selbstverständlich in der Übermacht und außerdem emotional aufgeheizt. Deshalb mussten die Polizisten immer wieder Schläge abwehren und verloren auf dem Weg zum Gefängnistor einen Teil ihrer Uniformen und der Ausrüstung. Zuerst büßten sie ihre Mützen ein, dann die Schulterstücke. Vielen Polizisten wurden auch noch die Schulterriemen und die Koppel abgenommen.[81] Einige jüngere Volkspolizisten hatte der Anblick der vielen Demonstranten offenbar so stark verunsichert, dass sie sogar bereit waren, ihre Uniformjacken auszuziehen und herzugeben. Bald hingen Uniformjacken und Mützen der VP auf einigen Laternenmasten des Marktplatzes. Nur Waffen

78 Vgl. Aussage des Fahrers Hans-Joachim K. vom 19.6.1953; BStU, ASt Halle, AU 119/53, Bd. 1, Bl. 28.

79 Vgl. Aussage des VP-Anwärters Willi W. vom 26.6.1953; BStU, ASt Halle, AU 151/53, Bd. 1, Bl. 31.

80 Vgl. Bericht des Chefs der BdVP Halle über den Verlauf der Ereignisse am 17. Juni 1953, 1.7.1953; LAM, Bestand BdVP Halle 19, Nr. 75, Bl. 12.

81 Erlebnisbericht von A. H. Poppe-Hassink.

Die Verstärkung vom Volkspolizeikreisamt trifft in der Kleinen Steinstraße ein.

Der Polizeilastwagen wird von den Demonstranten zum Stehen gebracht. Während ein Arbeiter die Ventileinsätze aus dem Motor entfernt, fordern andere Demonstranten die Volkspolizisten auf, vom Wagen zu steigen.

fielen den Aufständischen nicht in die Hände, weil das Polizeikommando vorsorglich keine Pistolen mitgenommen hatte. Trotzdem gelang es mehr als der Hälfte der Polizeigruppe, sich in die Haftanstalt durchzuschlagen. Dabei hatten es die letzten Polizisten noch schwerer, unbehelligt durchzukommen, weil inzwischen etwas in der Haftanstalt geschehen war, das die Aufständischen sehr erbitterte.

Im Gefängnisgebäude, vor der unüberwindbar erscheinenden Tür zum Zellentrakt hatten sich einige Arbeiter beharrlich bemüht, den Zugang mit einem Eisenrohr aufzuhebeln. Als dies nicht gelang, holte einer der Männer Hammer und Meißel und begann, das Mauerwerk unmittelbar neben dem Schloss der Tür aufzustemmen.[82] Der Lärm alarmierte den Gefängnisleiter Polster. Er rief den Aufständischen zu, sie sollen diese Aktion unterlassen, sonst müsse er den Schießbefehl geben. Von solchen Drohungen ließen sich die mutigen Arbeiter jedoch nicht abschrecken. Sie sagten: »*Wir gehen nicht früher weg, ehe nicht die politischen Gefangenen entlassen sind.*«[83] Daraufhin brüllte Kommissar Polster: »*Zurück oder wir schießen!*«[84] Weil auch diese Aufforderung keinen Erfolg hatte, gab der Oberwachtmeister R. einen Warnschuss ab. Der Warnschuss verblüffte die Demonstranten hinter der Tür. Da sie aber nicht glaubten, dass die Gefängnisaufseher auf sie schießen würden, brachen sie weiter das Mauerwerk auf. Doch in diesem Punkt hatten die Arbeiter die Entschlossenheit des Gefängnisleiters unterschätzt. Er erteilte einem seiner Angestellten den Schießbefehl, und dieser gab durch eine kleine Öffnung in der Tür einen gezielten Schuss ab. »*Ein Provokateur, welcher unmittelbar an der Tür stand, fiel um und schrie auf.*«[85] Erst jetzt ließen die Aufständischen von der Tür ab und zogen sich unter Mitnahme des Verletzten bis auf den Gefängnishof zurück. Während des Rückzugs liefen einige Demonstranten nochmals in die Zimmer der Gefängnisverwaltung und ließen ihre Empörung an den Möbeln aus. Stühle wurden zerschlagen, Schranktüren eingetreten und die Schränke umgekippt. Als sich aber die Polizisten sowie die Vollzugsbeamten den Zimmern näherten und noch einen Warnschuss abgaben, verließen alle Aufständischen schleunigst das Gefängnisgebäude und flüchteten schließlich sogar aus dem Gefängnishof.

Während das Gefängnispersonal auf diese Weise wieder das Gebäude und den Hof der Haftanstalt übernahm, verharrten die Demonstranten im Vorhof und auf der Straße vor der Untersuchungshaftanstalt. Erschreckt durch die Schüsse und die Schreie des Verletzten verließen jetzt aber etliche Demonstranten die Menschenansammlung und begaben sich zum Marktplatz oder nach Hause. An ihrer Stelle gesellten sich andere Bürger, die durch die Schüsse aufmerksam gemacht worden waren, zu den

82 Vgl. Aussage des Molkereiarbeiters Horst B. vom 4.7.1953; BStU, ASt Halle, AU 222/53, Bd. 2, Bl. 17 f.
83 Aussage des Elektrikers Günter H. vom 17.6.1953; BStU, ASt Halle, AP 157/55, Bd. 1, Bl. 19 f.
84 Bericht des Leiters der SVA II an die BdVP, 23.6.1953; LAM, Bestand BdVP Halle 19, Nr. 701, Bl. 16.
85 Aussage des VP-Anwärters Willi W. vom 26.6.1953; BStU, ASt Halle, AU 151/53, Bd. 1, Bl. 18.

Demonstranten fliehen vor den Pistolenschüssen der Wachmannschaft zurück auf die Straße.

Demonstrierenden. Die Tatsache, dass man in der Haftanstalt auf »Kameraden« geschossen hatte sowie der Anblick des Verletzten erbitterte die Aufständischen. Die ersten, die diesen Groll zu spüren bekamen, waren die Polizisten aus dem VPKA, die sich in der Kleinen Steinstraße durch die Massen kämpften. Zwölf Polizisten des Kommandos hatten, leicht lädiert und mit beschädigten Uniformen, den Gefängnishof erreichen können. Den letzten Volkspolizisten der Gruppe gelang dies nicht mehr. Ihnen blieb nichts anderes übrig, als vor den auf sie niederprasselnden Schlägen zu fliehen. Dabei hatten die Polizisten noch Glück, dass das große Gedränge in der Straße vor der Haftanstalt die aufgebrachten Demonstranten daran hinderte, stärker zuzuschlagen.[86] Diese Erfahrung war es wahrscheinlich, die den Kommandeur der Polizeigruppe veranlasste, den Schusswaffengebrauch in der Untersuchungshaftanstalt zu verurteilen. Nachdem er in das Gefängnis vorgedrungen war, meldete er sich beim Gefängnisleiter. Der erkundigte sich bei ihm nach der Situation vor der Haftanstalt. Darauf erwiderte Kommissar Lehnert, dass die Lage sehr ungünstig sei und es deshalb falsch gewesen wäre, auf die Demonstranten zu schießen. *»Er war der Meinung«*, so der Gefängnisleiter in seinem Bericht, *»dass durch das Schießen die Provokateure*

---

[86] Erlebnisbericht von A. H. Poppe-Hassink.

Das äußere Tor der Untersuchungshaftanstalt ist aufgebrochen. Ein Polizeikordon (im Halbdunkel) versucht, das weitere Vorgehen der Demonstranten zu verhindern.

noch weiter gereizt wurden.«[87] Deshalb befahl der VP-Kommandeur seinen Leuten, sich in loser Kette vor dem inneren Gefängnistor aufzustellen und nach Möglichkeit mit den Aufständischen zu diskutieren, um sie aus dem Vorhof der Haftanstalt hinauszubringen. Der Polizeioffizier berichtete:

> »Wir nahmen Aufstellung in einer losen Kette vor dem zweiten Tor und forderten die nachdrängenden Menschen auf, das Grundstück zu verlassen. Dieser Aufforderung wurde jedoch nicht Folge geleistet. Die Menschenmasse drängte im Gegenteil bis dicht an die Sperrkette und von einigen Wortführern der Meute wurde die Forderung gestellt, die Häftlinge freizulassen. Von uns wurde den Leuten [...] erwidert, dass laut Regierungsverordnung alle Gefangenen, die von der Regierungsverordnung betroffen sind, in kürzester Zeit freigelassen werden. Von den Wortführern wurde jedoch daraufhin die Freilassung aller einsitzenden Häftlinge bis 15.00 Uhr gefordert.«[88]

---

87 Bericht des Leiters der SVA II an die BdVP, 23.6.1953; LAM, Bestand BdVP Halle 19, Nr. 701, Bl. 16.

88 Dienstliche Äußerung des VP-Kommissars L. vom 26.6.1953; BStU, ASt Halle, AU 229/53, Bd. 1, Bl. 104.

Gefängnisleiter Polster teilte die Auffassung des VP-Kommandeurs nicht. Obwohl die weiblichen Häftlinge durch die Schüsse im Zellenhaus sehr beunruhigt waren,[89] blieb er bei seiner Meinung, dass die Aufständischen nur mit Waffengewalt aus der Haftanstalt entfernt werden könnten. Und der Rückzug der Demonstranten nach den Schüssen schien ihm Recht zu geben. Polster konnte jedoch seinen Willen nicht per Befehl durchsetzen, weil ihm der Polizeikommissar nicht unterstellt war. Verdrossen musste er mit ansehen, wie die Volkspolizisten im Vorhof mit den Aufständischen diskutierten. Daraufhin telefonierte er mit seinem Vorgesetzten bei der BdVP und bat dringlich um weitere Verstärkung. Vielleicht beschwerte er sich bei dieser Gelegenheit sogar über den Polizeikommissar, denn in einer späteren Einschätzung des Chefs der BdVP wurde die Taktik des VP-Kommissars, keine Schusswaffen einzusetzen, als eine Fehlleistung *»aufgrund ungenügender Kompromisslosigkeit und Härte im Vorgehen«* bezeichnet.[90] Doch vorläufig musste sich Anstaltsleiter Polster damit abfinden. Endlich, um 14.00 Uhr, traf die gewünschte Verstärkung in der Untersuchungshaftanstalt ein. Da keine Volkspolizisten mehr verfügbar waren, schickte der Bezirks-Polizeichef nun einen Zug der blau gekleideten »Kasernierten Volkspolizei« (KVP)[91] von der Kraftfahrzeug-Schule der KVP in Halle. Sehr bald sollte sich aber zeigen, dass der KVP-Trupp über keine besondere Kampfkraft verfügte. Zwar war die KVP-Einheit mit Gewehren bewaffnet, hatte jedoch wegen angeblich »unklarer Befehle« keine Munition mitgebracht. Darüber hinaus hatte man die 18- oder 19-jährigen »Polizeisoldaten« nicht auf solche Einsätze gegen die eigene Bevölkerung vorbereitet. Deshalb ließen sie sich von den Aufständischen in der Untersuchungshaftanstalt noch schneller in die Enge treiben als die »grünen« Volkspolizisten. Drei KVP-Angehörige zogen im Verlauf des Sturmes auf die Untersuchungshaftanstalt sogar ihre Uniformen aus und beteiligten sich an der Demonstration in Halle.[92] Vorerst versuchten die 27 »Polizeisoldaten« aber, durch den Hintereingang am Hansering in die Haftanstalt zu gelangen. Doch auch auf dieser Seite hatten sich inzwischen Demonstranten versammelt und stoppten den Lkw. Immer wieder wurde laut gerufen: *»Volkspolizisten, legt die*

---

[89] Vgl. Aussage der Untersuchungsgefangenen Frieda M. vom 18.6.1953; BStU, ASt Halle, AU 88/53, Bd. 1, Bl. 3.

[90] Bericht des Chefs der BdVP Halle über den Verlauf der faschistischen Provokation, 1.7.1953; LAM, Bestand BdVP Halle 19, Nr. 75, Bl. 20.

[91] Die Kasernierte Volkspolizei (KVP) wurde offiziell im Sommer 1952 gegründet. Sie war der Vorgänger der Nationalen Volksarmee (NVA) der DDR und diente der Ausbildung von Armeeoffizieren für die NVA. Die Uniformfarbe der KVP war dunkelblau.

[92] Die »Polizeisoldaten« übernachteten bei dem Arbeiter Erich W. In dessen Wohnung wurden sie am 18. Juni verhaftet und wegen Fahnenflucht angeklagt. Über eine Verurteilung ist nichts bekannt. In einem Bericht des Innenministeriums der DDR (MdI) wurde der Vorgang schamvoll heruntergespielt, indem man behauptete, die »Soldaten« hätten nicht zu der KVP-Einheit gehört, sondern wären nur zufällig dabei gewesen. Vgl. Bericht über den Einsatz der Einheiten des MdI vom 16.-18.6.1953 in der DDR, o. D.; BStU, ZA, AS 9/57, Bd. 2, Bl. 159.

Unter dem Jubel der übrigen Demonstranten schieben einige Männer den leeren Polizeilastwagen der KVP von der Straße.

Waffen nieder! Demonstriert mit uns, wenn Ihr Arbeitersöhne seid!«[93] Dem Zugführer, Oberleutnant Röder, blieb keine andere Wahl, als mit den Aufständischen zu verhandeln. Erst als er ihnen durch »Aufreißen der Gewehrschlösser« bei jedem Gewehr bewiesen hatte, dass seine Einheit über keine Munition verfügte, ließen die Demonstranten die »Soldaten« passieren. Der auf dem Hansering verbliebene KVP-Einsatzwagen wurde kurze Zeit später von Aufständischen umgekippt.

Gefängnisleiter Polster erteilte dem KVP-Trupp den Auftrag, *»die Provokateure aus den Höfen der Anstalt zu entfernen«*. Auf die Anfrage des Zugführers, ob dies mit Waffengewalt geschehen sollte, antwortete er, *»dass dies nur mit Waffen durchzuführen sei«*. Die beiden Offiziere, die den KVP-Zug anführten, waren von der Richtigkeit dieses Hinweises nicht überzeugt. Sie berieten kurz miteinander und teilten dann dem konsternierten Anstaltsleiter mit, ihr Zug würde den Auftrag ohne Waffen ausführen und dabei nach Möglichkeit mit den Aufständischen diskutieren. Also erhielten die »Polizeisoldaten« den Befehl, ihre Gewehre im Flur der Haftanstalt abzustel-

[93] Aussagen der Arbeiter Erich W. und Kurt K. vom 18.6. und 23.6.1953; BStU, ASt Halle, AU 289/54, Bd. 2, Bl. 15, u. AU 209/53, Bd. 1, Bl. 15.

len. Dann gesellten sie sich zu den Polizisten vom VPKA am Haupttor oder postierten sich am geschlossenen Tor zum Hansering. Warum die Offiziere der KVP den Waffeneinsatz ablehnten, geht aus den Akten nicht hervor. Wahrscheinlich sahen sie die Sinnlosigkeit des Kampfes mit Gewehren ohne Munition ein. Vielleicht hatten auch die Verhandlungen mit den Demonstranten vor dem Tor am Hansering und die Meinung der in der Haftanstalt anwesenden Volkspolizisten zu dieser Auffassung beigetragen.[94] So standen sich nun Demonstranten und Polizisten an den Toren der Untersuchungshaftanstalt gegenüber. Die Aufständischen wollten alle politischen Gefangenen aus der Haft befreien, die wenigen Polizisten wollten dies unter allen Umständen verhindern. Beide Seiten waren offenkundig bestrebt, ein Blutvergießen zu vermeiden. Auf einmal trat ein älterer Mann an die Polizeiabsperrung heran und wollte den Gefängnisdirektor sprechen.

7.2.2 »Sämtliche Strafgefangenen sind zu entlassen.« – Der Coup des Ingenieurs Lehmann

Der 17. Juni 1953 hatte für den 49-jährigen Hans Lehmann, Ingenieur für Investplanung im VEB Energieverteilung Halle, wie jeder andere Wochentag begonnen. Pünktlich um 7.00 Uhr war er in seinen Betrieb gefahren und hatte seine Arbeit aufgenommen. Doch an diesem Tag wollte er seine Arbeitsstelle bereits zur Mittagszeit wieder verlassen, denn er musste sich um eine Bekannte, die 40-jährige Charlotte M., kümmern. Sie saß seit Mai 1953 wegen eines sogenannten Wirtschaftsvergehens in Untersuchungshaft. Man hatte ihr Hehlerei vorgeworfen, zu Unrecht, wie Hans Lehmann meinte. Der Ehemann von Charlotte M. befand sich seit längerem an der Ostsee auf Montage. Da er auf absehbare Zeit nicht nach Halle kommen konnte, hatte er seinem ehemaligen Kollegen Lehmann die Vollmacht erteilt, sich um die inhaftierte Ehefrau zu kümmern.[95] Hans Lehmann nahm diesen Auftrag sehr ernst. Er ging zur Staatsanwaltschaft, um die Anklage gegen Frau M. kennen zu lernen und sprach mit einem Rechtsanwalt, der die Verteidigung übernehmen sollte. Außerdem besuchte er Charlotte M. regelmäßig in der Haftanstalt und brachte ihr Wäsche mit. Seitdem Hans Lehmann aber das SED-Kommuniqué vom 9. Juni 1953 gelesen hatte, wusste er, dass er noch viel mehr für Charlotte M. tun konnte. In der Bekanntmachung hieß es, Untersuchungshäftlinge, gegen die ein Verfahren nach dem »Gesetz zum Schutz des Volkseigentums« anhängig sei, bei dem keine höhere Strafe als drei Jahre zu erwarten wäre, müssten sofort entlassen werden. Nun wollte Hans Lehmann

---

94 Vgl. Bericht des Leiters der SVA II an die BdVP, 23.6.1953; LAM, Bestand BdVP Halle 19, Nr. 701, Bl. 16; Bericht über den Einsatz der Einheiten des MdI vom 16.–18.6.1953 in der DDR, o. D.; BStU, ZA, AS 9/57, Bd. 2, Bl. 159.

95 Vgl. Vollmacht des Emil M. für Hans L. vom 25.5.1953; BStU, ASt Halle, AU 229/53, Bd. 1, Bl. 67.

dafür sorgen, dass Charlotte M. möglichst bald aus dem Gefängnis freikam. Am 12. Juni hatte er einen entsprechenden Brief an das zuständige Kreisgericht geschrieben.[96] Inzwischen waren fünf Tage vergangen und Lehmann wollte nun persönlich beim Kreisgericht vorstellig werden. Deshalb begab er sich um 13.30 Uhr zu seinem Abteilungsleiter und bat um Freistellung von der Arbeit. Der Abteilungsleiter beriet sich mit dem Personalleiter und beide entschieden, Lehmanns Gesuch zu genehmigen. Ob bei dieser Entscheidung die Ereignisse des 17. Juni eine Rolle gespielt haben, lässt sich anhand des vorhandenen Aktenmaterials nicht belegen. Hans Lehmann behauptete jedenfalls, zu diesem Zeitpunkt noch nichts von den Vorgängen in Halle gewusst zu haben.[97]

Gegen 13.40 Uhr ging Hans Lehmann zum Kreisgericht des Stadtbezirkes I, das seinen Sitz im Gerichtsgebäude am Hansering hatte. Hier stellte er erstaunt fest, dass die Eingangstür aufgebrochen und kein Justizangestellter im Haus zu sehen war. Das Gerichtsgebäude machte einen merkwürdig menschenleeren Eindruck. Erst nach längerem Suchen fand Hans Lehmann drei Mitarbeiter des Bezirksgerichts, denen er sein Anliegen erklären konnte. Die überraschend freundlichen Gerichtsangestellten gaben Lehmann die Auskunft, dass sie eigentlich nicht zuständig seien. Sie hätten jedoch erfahren, dass bereits Untersuchungshäftlinge entlassen worden wären. Er solle doch zur Untersuchungshaftanstalt gehen und sich dort nach seiner Bekannten erkundigen. Wenn Frau M. nicht unter den Entlassenen sei, dann müsste er sich an die Staatsanwaltschaft des Stadtbezirkes wenden.[98]

Nachdem er diese Informationen erhalten hatte, lief Lehmann, so schnell ihn seine Beine tragen konnten, zur Untersuchungshaftanstalt in der Kleinen Steinstraße. Hier traf er eine große Menschenmenge, die sich auf der Straße vor dem Haupttor aufhielt. Das erste Tor stand offen, und einige Personen befanden sich hinter dem Tor, im Vorhof der Haftanstalt. Sollten die Untersuchungshäftlinge bereits entlassen worden sein? Hans Lehmann hoffte, Charlotte M. unter den Menschen vor dem Gefängnis zu finden. Er konnte sie aber nirgends entdecken. Dafür hörte er immer wieder Rufe nach Freilassung der Gefangenen. Also drängte sich Lehmann durch die Masse bis zum zweiten Tor der Haftanstalt. Hier standen Volkspolizisten und KVP-Angehörige in einem Halbkreis vor dem Tor und versuchten die Menschen zu beruhigen. Hans Lehmann trat an einen der Polizisten heran und sagte, er wolle den Leiter der Haftanstalt sprechen, denn Mitarbeiter des Bezirksgerichts hätten ihn hierher geschickt. Der Polizist rief daraufhin seinen Vorgesetzten, einen VP-Kommissar. Ihm trug Lehmann nochmals seine Wünsche vor. Zum Erstaunen der anderen Demonstranten befahl der Kommissar, Lehmann durchzulassen. Was den Polizeikommissar

---

96 Vgl. Einschreiben des Hans L. an das Kreisgericht des Stadtbezirkes I vom 12.6.1953; ebenda, Bl. 69

97 Vgl. Aussage des Ingenieurs Hans L. vom 27.6.1953; ebenda, Bd. 2, Bl. 39.

98 Vgl. Aussage des Ingenieurs Hans L. vom 23.6.1953; ebenda, Bd. 1, Bl. 63.

veranlasste, Lehmann durch die Polizeisperre auf den Gefängnishof zu begleiten, lässt sich nur erahnen. Vielleicht war es das ruhige, bestimmte Auftreten von Hans Lehmann gegenüber den Volkspolizisten oder aber sein Hinweis auf das Bezirksgericht. Auf dem Hof der Untersuchungshaftanstalt wurde Lehmann dem Leiter des Gefängnisses, Kommissar Polster, vorgestellt. »*Er erklärte mir, dass bereits zwei Personen entlassen wurden und er nun auf den Bescheid der Staatsanwaltschaft wartete.*«[99] Vorher dürfe er niemanden mehr freilassen. Er empfahl Hans Lehmann, sich an den Staatsanwalt des Stadtbezirkes I, einen Herrn Teifel, zu wenden. Wahrscheinlich glaubte Kommissar Polster, den aufdringlichen Herrn damit vertröstet zu haben, denn er konnte sich gewiss nicht vorstellen, dass ein DDR-Staatsanwalt ohne weitere Umstände Häftlinge freilassen würde. Lehmann entgegnete, er wolle sofort zu Staatsanwalt Teifel gehen und dann zurückkommen.

Also machte sich Hans Lehmann unverzüglich auf den Weg zur Staatsanwaltschaft des Stadtbezirkes I, die sich im Ratshof am Marktplatz befand. Als er jedoch das Gefängnis verlassen wollte, gab es Schwierigkeiten. Aufständische nahmen ihn fest, da sie ihn für einen Polizisten in Zivil hielten. Als Lehmann sich losriss, wurde er tätlich angegriffen. Zwei Volkspolizisten mussten ihn aus dieser misslichen Lage befreien. Daraufhin stellte sich einer der Wortführer der Demonstranten, der 46-jährige Karosserieklempner Karl Rawisch, an seine Seite und wollte von Lehmann wissen, wieso er so einfach in die Haftanstalt hineingekommen wäre und was er dort gemacht habe. Hans Lehmann schilderte sein Vorhaben und betonte, er müsse jetzt schleunigst zu Staatsanwalt Teifel, um möglichst viele Untersuchungshäftlinge freizubekommen. Karl Rawisch teilte dies alles den Umstehenden mit. Danach schlug die Stimmung um. Die Aufständischen applaudierten, klopften Lehmann anerkennend auf die Schultern und bildeten eine Gasse, um ihn durchzulassen. Karl Rawisch begleitete gemeinsam mit vier anderen Demonstranten Hans Lehmann. Bevor er losging, rief er den Aufständischen zu, sie sollten nicht von der Stelle weichen, bis er zurückkäme.[100]

Hans Lehmann, Karl Rawisch und die vier anderen Demonstranten kamen gegen 14.15 Uhr im Ratshof am Marktplatz an. Sie meldeten sich im Vorzimmer und verlangten sofort den Staatsanwalt des Stadtbezirkes zu sprechen. Daraufhin wurden sie in das Dienstzimmer des Kreisstaatsanwalts Teifel geführt. Teifel berichtete:

> »Der Leiter der Gruppe war ein gewisser Lehmann, der sich als Bezirksvertrauensmann ausgab und erklärte, dass ich sofort veranlassen sollte, sämtliche Untersuchungs- und Strafgefangenen bis zu drei Jahren aufgrund des Kommuniqués aus der Haftanstalt zu entlassen. Ich erklärte ihm

[99] Ebenda.

[100] Vgl. Aussage des Ingenieurs Hans L.; ebenda, Bl. 64; Aussage des Karosserieklempners Karl. R. vom 28.6.1953; BStU, ASt Halle, AU 167/53, Bd. 2, Bl. 32.

Die Demonstranten warten auf die Rückkehr der Abordnung mit Ingenieur Lehmann, die zu Staatsanwalt Teifel geschickt wurde.

> daraufhin, dass ich dies nicht tun könne, da in der Haftanstalt nicht nur Häftlinge vom Stadtbezirk I einsitzen würden.«[101]

Staatsanwalt Teifel entgegnete weiter, dass alle für eine Freilassung infrage kommenden Häftlinge bereits entlassen seien und der Fall Charlotte M. nicht bei ihm, sondern in den Händen des Bezirksstaatsanwalts liege. So einfach wollten sich Hans Lehmann und die anderen Demonstranten jedoch nicht abwimmeln lassen:

> »Sämtliche Personen waren daraufhin sehr aufgebracht und verlangten von mir, sofort das Weitere zu veranlassen, da die Menge nicht zu beruhigen sei, und wenn bis 15.00 Uhr die Häftlinge nicht entlassen seien, es zu Mord und Totschlag käme.«[102]

Das resolute Auftreten von Karl Rawisch sowie die eindringlichen Mahnungen Lehmanns, dass die Menge vor der Haftanstalt beruhigt werden müsse, verfehlten

---

[101] Stellungnahme des Kreisstaatsanwalts T. an den Bezirksstaatsanwalt, 30.6.1953; BStU, ASt Halle, AU 229/53, Bd. 2, Bl. 61.

[102] Ebenda.

ihre Wirkung nicht. Staatsanwalt Teifel versuchte zwar immer noch Zeit zu gewinnen, indem er erwiderte, weitere Entlassungen könne nur der Bezirksstaatsanwalt anordnen. Dann griff er jedoch zum Telefonhörer und rief bei Bezirksstaatsanwalt Kampfrad an. Er schilderte ihm die Situation und fragte, was er nun tun solle. Hans Lehmann und die anderen Demonstranten ließen den telefonierenden Staatsanwalt nicht aus den Augen. Sie bemerkten an seinen Reaktionen, dass der Bezirksstaatsanwalt offenbar nicht gewillt war, die Forderung der Aufständischen zu erfüllen. Daraufhin trat Lehmann an Staatsanwalt Teifel heran und sagte in einem Ton, der keinen Widerspruch duldete, er wolle selbst mit dem Bezirksstaatsanwalt sprechen. Bereitwillig reichte ihm der verdutzte Teifel den Telefonhörer.

Von dem Telefongespräch zwischen dem Ingenieur Lehmann und dem Bezirksstaatsanwalt ist nichts weiter überliefert worden als der folgende Satz aus der Schilderung Teifels:

> »Aus den Äußerungen des Lehmann entnahm ich nunmehr, dass dieser immer aggressiver sprach und dass er bis 15.00 Uhr die Gefangenen heraushaben wollte, da sonst die Haftanstalt gestürmt würde.«[103]

Wahrscheinlich wollte sich der Bezirksstaatsanwalt auf keine Diskussion mit einem »Provokateur« einlassen. Dies forderte den darüber erbosten Lehmann zu der in den Untersuchungsakten als »Ultimatum« bezeichneten Äußerung heraus: Wenn die Gefangenen nicht bis 15.00 Uhr entlassen seien, dann würden die Arbeiter die Haftanstalt stürmen. Ob die Worte Lehmanns wirklich ein Ultimatum sein sollten, mag dahin gestellt bleiben. Sie bewirkten aber, dass Bezirksstaatsanwalt Kampfrad noch einmal mit Teifel sprechen wollte und ihm mitteilte, wenn es die Situation eben nicht anders erlaube, dann solle Teifel den »Provokateuren« die geforderte Zusicherung geben. Er fügte aber listig hinzu, der Leiter der Haftanstalt solle vor irgendwelchen Entlassungen unbedingt bei der Bezirksstaatsanwaltschaft anrufen. Nun sah Kreisstaatsanwalt Teifel keinen Grund mehr, sich der Forderung der Aufständischen zu widersetzen. Er verfasste das seine Karriere beendende, legendäre Schreiben an den Leiter der Untersuchungshaftanstalt Halle. In dem Schriftstück stand:

> »Auf Weisung des Bezirksstaatsanwalts sind sämtliche Untersuchungs- und Strafgefangenen bis zu drei Jahren bzw. wo keine höhere Strafe als drei Jahre zu erwarten ist, aus der Haft zu entlassen. Vor der Haftentlassung ist jedoch telefonisch beim Bezirksstaatsanwalt Rückfrage zu halten.«[104]

---

[103] Ebenda, Bd. 1, Bl. 61.

[104] Ebenda.

Sowohl Bezirksstaatsanwalt Kampfrad als auch Kreisstaatsanwalt Teifel versicherten später vor einer Untersuchungskommission, dass dieses formlose Schreiben ohne Dienststempel eigentlich nur dazu dienen sollte, die Menschenmenge in der Haftanstalt hinzuhalten. Per Telefon wollte Kampfrad dann den Gefängnisleiter von Entlassungen abhalten. Beide hatten hierbei jedoch die Situation in der Untersuchungshaftanstalt und die Entschlossenheit der Massen falsch eingeschätzt. Die Hinhaltetaktik der beiden Staatsanwälte bewirkte genau das Gegenteil. Für Staatsanwalt Teifel ergab sich daraus die Konsequenz, dass er im Juli 1953 wegen »kapitulantenhaften Verhaltens« seines Postens enthoben und zum Gehilfen beim Staatsanwalt herabgestuft wurde. Kurz nach ihm musste auch Kampfrad den Stuhl des Bezirksstaatsanwalts räumen.

Die von Hans Lehmann angeführte Abordnung nahm das Schriftstück entgegen und ging zurück zur Kleinen Steinstraße. Als sie sich der Haftanstalt näherten, bemerkten sie, dass es höchste Zeit war, die Aufständischen über das Schreiben zu informieren. Denn hier hatte sich inzwischen die Stimmung wieder gewandelt. Schon von weitem hörte Lehmann Sprechchöre, in denen gefordert wurde: »*Gebt die Gefangenen frei!*« und »*Polizisten, legt die Waffen nieder!*«[105] In der Nähe des Haupttores entdeckte er den Grund für den Stimmungswandel: KVP-Angehörige mit Gewehren in den Händen mühten sich, die Demonstranten aus dem Vorhof zu drängen. Doch die Aufständischen jagten die »Polizeisoldaten« mit einem Hagel aus Steinen und Kartoffeln immer wieder zurück. Hans Lehmann ging sogleich zum ersten Tor. Dort hoben ihn zwei Männer auf eine Mülltonne.[106] Auf dieser Tonne stehend, verlas Hans Lehmann mit erhobener Stimme das Schreiben des Staatsanwalts. Zweimal musste er den Inhalt des Schriftstücks laut vortragen, bis seine Worte jeden Aufständischen erreicht hatten. Aber auch dann gab es immer noch Widerspruch aus den Reihen der Demonstranten, denn viele trauten der Vereinbarung mit der Staatsanwaltschaft nicht. Lehmann fügte deshalb hinzu, dass die infrage kommenden Häftlinge bis 15.00 Uhr frei gelassen werden müssten, sonst werde man sie selbst herausholen. Daraufhin beruhigten sich die Gemüter der meisten Menschen vor der Haftanstalt. Nur eine kleinere Gruppe war auch damit noch nicht zufrieden. Sie setzte sich, wie sehr bald zu erkennen war, aus nahen Angehörigen von Strafgefangenen zusammen. Diese Gruppe verlangte die Freilassung aller Gefangenen ohne irgendwelche Einschränkungen. Hans Lehmann und andere Demonstrationsteilnehmer wandten sich aber gegen diese Forderung. Sie argumentierten, Kriminelle, die anderen Menschen Schaden zugefügt oder persönliches Eigentum gestohlen hätten, sollten in der Strafvollzugsanstalt bleiben.

---

105 Aussage des Gleisbauarbeiters Erich W. vom 18.6.1953; Aussage des Schlossers Kurt K. vom 26.6.1953; BStU, ASt Halle, AU 289/54, Bd. 2, Bl. 15, u. AU 209/53, Bd. 2, Bl. 16.

106 Ein VP-Oberkommissar behauptete sogar, Polizisten hätten Lehmann auf die Mülltonne gehoben, damit er die Massen beruhige. Vgl. Aktenvermerk der Gegenüberstellung mit dem VP-Oberkommissar St. vom 23.6.1953; BStU, ASt Halle, AU 229/53, Bd. 1, Bl. 59.

Weil sich auch viele andere Demonstranten dieser Auffassung anschlossen, konnte sich die Meinung, alle Häftlinge ohne Ansehen der Straftat zu befreien, nicht durchsetzen. Hans Lehmann wusste jedoch nicht, wie lange dies noch gelingen sollte. Deshalb wollte er nun möglichst rasch mit dem Gefängnisleiter sprechen. Er drängelte sich durch die Menschenansammlung im Vorhof des Gefängnisses zur Polizeikette am zweiten Tor. Hier traf er erneut auf den VP-Kommissar, der ihn beim ersten Besuch in den Gefängnishof begleitet hatte. Lehmann zeigte ihm das Schriftstück der Staatsanwaltschaft. Der Kommissar bat ihn, das Schreiben auch hier zu verlesen, damit der Druck der Aufständischen auf die Polizeikette aufhöre. Hans Lehmann wollte diesem Wunsch gern nachkommen, bemerkte aber, dass seine Stimme den ungewohnten Strapazen nicht gewachsen war. Deshalb gab er das Papier dem neben ihm stehenden Karl Rawisch, der es laut verlas. Die Menschen im Vorhof waren mit der Anweisung des Staatsanwalts und dem Zusatz, nur bis 15.00 Uhr warten zu wollen, ebenfalls zufrieden. Sie zogen sich einige Meter vom zweiten Tor zurück. Daraufhin ließ der VP-Kommissar Hans Lehmann sowie zwei weitere Demonstranten durch das Tor und brachte sie zum Gefängnisleiter Polster. Karl Rawisch blieb zurück und ging zu seinen Kollegen vor dem Tor.[107]

Gefängnisleiter Polster wirkte etwas konsterniert, als der Ingenieur Lehmann mit zwei anderen Demonstranten um 14.40 Uhr wieder vor ihm stand. Seine Fassungslosigkeit nahm noch zu, als er das Schreiben des Staatsanwalts Teifel gelesen hatte. Der Gedanke, dass damit die Staatsanwaltschaft ihm die in dieser Situation sehr schwierige Entscheidung zugespielt hatte, empörte ihn besonders. Einerseits konnte er jetzt die Forderung der Aufständischen nicht mehr einfach ignorieren. Andererseits würde ihm die Entlassung von Häftlingen aufgrund eines solchen Zettels bestimmt kein Lob seiner Vorgesetzten einbringen. Er sah nur eine Chance, unbescholten davonzukommen, er musste die »Provokateure« möglichst lange hinhalten. Denn noch schien seine Haftanstalt vor der Masse der »Provokateure« sicher zu sein. Polster wusste nicht, dass die Volkspolizisten und die KVP-Angehörigen nur mit großer Mühe den Ansturm der Aufständischen bisher aufgehalten hatten. Darüber hinaus war er aber auch ziemlich sicher, dass bald weitere KVP-Truppen kommen oder endlich die in Halle stationierten Truppen der Sowjetarmee eingreifen würden. Dann wäre es vorbei mit diesen »Provokateuren und Schreihälsen«. Also versuchte Kommissar Polster, erneut Zeit zu gewinnen. Er bedankte sich bei dem Ingenieur Lehmann für das Schriftstück und betonte, nun entsprechend der Weisung des Staatsanwalts handeln zu wollen. Die drei Demonstranten durften währenddessen in seinem Dienstzimmer blei-

[107] Vgl. Aussagen des Ingenieurs Hans L. vom 23.6. und 27.6.1953; ebenda, Bl. 56, u. Bd. 2, Bl. 37; Aussage des Volkspolizisten Gustav G. vom 25.6.1953; ebenda, Bl. 58; Dienstliche Äußerung des VP-Kommissars L. vom 26.6.1953; ebenda, Bd. 1, Bl. 104; Aussage des Karosserieklempners Karl R. vom 28.6.1953; BStU, ASt Halle, AU 167/53, Bd. 2, Bl. 32.

ben. Dann versuchte Kommissar Polster eine Telefonverbindung zum Bezirksstaatsanwalt zu bekommen. Es gelang ihm jedoch nicht, denn ausgerechnet zu diesem Zeitpunkt war die Telefonleitung gestört. Ob Aufständische beim ersten Sturm auf die Haftanstalt die Telefonanlage beschädigt hatten oder ob es sich hierbei nur um einen Winkelzug des Gefängnisleiters handelte, lässt sich nicht mehr feststellen. Auf jeden Fall betätigte Kommissar Polster mehrere Minuten lang die Wählscheibe seines Dienstapparates, bis Hans Lehmann ihn ungehalten fragte, wie lange er die Geduld der Demonstranten noch strapazieren wolle. Daraufhin kam es zu einem heftigen Wortwechsel zwischen dem Leiter der Haftanstalt und den drei Aufständischen. Im Verlauf des Streits stellte Hans Lehmann noch einmal das »Ultimatum«, wenn bis 15.00 Uhr nicht Gefangene entlassen seien, dann würden die Arbeiter zum Sturm auf die Untersuchungshaftanstalt vorgehen. Gefängnisleiter Polster erwiderte daraufhin, einer solchen Drohung würde er sich niemals beugen. Während dieses Wortwechsels betrat die Gefängnisaufseherin Erna P. das Zimmer und meldete, die weiblichen Häftlinge seien wegen des Tumults vor der Haftanstalt sehr unruhig in ihren Zellen. *»Daraufhin«*, so die Aufseherin später, *»sagte der Lehmann, dass er mit auf Station kommen wollte, um die Häftlinge zu beruhigen. Mit ihm kam noch ein anderer unbekannter Mann mit.«*[108] Kommissar Polster genehmigte diese Maßnahme, da er wahrscheinlich froh war, wieder Zeit gewonnen zu haben. Ansonsten blieb er untätig, während Hans Lehmann gemeinsam mit einem anderen Demonstranten und der Oberwachtmeisterin durch den Zellentrakt ging. Sie öffneten die Zellentüren, gegen die von innen getrommelt wurde und erläuterten den Gefangenen die geplanten Maßnahmen der Aufständischen. Angeblich sollen sich die Häftlinge wieder beruhigt haben.[109]

Während sich Hans Lehmann noch im Zellentrakt aufhielt, nahm die Ungeduld der Menschenmenge vor der Untersuchungshaftanstalt zu. Immer häufiger schauten einzelne Demonstranten auf ihre Taschenuhren und meinten, wenn die Gefangenen nicht um 15.00 Uhr herauskämen, dann werde man sie selbst herausholen.[110] Wie ein Schlachtruf schallte die Parole durch die Kleine Steinstraße: *»Gebt die Gefangenen frei bis 15.00 Uhr«*.[111] Gefängnisleiter Polster ignorierte jedoch die Stimmung der Menschenmenge. Obwohl bereits vor dem 17. Juni an alle Strafvollzugsanstalten die Anweisung der Staatsanwaltschaft ergangen war, Häftlinge, auf die die Bestimmungen des SED-Kommuniqués vom 9. Juni zuträfen, möglichst bald zu entlassen, beharrte

---

108 Aussage der VP-Oberwachtmeisterin Erna P. vom 23.6.1953; BStU, ASt Halle, AU 229/53, Bd. 1, Bl. 51.

109 Vgl. Aussagen des Ingenieurs Hans L. vom 23.6.1953; ebenda, Bl. 56; Bericht des Leiters der SVA II an die BdVP, 23.6.1953; LAM, Bestand BdVP Halle 19, Nr. 701, Bl. 16.

110 Vgl. Aussagen des Karosserieklempners Karl R. und des Kohlefahrers Helmut R. vom 28.6.1953; BStU, ASt Halle, AU 167/53, Bd. 1, Bl. 63, u. Bd. 2, Bl. 32.

111 Aussage des Gleisbauarbeiters Erich W. vom 18.6.1953; BStU, ASt Halle, AU 289/54, Bd. 2, Bl. 16.

er auf seinem Standpunkt. Er wollte sich angeblich nicht erpressen lassen und außerdem nichts ohne eine Genehmigung der Bezirksstaatsanwaltschaft unternehmen.[112] Vielleicht hätte er durch die Freilassung einiger Häftlinge die Mehrheit der Aufständischen vor der Haftanstalt noch beruhigen können. Um 15.00 Uhr war es aber auch dazu zu spät. Wie auf ein Stichwort begannen die Aufständischen mit dem Sturm auf die Untersuchungshaftanstalt. Niemand konnte später sagen, wer den Angriff eingeleitet hatte. Auch den Sicherheitsbehörden gelang es trotz intensivster Bemühungen nicht, einen Initiator des zweiten Angriffs auf die Untersuchungshaftanstalt zu ermitteln. Die Volkspolizisten und KVP-Soldaten am zweiten Tor traf plötzlich ein Steinhagel. Dann wurden sie von den Aufständischen mit Fäusten angegriffen und zurückgedrängt. Gleichzeitig durchbrach ein Lastwagen der Stadtreinigung den Hintereingang am Hansering.[113] Diesem von zwei Seiten vorgetragenen leidenschaftlichen Angriff konnten die Polizisten nicht mehr standhalten. Sie mussten zurückweichen. Triumphierend stürmten die Aufständischen von der Kleinen Steinstraße und vom Hansering auf den Gefängnishof. Während alle Vollzugsbeamten sowie einige Volkspolizisten wieder panisch in das Zellenhaus flohen, schloss sich auf dem Hof der Haftanstalt ein Ring aufgeputschter Demonstranten immer enger um die »Polizeisoldaten«. Die KVP-Soldaten und die Volkspolizisten wurden nun als »Lumpen« und »Verbrecher« beschimpft. Ihre Gewehre, Pistolen und Gummiknüppel wurden ihnen abgenommen. Einige Aufständische schlugen mit Fäusten, Holzknüppeln oder Gummiknüppeln auf die Polizisten ein. Andere ergriffen die Karabiner der KVP und zerschlugen sie auf dem Pflaster des Hofes.[114] Ein Augenzeuge der damaligen Ereignisse berichtete sogar:

> »An der Untersuchungshaftanstalt Kleine Steinstraße wurden Karabiner von einer Menschenkette wie bei einer Eimerkette zum Feuerlöschen aus dem Innenhof durch die Toreinfahrt herausgereicht. Der letzte Mann ergriff die Karabiner am Lauf und schlug sie mit dem Kolben gegen die Hauswand, sodass sie zerbrachen.«[115]

Einige KVP-Angehörige kapitulierten angesichts dieser Gewaltausbrüche. Sie zogen ihre Uniformjacken aus und baten um Schutz. Daraufhin ließen die Aufständischen

112 Vgl. Rede des Bezirksstaatsanwalts Dierl auf einer SED-Versammlung der Staatsanwaltschaft Halle, 28.8.1953; LAM, Bestand SED-Bezirksleitung Halle, IV/2/4, Nr. 745, Bl. 77 f., u. Bestand SED-Kreisleitung Halle, IV/501, Nr. 18, Bl. 144.

113 Vgl. Aussage des Gleisbauarbeiters Erich W. vom 18.6.1953; BStU, ASt Halle, AU 289/54, Bd. 2, Bl. 16; Erlebnisbericht von Ch. Hoffmann.

114 Vgl. Aussage des Schlossers Kurt K. vom 23.6.1953; BStU, ASt Halle, AU 209/53, Bd. 2, Bl. 10.

115 »Die Arbeiter trotzten sogar einem heranrollenden Panzer«; gedruckter Erlebnisbericht von D. Zukunft. Einige Gewehre konnten gerettet werden, indem sie im Wachzimmer des Zellentraktes eingeschlossen wurden.

Die Untersuchungshaftanstalt wurde von den Demonstranten erstürmt und die darin befindlichen KVP-Soldaten entwaffnet. Der 23-jährige Arbeiter Kurt K. zerschlägt einen Karabiner der KVP.

von ihnen ab, und die Polizisten durften unter dem Schutz von Demonstranten aus der Haftanstalt weggehen.[116] Dieses Verhalten wurde den Polizisten jedoch wenige Tage später von der Polizeiführung als Feigheit oder gar Fahnenflucht angelastet. Die meisten der auf dem Gefängnishof bedrängten Polizisten versuchten, in das Gebäude der Haftanstalt zu fliehen. Aber die Aufständischen folgten ihnen sofort und konnten auf diese Weise zugleich das Verwaltungsgebäude der Untersuchungshaftanstalt wieder besetzen. Etliche Demonstranten umringten die KVP-Angehörigen im Hausflur und machten sie damit wehrlos. Unterdessen drang die Mehrzahl der Aufständischen bis zur Tür des Zellentraktes vor und versuchte, sie zu öffnen. Gefängnisleiter Polster wagte es in dieser Situation nicht, erneut den Schießbefehl zu geben. Denn er sorgte sich um das Leben der von »Provokateuren« umringten Polizisten. Um den Ansturm auf das Zellenhaus abzuschwächen und um Zeit zu gewinnen, ordnete er jetzt die Entlassung einiger Häftlinge an. Zugleich bat er den aus dem Zellentrakt herbeieilenden Lehmann, nochmals beruhigend auf die Menschen einzuwirken. Hans Lehmann erklärte sich nur unter der Bedingung dazu bereit, dass seine Bekannte,

[116] Vgl. Aussage des Schlossers Kurt K. vom 26.6.1953; Aussage des Gleisbauarbeiters Erich W. vom 18.6.1953; BStU, ASt Halle, AU 209/53, u. AU 289/54, Bd. 2, Bl. 17.

Charlotte M., ebenfalls sogleich freigelassen würde. Polster musste auch dieser Forderung zustimmen. Daraufhin trat Hans Lehmann entschlossen vor die Tür des Zellenhauses. »*Ich stand zwischen der randalierenden Menge und der Tür, mit dem Gesicht zur Menge, und versuchte, die Menge zu beruhigen.*«[117] Viele der Männer und Frauen im Hausflur der Haftanstalt erkannten Lehmann wieder und waren deshalb bereit, ihm zuzuhören. Der Tumult im Gebäude ließ etwas nach. Doch Lehmann bemerkte schon an den Zwischenrufen, die seine Rede immer wieder unterbrachen, dass sich die meisten Demonstranten mit der Entlassung Einzelner diesmal nicht mehr zufrieden geben würden. Diese Chance war durch die starrsinnige Haltung des Gefängnisleiters vertan worden. Also beschränkte sich Hans Lehmann darauf, die Menschen von weiteren Tätlichkeiten gegen die Polizisten abzubringen. Gleichzeitig versprach er den Aufständischen, dafür zu sorgen, dass die ersten Strafgefangenen unverzüglich freigelassen würden. Dann schlüpfte er durch die nur kurz geöffnete Tür zurück in das Zellenhaus, um Charlotte M. zu holen.

Im Zellentrakt der Untersuchungshaftanstalt hatten Gefängnisangestellte endlich damit begonnen, eine Reihe von Strafgefangenen und Untersuchungshäftlingen für die Entlassung vorzubereiten. Die dafür infrage kommenden Häftlinge waren bereits aus der Gefangenenkartei herausgesucht worden. Nun mussten sie ihre Zellen aufräumen, danach ihre persönlichen Sachen in der Effektenkammer empfangen, sich umziehen und schließlich die Entlassungspapiere entgegennehmen. Dieser ansonsten normale, bürokratische Ablauf erwies sich unter den Ausnahmebedingungen am Nachmittag des 17. Juni 1953 als viel zu langwierig. Hans Lehmann wusste, dass die Menschenmenge im Hausflur der Gefängnisverwaltung nicht mehr lange ruhig bleiben würde. Deshalb lief er zu den Wachtmeistern im Zellentrakt und herrschte sie an: »*Halten Sie sich nicht so lange auf, denn sonst dauert die Entlassung der Häftlinge zu lange!*«[118] Um 15.15 Uhr öffnete sich die Tür zum Zellenhaus einen Spalt und die ersten aus der Haft entlassenen Frauen traten unter dem Jubel der Demonstranten ins Freie. In diesem Augenblick ereignete sich an der Zellenhaustür etwas, womit die Gefängnisleitung nicht gerechnet hatte. Als die Tür gerade wieder geschlossen werden sollte, schoben der 54-jährige Kohlefahrer Karl Dülsner und der 49-jährige Karosserieklempner Bruno Zöhler eine Eisenstange in den Türspalt, um die Pforte gewaltsam offen halten.[119] Augenblicklich griffen weitere, kräftige Hände nach der Tür. Nun wurde von beiden Seiten mit allen Kräften an der Eingangstür gezogen. Die Gefängnisbeamten wollten sie schließen, während sich die Aufständischen bemühten, die Pforte vollständig zu öffnen. Das Ungleichgewicht der Kräfte führte jedoch bald dazu, dass

---

117 Aussage des Ingenieurs Hans L. vom 27.6.1953; BStU, ASt Halle, AU 229/53, Bd. 2, Bl. 38.

118 Aussage der Oberwachtmeisterin Erna P. vom 23.6.1953; ebenda, Bd. 1, Bl. 51.

119 Vgl. Aussage des Kohlefahrers Karl D. vom 28.6.1953; Aussage des Karosserieklempners Bruno Z. vom 18.6.1953; BStU, ASt Halle, AU 167/53, Bd. 2, Bl. 38, u. AP 150/55, Bd. 1, Bl. 24.

es den Demonstranten gelang, mit einem kräftigen Ruck die Tür zum Zellenhaus aufzuziehen und triumphierend hineinzuströmen. Sogleich verteilten sie sich in den Fluren des Zellenhauses und versuchten die Zellen zu öffnen. Ein großer Tumult setzte ein. Während die Aufständischen von außen gegen die Zellentüren traten, warfen viele Häftlinge von innen Kübel, Wasserkannen und Hocker gegen die Türen.[120] Jugendliche näherten sich mit einem Schlüsselbund, das sie im Verwaltungsgebäude gefunden hatten, und wollten die Zellen aufschließen. Das gelang ihnen aber nicht. Daraufhin kamen Arbeiter mit Eisenstangen und begannen, die Gefängniszellen aufzubrechen.[121] Bald waren die ersten Häftlinge aus den Zellen befreit. Die Untersuchungsgefangene Frieda M. berichtete: »*Unsere Türen wurden von den tobenden Massen gewaltsam mit Brecheisen oder ähnlichen Gegenständen geöffnet. [...] Wir wurden aufgefordert, sofort aus den Zellen zu gehen und uns in dem gegenüberliegenden Lokal zu sammeln.*«[122] Gastwirt Meyer, der damalige Besitzer des Wirtshauses in der Kleinen Steinstraße, stand vor seiner Gastwirtschaft und rief den herauskommenden Häftlingen laut zu, sie sollten in sein Lokal kommen, um sich zu stärken und zu erholen.[123] Angesichts der aufgebrochenen Gefängniszellen gab Anstaltsleiter Polster seinem Wachpersonal die Anweisung, nun auch die restlichen Kerker aufzuschließen, um weitere Zerstörungen an den Zellentüren zu verhindern. Damit waren gegen 16.00 Uhr alle 245 Strafgefangenen und Untersuchungshäftlinge, ungeachtet ihrer Straftaten, aus der Strafvollzugsanstalt in der Kleinen Steinstraße befreit.[124]

In der Euphorie, die nach der Freilassung der Häftlinge unter den Aufständischen herrschte, kam es noch zu manchen Zwischenfällen. Einige Vorfälle sollen kurz erwähnt werden, da sie das Bild des Sturmes auf die Untersuchungshaftanstalt abrunden:

Wahrscheinlich waren nicht alle Strafgefangenen froh darüber, gewaltsam aus dem Gefängnis befreit zu werden. Denn diejenigen, die nur noch wenige Monate in der Zelle vor sich hatten, befürchteten, für den Ausbruch eine zusätzliche Strafe zu erhalten. So erging es Frau T., der Besitzerin eines halleschen Schuhgeschäftes, die wegen eines »Wirtschaftsvergehens« verurteilt worden war. Sie wollte ihre Zelle angeblich

[120] Vgl. Bericht des Leiters der Strafvollzugsanstalt (SVA) II an die BdVP, 23.6.1953; LAM, Bestand BdVP Halle 19, Nr. 701, Bl. 17.

[121] Vgl. Aussage des Gleisbauarbeiters Rudi S. vom 5.10.1953; BStU, ASt Halle, AU 151/53, Bd. 2, Bl. 28; Aussage des VP-Anwärters Willi W. vom 26.6.1953; ebenda, Bd. 1, Bl. 32.

[122] Aussage der Untersuchungsgefangenen Frieda M. vom 18.6.1953; BStU, ASt Halle, AU 88/53, Bd. 1, Bl. 4.

[123] Vgl. Aussage des Sanitäters Kurt U. vom 18.6.1953; BStU, ASt Halle, AP 206/55, Bd. 1, Bl. 13. Ob der Gastwirt die befreiten Gefangenen kostenlos bewirten wollte, ist nicht überliefert.

[124] Vgl. Statistik über Straf- und Untersuchungsgefangene, die am 17.6.1953 im Bereich der BdVP Halle aus Strafvollzugsanstalten befreit wurden, 1.7.1953; LAM, Bestand BdVP Halle 19, Nr. 75, Bl. 35.

Demonstranten weisen einer aus dem Gefängnis befreiten jungen Frau den Weg zum Lokal in der Kleinen Steinstraße.

nicht verlassen und wurde jedoch von jüngeren Aufständischen mit barschen Worten aufgefordert hinauszugehen.[125]

Die befreiten Frauen[126] strömten zur Effektenkammer im Keller des Zellenhauses, um ihre persönlichen Sachen abzuholen. Da die Kammer aber nur zur Abfertigung einzelner Personen vorgesehen war, kam es hier zu chaotischen Zuständen. Daher bat die verantwortliche VP-Meisterin den Ingenieur Lehmann, *»dafür zu sorgen, dass doch die freigelassenen Häftlinge sich nicht in dem Keller aufhalten, sondern auf dem Hof die Effekten durch das Fenster empfangen sollten«*.[127] Es gelang Hans Lehmann sogar, die Frauen zum Verlassen der Kammer zu überreden. Sie wurden aber durch die nachfolgenden Massen wieder zurückgedrängt. Schließlich erlitt die VP-Meisterin sogar einen Schwächeanfall. Aus diesem Grund wurde die Effektenausgabe eingestellt und viele ehemalige Häftlinge mussten in Sträflingskleidung das Gefängnis verlassen. Ein Umstand, der es den Sicherheitsbehörden leicht machte, diese Häftlinge noch am gleichen Tag wieder festzunehmen.[128]

---

125 Nach einem Erlebnisbericht von Ch. Hoffmann.

126 Zu diesem Zeitpunkt befanden sich nur weibliche Gefangene in der Untersuchungshaftanstalt.

127 Aussage des Ingenieurs Hans L. vom 23.6.1953; BStU, ASt Halle, AU 229/53, Bd. 1, Bl. 57.

128 Vgl. Aussage der Untersuchungsgefangenen Frieda M. vom 18.6.1953; Aussage des Sanitäters Kurt U. vom 18.6.1953; Aussage des Drogisten Kurt D. vom 18.6.1953; BStU, ASt Halle, AU 88/53, Bd. 1, Bl. 4, u. AP 206/55, Bd. 1, Bl. 12, sowie AP 239/55, Bd. 1, Bl. 6.

**Die befreiten Häftlinge verlassen die Strafvollzugsanstalt.
Weil das Umkleiden in der Effektenkammer zu lange dauerte, gehen viele Häftlinge in der Sträflingskleidung nach Hause.**

Nicht nur während des zweiten Angriffs auf die Untersuchungshaftanstalt wurden Polizisten verprügelt. Auch nach der erfolgreichen Befreiung aller Häftlinge kam es zu Gewalttätigkeiten gegen die Volkspolizisten und das Gefängnispersonal. Diese Gewaltausbrüche wurden zumeist von befreiten Häftlingen ausgelöst, die sich damit für vermeintliche Misshandlungen an Polizisten und Gefängnisaufseherinnen rächen wollten. Solch ein Vorfall spielte sich im Zugführerzimmer des Zellenhauses ab. Die Oberwachtmeisterin Erika S. sagte dazu Folgendes aus:

> »Als die Demonstranten in die Haftanstalt eingedrungen waren, erschien der weibliche Häftling T. und sagte zu einer unbekannten Frau, dass ich sie misshandelt hätte. Darauf stürzte sich die unbekannte Frau auf mich und hat mich geschlagen. Dann erschien die Genossin B. und hat mich von der Frau weggerissen. [Die Frau] schlug die B. in das Gesicht, und diese schlug zur Abwehr zurück. In dem Moment verließ die Frau das Dienstzimmer [...] und erschien mit dem Mann wieder. [...] Er schlug sofort auf die B. ein.«[129]

---

[129] Aussagen der Aufseherinnen Erika S. und Brunhilde B. vom 23.6.1953; BStU, ASt Halle, AU 229/53, Bd. 2, Bl. 45 f. u. 49 f.

Die Wachtmeisterin B. wurde schließlich auf den Flur geschleift und dort noch von zwei weiteren Ehemännern ehemaliger Häftlinge misshandelt. Sie musste danach in die hallesche Polizeiklinik in der Kurallee eingeliefert werden. Dabei hatten die Sanitäter der Volkspolizei große Schwierigkeiten, die verletzten Polizisten abzutransportieren. Denn bis zum Abend befanden sich die Sanitätswagen der Polizei vor der Untersuchungshaftanstalt in ständiger Gefahr, angegriffen zu werden.[130]

Es gab aber auch Demonstranten und Häftlinge, die solche Gewalttaten zu verhindern versuchten oder einzelne Polizisten und Gefängnisaufseherinnen beschützten. Meistens beschafften sie den Gefängniswachtmeisterinnen Zivilkleidung und brachten sie dann aus der Haftanstalt hinaus.[131] Ferner sagte eine Aufseherin aus, dass ein Häftling sie vor der wütenden Menge mit den Worten geschützt habe: »*Lasst sie, sie ist immer anständig gewesen!*«[132] Ungeachtet dessen waren es jedoch ausschließlich die Gewalttaten, die wenige Tage später von der SED-hörigen Presse und von der Justiz im Bezirk Halle benutzt wurden, um alle Aufständischen zu diskreditieren und um möglichst hohe Haftstrafen verhängen zu können. Jener VP-Oberkommissar, der Hans Lehmann in die Haftanstalt hineingelassen hatte, hob bei einer polizeilichen Gegenüberstellung mit Lehmann am 23. Juni hervor, dass dieser die Massen immer beruhigen wollte und auch sonst die VP in jeder Weise unterstützt habe. Während es ansonsten zu allen Gegenüberstellungen, die Lehmann belasteten, Protokolle gab, existierte von dieser Gegenüberstellung nur ein Aktenvermerk in den Untersuchungsakten.[133] Wahrscheinlich trug diese, Lehmann entlastende Aussage dazu bei, dass Oberkommissar S. im Juli 1953 von Bezirks-Polizeichef Zaspel wegen »*Zurückweichens vor den faschistischen Provokateuren sowie versöhnlerischen Verhaltens*« disziplinarisch bestraft wurde.[134]

Wie in anderen gestürmten halleschen Ämtern fielen Aufständische auch in der Untersuchungshaftanstalt aus Übermut oder Zerstörungswut über Einrichtungsgegenstände her. Nach der Befreiung der Häftlinge drang eine Reihe von Demonstranten erneut in die Verwaltungsräume des Gefängnisses ein und demolierte einen großen Teil der Inneneinrichtung sowie die Telefonanlage. Andere Demonstranten wollten eines der großen Eingangstore der Strafvollzugsanstalt abbrennen und zündeten es an.[135] Eine Anzahl von Bürgern nutzte das Chaos in der Haftanstalt und bediente sich sogar am Gefängnisinventar. So wurden, nachdem die Aufständischen

130 Vgl. Aussage der Hausfrau Gertrud M. vom 19.6.1953; BStU, ASt Halle, AP 170/55, Bd. 1, Bl. 14.

131 Vgl. die Aussagen des Sanitäters Kurt U. vom 18.6.1953 und des Schlossers Kurt K. vom 23.6.1953; BStU, ASt Halle, AP 206/55, Bd. 1, Bl. 11, u. AU 209/53, Bd. 2, Bl. 10.

132 Aussage der Oberwachtmeisterin Erika S. vom 23.6.1953; BStU, ASt Halle, AU 229/53, Bd. 2, Bl. 50.

133 Vgl. Aktenvermerk der Kriminalpolizei vom 23.6.1953; ebenda, Bd. 1, Bl. 59.

134 Befehl 6/53 des Chefs der BdVP Halle, 7.7.1953; LAM, Bestand BdVP Halle 19, Nr. 75, Bl. 44 f.

135 Vgl. Aussage des Schusters Hans F. vom 18.6.1953; Aussage des Salzsieders Hans-Joachim H. vom 18.6.1953; BStU, ASt Halle, AU 172/54, Bd. 1, Bl. 15, u. AU 141/53, Bd. 2, Bl. 16.

das Gefängnis wieder verlassen hatten, nicht nur ein Radio und eine Schreibmaschine, sondern ebenfalls Gefängnisdecken vermisst. Ein Teilnehmer berichtete, dass einer seiner Kollegen eine Gefängnisdecke mit nach Hause genommen hatte.[136]

Wohin gingen die freigelassenen Insassen der Strafvollzugsanstalt? Viele Häftlinge, die noch die Gefängniskleidung trugen, begaben sich zur evangelischen Stadtmission am »Weidenplan«, wo man ihnen Zivilkleidung gab. Dann bemühten sich diejenigen, die in Halle oder dem angrenzenden Saalkreis wohnten, möglichst schnell nach Hause zu kommen. Wer weiter weg wohnte, hatte es schwerer. Denn die Gefängnisinsassen besaßen zumeist kein Geld für eine Zugfahrt und befürchteten außerdem, im Zug kontrolliert zu werden. Also versuchten sie, per Anhalter weiterzukommen oder sie mussten in der Bahnhofsmission und der evangelischen Stadtmission übernachten.[137] Viele von ihnen wurden dort noch in der Nacht von Polizeitrupps aufgespürt. Einzelne Häftlinge sollen auch von Hallenser Bürgern in deren Wohnungen versteckt worden sein. Selbst der damalige Pfarrer der St. Georgen-Kirche, Martin Schulz, verbarg eine befreite Gefangene und besorgte ihr Ausweispapiere für die Flucht nach Westberlin.[138]

Gegen 17.00 Uhr hatten alle Gefangenen die Strafvollzugsanstalt verlassen. Die meisten Aufständischen räumten nun auch das Gefängnisgebäude, verweilten aber noch im Hof oder auf der Straße vor der Haftanstalt. Ingenieur Lehmann übergab ein Bund mit 20 Zellenschlüsseln, das er Jugendlichen abgenommen hatte, an Oberkommissar S. und ging anschließend mit seiner Bekannten nach Hause. Nur einige neugierige Jugendliche liefen jetzt noch unbehelligt im Zellenhaus umher. Die damals 15-jährige Annerosel Poppe erzählte darüber:

> »Ich lief allein durch die Gänge des Gefängnisses, durch alle drei Etagen und den Keller. Niemand begegnete mir, und niemand hielt mich auf. Alle Zellentüren standen offen, so dass ich in die leeren Zellen hineinschauen konnte. Ich sah die Betten sowie die Kübel und erschrak über die Enge der Zellen. Als ich wieder herauskam, hatte sich der Gefängnishof schon geleert, und die Menge wogte auf der Straße vor der Haftanstalt.«[139]

Erst am Abend gelang es KVP-Truppen sowie einer Einheit sowjetischer Soldaten mit Panzern, die Straßen an der Untersuchungshaftanstalt zu räumen.

---

136 Vgl. Aussage des Schlossers Kurt K. vom 20.6.1953; BStU, ASt Halle, AU 209/53, Bd. 1, Bl. 3.
137 Vgl. Aussage des Bauarbeiters Klaus W. vom 9.7.1953; BStU, ASt Halle, AU 242/53, Bd. 2, Bl. 27 f.
138 Nach einer Information von D. Orland.
139 Nach einem Interview, dass der Verfasser im September 1997 mit Frau Poppe-Hassink führte, sowie einem Erlebnisbericht von A. H. Poppe-Hassink.

7.2.3 Die »SS-Kommandeuse« Erna Dorn – Anführerin des Aufstandes in Halle?

Unter den in der Strafvollzugsanstalt Kleine Steinstraße befreiten Häftlingen befand sich auch eine Frau, die nach eigenen Aussagen den Namen »Erna Dorn« trug. Sie befand sich in der Haftanstalt, weil sie am 21. Mai 1953 wegen »Naziverbrechen« zu 15 Jahren Zuchthaus verurteilt worden war. Das Bezirksgericht hatte Erna Dorn für schuldig befunden, als Gestapobeamtin und KZ-Aufseherin Gefangene schwer misshandelt und gar in den Tod getrieben zu haben. Das Merkwürdige an diesem Fall bestand jedoch darin, dass sich die Dorn ausschließlich selbst belastet hatte. Von den vier Zeuginnen, die gegen Erna Dorn aussagen sollten, hatten zwei sie weder im KZ noch bei der Gestapo gesehen und die anderen zwei Zeuginnen waren zum Zeitpunkt der Gerichtsverhandlung spurlos verschwunden. Trotzdem wurde sie verurteilt und am 20. Juni von der SED-Bezirkszeitung »Freiheit« sogar zur »SS-Kommandeuse« hochstilisiert.[140] Die SED-Führung benutzte den »Fall Dorn« als vermeintlichen Beweis für den faschistischen Charakter des Aufstandes am 17. Juni 1953. Von nun an diffamierten die Behörden und die Medien der DDR jede während des 17. Juni an den Verhältnissen in der DDR geübte Kritik als »faschistisch«. Erna Dorn selbst wurde bereits fünf Tage nach dem Sturm auf die Untersuchungshaftanstalt vom Bezirksgericht Halle als »Rädelsführerin des faschistischen Putsches« zum Tode verurteilt und damit zur Legende. Der Mythos von der »SS-Kommandeuse« in Halle prägte weitreichend die Vorstellung vieler DDR-Bürger von den Ereignissen am 17. Juni 1953. Er ist zum Teil noch heute in Memoiren und Erzählungen von Augenzeugen des Volksaufstandes zu finden.

Bisher wurden keine anderen Unterlagen über Erna Dorn entdeckt als sieben Bände einer Gerichtsakte, die sich in der Bezirksverwaltung für Staatssicherheit in Halle befand.[141] Auf sie stützten sich auch jene drei Veröffentlichungen, die nach 1990 zu diesem Fall erschienen sind.[142] Weil seitdem keine neuen Beweise gefunden wurden, die zur weiteren Aufhellung der Biografie von Erna Dorn beitragen könnten, kann in dieser Publikation nur kurz auf die »Legende Dorn« eingegangen werden. Es ist bis heute nicht gelungen, endgültig zu klären, wer diese Frau wirklich gewesen ist und ob »Erna Dorn« ihr richtiger Name war. Die von 1949 bis 1953 in Halle angelegte Gerichtsakte stellt den einzigen Nachweis für den Lebensweg der Erna Dorn dar. Aus der Zeit vor 1945 konnten bisher nirgendwo Dokumente gefunden werden. Das

---

140 Vgl. »SS-Kommandeuse und kriminelle Elemente im Führungsstab der Provokateure«. In: Freiheit v. 20.6.1953.

141 Die Aussagen zu Erna Dorn stammen aus: BStU, ASt Halle, AU 253/54.

142 Siehe: Eschebach, Insa; Ebert, Jens: »Die Kommandeuse«. Erna Dorn – zwischen Nationalsozialismus und Kaltem Krieg. Berlin 1994; Werkentin, Falco: Politische Strafjustiz in der Ära Ulbricht. Berlin 1995; Gursky, André: Erna Dorn – zum Tode verurteilt am 22. Juni in Halle. Hg. von der Landesbeauftragten für die Unterlagen des SSD Sachsen-Anhalt. Halle/Saale 1996.

bedeutet aber, dass alle Tatsachen über sie im Wesentlichen auf ihren eigenen Aussagen bei Vernehmungen beruhen. Dabei ist nicht bekannt, ob sie bei den Vernehmungen, insbesondere nach dem 17. Juni, misshandelt und zu bestimmten Aussagen gezwungen wurde. Der Sachverhalt, dass sich Erna Dorn seit 1951 in immer größerem Maße selbst belastete, lässt diese Vermutung jedoch aufkommen. Darüber hinaus verstrickte Erna Dorn sich während der vielfach geforderten Darstellung ihrer Biografie selbst in einige Widersprüche. Und die vier Zeugenaussagen über ihre Tätigkeit vor 1945 trugen auch nicht zur Aufhellung ihres Lebensweges bei. Für die Handlungen Erna Dorns, die ihr unterstellt wurden, nachdem sie aus dem Gefängnis am 17. Juni 1953 befreit worden war, konnten Polizei und Staatssicherheitsdienst ebenfalls keine Zeugen ermitteln.

Aus den vorliegenden Akten ergibt sich ein sehr verworrener Lebenslauf. Erna Dorn, geborene Kaminsky, wurde am 17. Juli 1911 in Tilsit in Ostpreußen als Tochter des kaufmännischen Angestellten Arthur Kaminsky geboren. Nach dem Besuch der Höheren Mädchenschule und einer Lehre bei der Industrie- und Handelskammer in Königsberg bekam sie 1932 eine Anstellung im Polizeipräsidium Königsberg. Bereits an dieser Stelle beginnen die ersten Widersprüche. Denn Erna Dorn behauptete in einer Aussage, nur als Stenotypistin tätig gewesen zu sein, in einer anderen meinte sie aber, als Polizeiassistentin gearbeitet zu haben. *»Ende 1934, Anfang 1935 kam ich dann zur Gestapo. Bis 1941 war ich bei der Gestapo tätig und kam 1941 zur politischen Abteilung ins Konzentrationslager Ravensbrück.«*[143] Die Publizistin Insa Eschebach weist in ihrer umfangreichen Untersuchung über Erna Dorn darauf hin, dass ihr nach den strengen Kriterien der preußischen Polizei eigentlich die Voraussetzungen für eine Beamtenlaufbahn fehlten. Darüber hinaus *»konnten weibliche Polizeibeamte erst ab 1937 für die Gestapo tätig werden. Es ist also nicht eindeutig zu entscheiden, ob Erna Dorn entgegen den damals geltenden Bestimmungen und aufgrund einer Reihe von außergewöhnlichen Umständen eine Polizeibeamtin bei der Gestapo hat werden können oder ob sie, wie sie in der Vernehmung am 20. Mai 1953 zu Protokoll gab, ›immer nur als Sekretärin‹ gearbeitet hat.«*[144] Genauso rätselhaft und undurchsichtig waren die Ausführungen Erna Dorns über ihre Tätigkeit als Mitarbeiterin der Politischen Abteilung im Konzentrationslager (KZ) Ravensbrück. Von Vernehmung zu Vernehmung gab sie einen anderen Dienstrang sowie eine andere Tätigkeit an und ihre Beschreibungen des KZ wiesen gravierende Fehler auf. Auf den Namenslisten der SS-Einheiten des KZ Ravensbrück, die sich heute im Archiv der Gedenkstätte Ravensbrück befinden, ist weder der Name Erna Kaminsky noch der Name Erna Dorn zu finden.[145] Im Jahr 1938 heiratete Erna Kaminsky angeblich den SS-Unterscharführer Erich Dorn, der ebenfalls im KZ Ravensbrück tätig gewesen sein soll.

---

[143] Aussage der Erna D. vom 21.6.1953; BStU, ASt Halle, AU 253/54, Bd. 3, Bl. 3.

[144] Eschebach; Ebert: »Die Kommandeuse« (Anm. 142), S. 19.

[145] Vgl. ebenda, S. 13 u. 40–42.

Jedoch auch dieser Name findet sich auf keiner der Listen in der Gedenkstätte Ravensbrück.

Ab Mai 1945 lässt sich der Lebensweg Erna Dorns anhand einiger Dokumente nachweisen. Nach diesen Unterlagen vollzog Erna Dorn im Frühjahr 1945 einen Identitätswechsel. Seit dem 12. Mai 1945 verfügte sie über einen Entlassungsschein aus dem KZ Hertine in Tschechien sowie über einen falschen Namen. Sie nannte sich nun Erna Brüser, geborene Scheffler, und lebte die folgenden sechs Jahre in der Rolle eines vermeintlichen KZ-Häftlings. Ob es einen Häftling namens Erna Brüser wirklich gegeben hat oder ob auch diese Person eine Erfindung von Erna Dorn war, konnte bis heute nicht geklärt werden. Tatsache ist, dass Erna Dorn alias Erna Brüser im November 1945 mit einer provisorischen Bescheinigung, die sie als »Opfer des Faschismus« (OdF) auswies, nach Halle/Saale kam. Hier wohnte sie zuerst einige Wochen als Untermieterin bei einer Familie D. in der Kasseler Straße. Der OdF-Ausweis brachte ihr zahlreiche Vergünstigungen und Sonderzuteilungen an Geld, Lebensmitteln und Kleidung. Außerdem wies ihr die OdF-Abteilung Halle schon im Dezember 1945 eine Stelle als kaufmännische Angestellte bei der Aufbaulotterie »Koeppen« zu. Die Wandlung Erna Dorns von einer (mutmaßlichen) Täterin zum Opfer der Nazidiktatur schien vollkommen zu sein, als sie noch im Jahr 1945 der KPD (ab 1946 SED) beitrat. Sie erklärte den Eintritt in die KPD/SED später vor Gericht damit, dass sie alles wiedergutmachen wollte.[143] Ob sie nun eine Nazitäterin war, die sich gut verstellen konnte oder aber nur eine »gescheiterte Existenz«, die sich selbst eine Identität ausgedacht hatte, bleibt weiterhin ungeklärt. In ihrer »Rolle« als KZ-Häftling muss sie jedoch recht überzeugend gewesen sein. Denn es gelang ihr sogar, einen ehemaligen Spanienkämpfer und »Kämpfer gegen den Faschismus«, den VP-Offizier Max Gewald, zu täuschen. Mit ihm ging sie im Dezember 1945 als Erna Brüser die Ehe ein. Das Paar zog bald darauf in eine eigene Zweiraum-Wohnung. Hier bot der VP-Angehörige Gewald seiner Ehefrau die Möglichkeit, ab März 1946 das Leben einer Hausfrau zu führen.

Von nun an hätte das Leben der Erna Gewald alias Brüser alias Dorn eigentlich einen für sie zufriedenstellenden Verlauf nehmen können. Nur die endgültige Anerkennung als Opfer des Faschismus bereitete ihr noch Kopfzerbrechen. In den OdF-Ämtern herrschte die nicht unbegründete Befürchtung, ehemalige Nazis könnten sich in die Reihen der Opfer einschleichen. Also wurden nur diejenigen als Opfer des Faschismus anerkannt, die das mit verlässlichen Zeugen nachweisen konnten. Dazu war Erna Dorn/Gewald nicht in der Lage. Im Jahr 1948 kam aber ein noch größeres Problem hinzu. Im August dieses Jahres fand in Halle der Prozess gegen die KZ-Aufseherin Gertrud Rabestein statt. In diesem Prozess sollte Dorn als Zeugin vernommen werden. Vermutlich befürchtete sie, dass ihre mühsam aufgebaute Identität

[146] Vgl. Aussage der Erna D. vom 20.5.1952; BStU, ASt Halle, AU 253/54, Bd. 2, Bl. 105.

im Gerichtssaal Schaden nehmen könnte. Deshalb versuchte sie, sich der Aussageaufforderung mit dem Vorwand zu entziehen, sie sei schwanger. In einem Schriftstück der »Vereinigung der Verfolgten des Naziregimes« wurde darüber Folgendes berichtet: »*Sie* [Dorn] *entzog sich dieser Pflicht und spielte, sage und schreibe, zwei Jahre lang mit Kissen ausgestopft, die schwangere, nicht vernehmbare Frau.*«[147] Diese Begebenheit war der erste deutliche Hinweis, dass es sich zumindest bei dem »KZ-Häftling Erna Brüser« um eine Fiktion handelte. Die Vortäuschung einer Schwangerschaft half Erna Dorn jedoch nicht nur aus dieser Zwangslage. Sie nutzte diesen Vorwand auch, um in den Genuss der Sonderzuteilung für Schwangere zu kommen. Ob es allein dieser Betrug war, der Erna Dorn Ende des Jahres 1949 wegen »Wirtschaftsvergehens« in Untersuchungshaft brachte, lässt sich nicht ermitteln. Fest steht, dass sie im Januar 1950 wegen »Betrugs und Wirtschaftsvergehens« zu elf Monaten Gefängnis verurteilt wurde. Von nun an ging es mit ihr bergab. Der Verurteilung folgte prompt der Ausschluss aus der SED und noch im Dezember 1949 ließ sich Max Gewald von ihr scheiden. Er untersagte ihr sogar mit einer notariellen Erklärung, weiterhin den Familiennamen »Gewald« zu führen.[148]

Vom Zeitpunkt ihrer ersten Verhaftung Ende 1949 bis zur Hinrichtung im Jahr 1953 hielt sich Erna Dorn fast ausschließlich in Strafvollzugsanstalten auf. Nachdem sie die erste Strafe verbüßt hatte, blieb sie nur wenige Wochen auf freiem Fuß. Dann wurde sie im Januar 1951 erneut von der Polizei festgenommen. Die arbeits- und obdachlose Dorn hatte mit Komplizen unter anderem die Koffer von Reisenden im halleschen Bahnhof gestohlen.[149] Deshalb verurteilte ein hallesches Gericht Erna Dorn 1951 zu einem Jahr und sechs Monaten Zuchthaus. Im gleichen Jahr begann jene Phase, in der die Dorn sich mit zum Teil grotesken Geschichten immer stärker selbst belastete. Ob sie sich dabei nur vor ihren Mitgefangenen hervortun oder aber zugleich an Menschen rächen wollte, von denen sie sich verraten fühlte, muss dahingestellt bleiben. Zuerst beschäftigte sie die Untersuchungsbehörden mit Legenden von ihrer angeblichen Agenten- und Spionagetätigkeit. Dann behauptete sie, ihr Ex-Ehemann Gewald sei in Wirklichkeit der ehemalige KZ-Kommandant von Ravensbrück, was sehr aufwändige und für den Betroffenen unangenehme Untersuchungen nach sich zog. Schließlich verbreitete sie die Geschichte über ihre Arbeit bei der Polizei und der Gestapo. Letzteres hatte zur Folge, dass Erna Dorn, nachdem sie noch einmal zwei Wochen auf freiem Fuß war, wegen Verdachts auf Verbrechen gegen die Menschlichkeit wieder verhaftet und schließlich am 21. Mai 1953 vom Bezirksgericht Halle zu 15 Jahren Zuchthaus verurteilt wurde. Dabei stützte sich das Gericht ausschließlich auf die »*Einlassungen der Angeklagten und das bei den Akten vorliegende Beweismaterial,*

147 Das Zitat findet sich in: Eschebach; Ebert: »Die Kommandeuse« (Anm. 142), S. 53 f.

148 Vgl. Auszug aus dem Standesamtsregister, 9.7.1952; BStU, ASt Halle, AU 253/54, Bd. 2, Bl. 48.

149 Vgl. Aussage der Erna D. vom 23.1.1951; BStU, ASt Halle, AU 253/54, Bd. 7, Bl. 3 f.

das sich aus Vernehmungsprotokollen zusammensetzt«.[150] Diese sehr dürftige Beweislage führte offensichtlich zu dem für die damaligen Verhältnisse noch relativ niedrigen Strafmaß gegen eine »KZ-Aufseherin«.

Drei Wochen nach ihrem Prozess befand sich Erna Dorn in der Strafvollzugsanstalt II in der Kleinen Steinstraße. Warum sie sich gerade zu dieser Zeit in der Strafvollzugsanstalt II aufhielt, konnte bisher ebenfalls nicht geklärt werden. Eine der Hypothesen besagt, dass sie dort auf eine Verlegung in ein Zuchthaus wartete. Dadurch erlebte sie am 17. Juni 1953 die Erstürmung des Gefängnisses mit und war unter den 245 befreiten Häftlingen, die gegen 16.00 Uhr die Haftanstalt verließen. Durch diesen Zufall wurde Erna Dorn unfreiwillig in die Ereignisse am 17. Juni hineingezogen und bald eine der bekanntesten Personen des Volksaufstandes. Eigentlich erging es ihr so wie den meisten freigelassenen Häftlingen, sie blieb nur wenige Stunden auf freiem Fuß. Bereits am Mittag des 18. Juni wurde sie wieder verhaftet und zurück in das Gefängnis gebracht. Doch was die Dorn in den dazwischenliegenden Stunden, insbesondere in der Zeit von ihrer Entlassung bis zum Beginn der Ausgangssperre um 21.00 Uhr, getan hatte oder aber getan haben soll, darum ranken sich bis heute Legenden. Denn es gab weder Zeugen noch irgendeine Notiz in den vielen Berichten der Polizei und der SED über das Geschehen am 17. Juni 1953. Zwar traten einige Jahre später einzelne Zeitzeugen auf und meinten, sie hätten Erna Dorn auf dem Hallmarkt sprechen gehört. Nach eingehenden Befragungen durch Historiker stellte sich jedoch auch bei diesen wenigen Zeitzeugen heraus, dass sie nur eine Frauenstimme gehört hatten, von der sie später glaubten, es sei Erna Dorn gewesen, weil es so in den Zeitungen gestanden hatte.

Alle Berichte über die Handlungen Erna Dorns zwischen 16.00 Uhr und 21.00 Uhr beruhten ausschließlich auf den Aussagen von ihr selbst. Diese Aussagen hatte sie in einem Verhör am 21. Juni 1953 beim MfS gemacht, dem einzigen Verhör nach ihrer erneuten Verhaftung. Es kann jedoch nicht ausgeschlossen werden, dass die Angeklagte bei dieser Vernehmung mit Gewalt zu ihren Geständnissen gezwungen worden ist.[151] Einige Formulierungen der Aussage vermitteln den Eindruck, der Feder des Vernehmers entsprungen zu sein. In diesem Zusammenhang darf auch nicht übersehen werden, dass schon einen Tag vor dem Verhör der bereits erwähnte Zeitungsartikel erschienen war, in dem man Erna Dorn fälschlicherweise zur »SS-Kommandeuse« und Anführerin des Volksaufstandes in Halle hochstilisiert hatte.[152] Aus dem Verhörprotokoll geht hervor, dass die nach der Befreiung aus dem Gefäng-

---

[150] Urteilsbegründung des Bezirksgerichts Halle in der Strafsache gegen Erna Dorn, 21.5.1953; ebenda, Bd. 2, Bl. 93.

[151] Die Gefängnisbeamtin Margot H. berichtete, dass Erna Dorn schon am 18.6., als sie zurückgebracht wurde, verletzt war. Vgl. Eschebach; Ebert: »Die Kommandeuse« (Anm. 142), S. 82.

[152] Vgl. »SS-Kommandeuse und kriminelle Elemente im Führungsstab der Provokateure«. In: Freiheit v. 20.6.1953.

nis obdachlose Erna Dorn von Demonstranten oder Mithäftlingen den Hinweis erhielt, die Evangelische Stadtmission Weidenplan 4 aufzusuchen. Dort nahm man sie auf, gab ihr Zivilkleidung, etwas zu essen und eine Schlafmöglichkeit. Auf die Frage des Stasi-Mitarbeiters: »*Wo haben Sie nach Ihrer Befreiung aus dem Gefängnis zu den Demonstranten gesprochen?*«, soll Erna Dorn laut Protokoll gesagt haben:

> »Nachdem ich mich in dem Heim umgekleidet hatte, brachte ich in Erfahrung, dass auf dem Hallmarkt große Ansammlungen von Menschen sind [...] Aufgrund dessen begab ich mich zum Hallmarkt und habe dort zu den versammelten Massen gesprochen. Ich brachte in meiner Rede zum Ausdruck, dass ich die Revolution begrüße und vor allen Dingen für meine Befreiung aus der Untersuchungshaftanstalt mich bedanke. Weiterhin sagte ich, dass ich in Erfahrung gebracht hatte, dass die Regierung der Deutschen Demokratischen Republik gestürzt ist, dass nun endlich der Tag der Befreiung gekommen ist. An die wörtliche Rede kann ich mich nicht mehr erinnern; ich brachte aber sinngemäß zum Ausdruck, es lebe die Freiheit, es lebe die Revolution, nieder mit der Regierung der Deutschen Demokratischen Republik.«[153]

Die Aussagen in diesem einen Verhör sowie ein dubioser Brief,[154] den Erna Dorn angeblich am 18. Juni an ihren Vater geschrieben haben soll, waren die einzigen Beweismittel der Bezirksstaatsanwaltschaft Halle gegen Erna Dorn. Auf der Grundlage dieser »Beweise« wurde Erna Dorn am 22. Juni 1953 in einer dreieinhalbstündigen Abendsitzung vom Bezirksgericht Halle zum Tode verurteilt.[155] Die Berufung ihres Pflichtverteidigers sowie ein Gnadengesuch an DDR-Präsident Pieck wurden abgelehnt, weil sie angeblich in Halle eine der Haupträdelsführerinnen gewesen sei, »*die versucht hat, die irregeleitete Menge zur Revolution und zum Sturz der Regierung aufzurufen*«. Am 28. September 1953 brachte man Erna Dorn in eine Strafvollzugsanstalt nach Dresden, wo sie am 1. Oktober 1953 hingerichtet worden ist.

An der Frage, ob Erna Dorn am 17. Juni 1953 in Halle gesprochen hat, teilen sich noch immer die Meinungen. Allgemein anerkannt wird inzwischen die Tatsache, dass sie keine »SS-Kommandeuse« war. Diese Bezeichnung hatte es während der Nazidiktatur überhaupt nicht gegeben. Sie stammte aus der SED-Propagandaabteilung

---

153 Aussage der Erna Dorn vom 21.6.1953; BStU, ASt Halle, AU 253/54, Bd. 3, Bl. 7.

154 Der Vater, Arthur Kaminsky, hielt sich angeblich in »Westdeutschland« auf. An ihn war der Brief gerichtet, dessen Herkunft und Inhalt sehr rätselhaft sind. In dem Brief schrieb Erna Dorn (?), dass die Fahne der NSDAP nun wieder über Deutschland wehen würde und sie endlich wieder bei der Gestapo arbeiten könnte. Dann bat sie noch, ihr den Gestapo-Ausweis zu schicken. Vgl. BStU, ASt Halle, AU 253/54, Bd. 3, Bl. 9.

155 Die Hauptverhandlung gegen Erna Dorn begann 18.00 Uhr. Das Urteil wurde 21.30 Uhr verkündet.

und war genauso eine bewusste Fehlinformation wie der Artikel im »Neuen Deutschland« vom 26. Juni 1953, in dem suggeriert wurde, Erna Dorn sei identisch mit der KZ-Aufseherin Gertrud Rabestein, die 1948 zu lebenslangem Freiheitsentzug verurteilt worden war. Eine absurde Konstruktion, wenn man bedenkt, dass Erna Dorn im Prozess gegen die Rabestein als Belastungszeugin auftreten sollte. Mit solchen Entstellungen wollte die SED-Führung die DDR-Bevölkerung davon überzeugen, dass die Ereignisse am 17. Juni 1953 von Nazis inszeniert worden wären. Da es keine anderen Informationen über Erna Dorn gab, setzte sich die Vorstellung von faschistischen Einflüssen am 17. Juni 1953 in den Köpfen vieler DDR-Bürger fest. Zugleich entstanden weitere Legenden über Erna Dorn. So kursierte in Halle viele Jahre das Gerücht, Erna Dorn sei identisch mit der Direktorin der Francke-Oberschule, Erna P., die im Frühjahr 1953 ihres Postens enthoben worden und bald darauf spurlos verschwunden war. Solche Gerüchte waren zwar zählebig, doch sie ließen sich relativ leicht aufklären. Viel schwieriger war es festzustellen, was Erna Dorn am 17. Juni getan hatte, denn es gab darüber nur das Verhörprotokoll und die nicht immer eindeutigen Aussagen von Zeitzeugen. Dem Leiter der Gedenkstätte »Roter Ochse« in Halle, André Gursky, gelang es mittlerweile, einen Nachweis über den Aufenthalt Erna Dorns in der Evangelischen Stadtmission zu finden. Im Aufnahmebuch der Evangelischen Stadtmission entdeckte er den handschriftlichen Eintrag: »*Frau Erna Dorn, geb. Kaminsky, 17.7.1911 in Tilsit, kam am 17.6.1953 aus der Strafanstalt Steinstr[aße] zu uns und wurde am 18.6.1953 wieder von der Polizei inhaftiert.*«[156] Der Vermerk beweist, dass die Aussage Erna Dorns über ihren Verbleib in der Stadtmission der Wahrheit entspricht. Doch inwieweit stimmen die anderen Feststellungen im Verhörprotokoll vom 21. Juni? Nach dem Studium der über den 17. Juni 1953 vorhandenen Akten lassen sich folgende Aussagen treffen:

1. Erna Dorn war keine Anführerin des Volksaufstandes in Halle und niemals Mitglied im »Führungsstab«, dem »Zentralen Streikkomitee«. Denn sie war 1946 Hausfrau geworden und hatte sich seit 1949 fast nur noch in Gefängnissen aufgehalten. Einer unbekannten Frau hätten sich die Hallenser Arbeiter mit großer Wahrscheinlichkeit nicht angeschlossen. Außerdem kam die Dorn erst gegen 16.00 Uhr aus der Haftanstalt, als die Führung bereits in den Händen des Zentralen Streikkomitees lag. In diesem Streikkomitee befanden sich ausschließlich Männer.[157]
2. Die Behauptung, Erna Dorn hätte auf dem Weg durch die Stadt an mehreren Orten zu den Aufständischen gesprochen, stimmt ebenfalls nicht mit den Tatsachen überein. Es hat außerhalb des Hallmarktes weitere Plätze gegeben, an denen Redner

---

[156] Handschriftlicher Eintrag im Aufnahmebuch der Evangelischen Stadtmission bei Gursky: Erna Dorn – zum Tode verurteilt (Anm. 142), S. 42.

[157] Zum Zentralen Streikkomitee siehe Abschnitt 7.3.2.

aufgetreten sind, unter anderem den Marktplatz, das Reileck und den Thälmannplatz (heute Riebeckplatz). In allen verfügbaren Berichten wurden aber ausschließlich männliche Sprecher erwähnt.

3. Erna Dorn ist niemals vor eine Kaserne der KVP gezogen, um Polizisten zu beschimpfen. Nur vor der Kaserne in der Damaschkestraße hatten sich Demonstranten am Vormittag des 17. Juni aufgehalten und mit den KVP-Angehörigen gesprochen. Unter diesen Demonstranten waren auch Frauen gewesen. Dabei handelte es sich jedoch um Arbeiterinnen der Waggonfabrik Ammendorf.
4. Das einzige Ereignis, bei dem nicht völlig ausgeschlossen werden kann, dass Erna Dorn gesprochen hat, war die Großkundgebung[158] um 18.00 Uhr auf dem Hallmarkt. Zwar ist in den Berichten darüber meist nur von den Mitgliedern des Zentralen Streikkomitees die Rede. Doch einige Augenzeugen der Kundgebung erzählen von einer Frau, die sich in ihrer Rede unter anderem für die Befreiung aus dem Gefängnis bedankt habe. Nun wurden über 200 weibliche Häftlinge in der Kleinen Steinstraße befreit, von denen einige sicher in der Lage waren, eine kurze Rede zu halten. Jedoch konnte bisher selbst der Nachweis, ob überhaupt eine Frau auf dem Hallmarkt gesprochen hat, nicht eindeutig erbracht werden.

Erna Dorn oder wie jene Frau auch immer geheißen hat, hat den Ereignissen am 17. Juni 1953 in Halle nicht ihren Stempel aufdrücken können. Für diese Legende sorgten erst die Artikel in den Tageszeitungen der SED, die diese dubiose Frau und ihren undurchsichtigen Lebenslauf benutzten, um den Volksaufstand als »faschistischen Putschversuch« zu verunglimpfen. Erna Dorn war eher ein Opfer des 17. Juni, denn die zufällige Befreiung aus der Haft kostete sie letztendlich das Leben. Das Todesurteil des Bezirksgerichts Halle vom 22. Juni 1953 war in keiner Weise gerechtfertigt. Deshalb wurde dieses Urteil 41 Jahre später, im Jahr 1994, vom Landgericht Halle *»für rechtswidrig erklärt und aufgehoben«*.[159]

---

[158] Zur Großkundgebung auf dem Hallmarkt siehe Abschnitt 9.1.

[159] Gursky: Erna Dorn - zum Tode verurteilt (Anm. 142), S. 92 f.

7.3 Das Zentrale Streikkomitee von Halle und seine Aktionen zur Koordinierung des Aufstandes

7.3.1 »Bürgermeister, komm heraus!« – Die Demonstration auf dem halleschen Marktplatz

Der aus über 8 000 Teilnehmern bestehende, große Demonstrationszug der Hallenser Arbeiter spaltete sich, wie erwähnt, auf dem Hansering zwischen 12.00 Uhr und 12.30 Uhr in drei Marschblöcke.[160] Dieser Abschnitt befasst sich mit dem dritten Block, der zum Marktplatz zog. Er war mit über 4 000 Demonstranten der zahlenmäßig stärkste Marschblock. Vor allem jene Demonstranten, die sich im hinteren Teil des Zuges befanden, verließen den großen Demonstrationszug bereits am Leipziger Turm und gingen durch die Klement-Gottwald-Straße (heute Leipziger Straße) direkt zum Marktplatz. Sie wollten auf dem Marktplatz, im Zentrum der Saalestadt, für die Erfüllung ihrer Forderungen demonstrieren. Zumeist hatten sie gar nicht bemerkt, dass die Aufständischen im vorderen Teil des Demonstrationszuges zuerst das Gerichtsgebäude besetzen wollten. Zwei Lastwagen, die den Zug bis hierher begleitet hatten, schlossen sich ihnen an. Auf dem Weg zum Marktplatz tat sich plötzlich ein geöffneter Kabelgraben als gefährliches Hindernis vor den Demonstranten auf. Zwei Fernmeldemonteure hatten 10.15 Uhr überraschend den Auftrag erhalten, an dieser Stelle einen Kabelfehler zu beseitigen. Junge Arbeiter, die vor dem Marschblock liefen, verlangten energisch, sofort den Kabelschacht zu verschließen. Der Monteur Erich G. erzählte: *»Gegen 12.00 Uhr wurden wir von einigen Personen aufgefordert, diese Arbeit einzustellen, da eine Demonstration an dieser Stelle vorbeikommen würde. Diese Personen [...] forderten die Einstellung unserer Arbeit in gemeiner, anmaßender Art und Weise.«*[161] Die Monteure in dem Kabelschacht wagten nicht, den drohend auf sie herabschauenden Arbeitern zu widersprechen. Sie unterbrachen sofort die Arbeit und verschlossen den Kabelgraben. So konnte der Demonstrationszug ungehindert weitermarschieren.

Auf dem Weg zum Marktplatz sahen die Demonstranten, dass viele Frauen in langen Schlangen vor Bäckereien anstanden und Brote hamsterten, weil sie glaubten, der Staat und auch die Versorgung würden nun zusammenbrechen. Etliche dieser Frauen winkten den Demonstranten zu. Auch viele andere Hallenser Bürger auf der Leipziger Straße bekundeten ihre Sympathie für die Aufständischen. Als der Demonstrationszug schließlich auf dem Marktplatz ankam, zerfiel er in viele kleine Gruppen, die untereinander diskutierten. Gerüchte zirkulierten in der Menge, dass Präsident Pieck gestorben und die Regierung der DDR gestürzt sei und dass vielleicht die

---

160 Siehe auch den Anfang von Kapitel 7.

161 Aussage des Fernmeldemonteurs Erich G. vom 18.6.1953; BStU, ASt Halle, AP 259/55, Bd. 1, Bl. 7.

Passanten winken den vorbeimarschierenden Arbeitern zu.
(Das Foto wurde von der Ladefläche eines den Zug begleitenden Lkw aufgenommen.)

Gegen 12 Uhr erreicht ein Demonstrationszug mit annähernd 4 000 Teilnehmern über die Klement-Gottwald-Straße den Marktplatz.

Amerikaner zu Hilfe kommen würden.[162] Junge Arbeiter, die auf den Lastwagen standen, riefen laut einige Forderungen der Demonstranten: »*Nieder mit der Regierung! Freie Wahlen! Senkung der HO-Preise!*« Am Händeldenkmal, in der Mitte des Marktplatzes, hatte jemand ein Plakat befestigt, auf dem stand: »*Spitzbart, Bauch und Brille sind nicht des Volkes Wille!*« Der Lärm lockte zahlreiche Bürger aus den Geschäften und Kaufhäusern, die sich erwartungsvoll zu den diskutierenden Gruppen stellten. Auch viele Verkäuferinnen und Verkäufer kamen neugierig aus ihren Geschäften heraus, während die Geschäftsinhaber sowie die Kaufhausleiter aufgeregt überlegten, ob sie die Läden und Warenhäuser schließen sollten.[163]

Zu der Menschenmenge kamen natürlich auch Personen hinzu, die häufig in den Zentren von Großstädten zu finden sind (auch in den Städten der damaligen DDR) – Entwurzelte, die den Sinn der Demonstration oft nicht begriffen. Sie blieben lediglich aus Neugierde oder Sensationslust bei den Demonstranten und beteiligten sich häufig nur deshalb an Aktionen, um ihren Aggressionsdrang zu stillen. Ein typischer Vertreter dieser sozialen Randgruppe war der Gelegenheitsarbeiter und Analphabet Ernst S. Er sagte: »*Ich bin nur auf dem Marktplatz geblieben, weil ich wissen wollte, was die Menschen dort machen. Die […] Menschenmassen haben laut gejohlt und gebrüllt. Aus diesem Grund habe ich dasselbe getan. Was sie gebrüllt haben und warum, weiß ich nicht.*«[164] Ein Obdachloser wäre in Halle beinahe zum Auslöser eines Angriffs auf das Volkspolizeikreisamt geworden. Das VPKA (im Volksmund auch Polizeipräsidium genannt) befand sich in der Dreyhauptstraße am Hallmarkt. Dorthin waren die Leuna-Arbeiter gefahren, die ihre verhafteten Kollegen befreien wollten.[165] Mehrere Gruppen Hallenser Arbeiter folgten ihnen. Die Aufständischen versammelten sich mit den Leuna-Arbeitern vor dem VPKA und schrien: »*Gebt unsere politischen Gefangenen frei!*« Zu diesem Zeitpunkt saß der Obdachlose Gerhard B. allein in einem Verhörzimmer des VPKA. Er war drei Tage vorher zu Fuß von Schkeuditz nach Halle gekommen. Weil schönes Wetter herrschte, blieb er in Halle und verbrachte die Nächte bis zum 17. Juni am Saale-Ufer. Tagsüber spazierte er mit Kumpanen durch die Innenstadt. Dabei wurde Gerhard B. am 17. Juni 9.00 Uhr von Polizisten aufgegriffen und, weil er keinen Ausweis besaß, zum VPKA gebracht. Dort verhörte man ihn kurz und sperrte ihn dann in ein Verhörzimmer ein, in dem er mehrere Stunden warten musste. Am Mittag hörte Gerhard B. auf einmal die Rufe der vor dem Polizeipräsidium versammelten Demonstranten. Da er allein im Raum war, ging er zum Fenster, schaute heraus und schrie durch die Gitterstäbe: »*Freiheit!*« Dieser Aus-

---

[162] Vgl. Aussage des Hilfsarbeiters Harry D. vom 19.6.1953; Aussage der Landarbeiterin Hannelore S. vom 18.6.1953; BStU, ASt Halle, AP 202/55, Bd. 1, Bl. 8, u. AP 53/55, Bd. 1, Bl. 7.

[163] Aussage des Zoowärters Max T. vom 18.6.1953; Aussagen der Verkäufer Heinz F. und Adolf P. vom 28.6.1953; BStU, ASt Halle, AP 120/55, Bd. 1, Bl. 8, u. AU 138/53, Bd. 1, Bl. 47 u. 56.

[164] Aussage des Gelegenheitsarbeiters Ernst S. vom 26.6.1953; BStU, ASt Halle, AP 94/55, Bd. 1, Bl. 6.

[165] Siehe Kapitel 6; siehe auch die Erlebnisberichte von G. Krug und D. Zukunft.

Auf dem Marktplatz werden die demonstrierenden Arbeiter von Verkäuferinnen und anderen Halleschen Bürgern freudig begrüßt.

Das Händeldenkmal auf dem Marktplatz von Halle mit dem Plakat der Aufständischen

Weitere Demonstranten erreichen gegen 12.20 Uhr den Marktplatz – unter ihnen der spätere Sprecher des Zentralen Streikkommitees Herbert Gohlke.

ruf bewirkte, dass die Demonstranten noch vehementer die Freilassung der Gefangenen forderten und nun gegen die Eingangstür des VPKA schlugen. Daraufhin ließen die Kriminalisten im Kreisamt Gerhard B. frei. Er wurde jubelnd von den Demonstranten vor der Tür des Amtes empfangen, auf die Schultern zweier Aufständischer gehoben und stand kurzzeitig im Mittelpunkt. Ob die Verantwortlichen des VPKA Gerhard B. aus Hilflosigkeit entlassen hatten oder aber die Aufständischen damit absichtlich beruhigen wollten, mag dahingestellt bleiben. Tatsache war, dass die Attacken gegen das Kreisamt nach der Entlassung von Gerhard B. vorübergehend aufhörten.[166]

Gegen 12.20 Uhr strömten weitere Demonstranten von der Rathausstraße und der Dahlemstraße (heute Gustav-Anlauf-Straße) auf den Marktplatz. Sie gehörten zu jenen Aufständischen, die kurz zuvor das Gerichtsgebäude am Hansering gestürmt hatten. So füllte sich der Marktplatz allmählich mit immer mehr Bürgern.

[166] Die Offiziere des MfS nahmen B. diese Geschichte nicht ab und wollten ihn zu einem Provokateur machen, der nach Halle geschickt worden sei, um zu randalieren. Diese Story war aber angesichts der Persönlichkeit des B. zu durchsichtig, sodass Staatsanwalt Neubert verfügte, B. am 3.7.1953 aus der Haft zu entlassen. Vgl. Aussagen und Schriftverkehr in der Akte Gerhard B., 18.6.–4.7.1953; BStU, ASt Halle, AU 150/54, Bd. 1, Bl. 8, 16, 23 u. 27 f.

Die Straßenbahnen können den Marktplatz nicht mehr passieren.
(Im Vordergund ein Lkw vom LOWA Ammendorf)

Schließlich konnten die Straßenbahnen, deren Strecke über den Marktplatz verlief, nicht mehr weiterfahren. Ein Geschichtsstudent berichtete darüber empört seinem SED-Sekretär:

> »Auf dem Marktplatz fuhr unsere Straßenbahn nicht mehr weiter. Ein Motorrad mit zwei Männern in Motorradanzügen [...] stoppte die Weiterfahrt der Straßenbahn. Die beiden Männer riefen den Umstehenden zu: ›Alles streikt! Buna und Leuna marschieren nach Halle!‹ und fuhren sofort weiter. Ich war völlig überrascht und erhielt von den Umstehenden höhnische Antworten, da ich FDJ-Jacke und Parteiabzeichen trug. Ein Straßenbahnschaffner erklärte auf meine Aufforderung, sich nicht beirren zu lassen und weiterzufahren, ›Die Streikleitung hat das verboten!‹«[167]

Mittlerweile hatten sich viele Demonstranten dem Ratshof, Sitz des Stadtrates, zugewandt und forderten lautstark den Oberbürgermeister zu sprechen. Oberbürgermeis-

[167] Bericht des Studenten Eberhard S. an die Parteileitung der Universität, Juli 1953; LAM, Bestand SED-Grundorganisation der MLU Halle, IV/7/501, Nr. 16a, Bl. 72 (Vorderseite).

ter Roßner ließ sich jedoch nicht blicken. Daraufhin versuchten mehrere Aufständische 12.30 Uhr gewaltsam in den Ratshof einzudringen. Die Angestellten des Stadtrates sowie die zur Verstärkung im Ratshof anwesenden Kriminalpolizisten konnten diese Attacke jedoch abwehren. Zu einem unmittelbar folgenden Angriff auf den Ratshof kam es nicht, da die Aufmerksamkeit der Menge kurz danach auf ein anderes Gebäude gelenkt wurde.[168]

Einige junge Arbeiter hatten sich Leitern besorgt, mit deren Hilfe sie die höher angebrachten Transparente und Plakate entfernen konnten. Zwei dieser Jugendlichen waren damit beschäftigt, ein Werbeschild der Volkspolizei auf dem Marktplatz abzumontieren, als ihr Blick auf das Hallesche »Marktschlößchen« am Rand des Platzes fiel, das voller Spruchbänder und Plakate hing. Dieses Gebäude zwischen der Talamt- und der Großen Klausstraße war der Sitz der SED-Stadtbezirksleitung Halle-West. Ihre Geschäftsräume befanden sich in der ersten Etage des Hauses. Die beiden jungen Männer nahmen umgehend ihre Leiter, forderten andere Demonstranten auf, ihnen zu folgen und gingen zu dem Parteibüro. Eine größere Menschenmenge schloss sich ihnen an. Kaum waren die zwei jungen Demonstranten an dem Haus angekommen, lehnten sie ihre Leiter an und begannen, die Propagandaschilder abzureißen. In diesem Augenblick öffnete sich ein Fenster im ersten Stock. Ein Mann schaute heraus, drohte den Demonstranten mit einer Pistole und schrie, sie sollten verschwinden.[169] Ein Protestschrei der Menge vor dem Haus war die Antwort. Mit einem Mal hielten etliche Aufständische Ziegelsteine in den Händen und warfen damit die Fensterscheiben der SED-Büros ein. Der Wachmann musste blitzschnell seinen Kopf einziehen, um nicht von den Steinen getroffen zu werden. Die SED-Funktionäre in den Büros zogen sich daraufhin fluchtartig in hintere Räume zurück. Einige, unter ihnen der 1. Sekretär der Stadtbezirksleitung Fritz Kühn, sollen dabei durch Steinwürfe verletzt worden sein.[170] Zwei junge Aufständische nutzten diese Gelegenheit und stiegen über die Leiter in die Geschäftsräume der SED-Stadtbezirksleitung ein. Sie ergriffen Propagandaflugblätter und andere Schriftstücke, die in den Büros lagen und warfen sie unter dem Johlen der Menge zum Fenster hinaus. Ein paar mutige SED-Funktionäre kamen jedoch zurück und vertrieben die Jugendlichen aus den Geschäftsräumen. Daraufhin brachen die Aufständischen die Haustür auf und stürmten die SED-Stadtbezirksleitung.[171] Den SED-Funktionären gelang es, sich in Zimmern einzuschließen. Auf diese Weise entgingen

---

[168] Vgl. Aussage des Buchhalters Manfred K. vom 3.2.1954; BStU, ASt Magdeburg, AU 28/54, Bd. 1, Bl. 69; Chronologische Aufstellung der Ereignisse am 17. Juni durch die BdVP; LAM, Bestand BdVP Halle 19, Nr. 73, Bl. 13.

[169] Vgl. Aussage des Verkäufers Heinz F. vom 1.7.1953; Aussage des Maschinenzeichners Ernst K. vom 18.6.1953; BStU, ASt Halle, AU 138/53, Bd. 1, Bl. 110, u. AP 209/55, Bd. 1, Bl. 7.

[170] Vgl. Analyse der BPKK zum Verhalten der Genossen am 17. Juni 1953, 21.6.1953; LAM, Bestand SED-Bezirksleitung Halle, IV/2/4, Nr. 1132, Bl. 119.

[171] Vgl. Aussage des technischen Zeichners Werner T. vom 19.6.1953; Aussage des Lehrausbilders Rudolf W. vom 23.6.1953; BStU, ASt Halle, AP 106/55, Bd. 1, Bl. 7, u. AU 99/53, Bd. 4, Bl. 54.

Die zerbrochenen Fensterscheiben der SED-Stadtbezirksleitung Mitte in der ersten Etage des »Marktschlößchens«

sie dem Zorn der Menge. Die Aufständischen hatten anscheinend kein Interesse daran, die verschlossenen Räume gewaltsam zu öffnen. Sie begnügten sich damit, politische Literatur, SED-Broschüren, Fahnen sowie die Bilder von Stalin, Pieck und Grotewohl, die sie in offenen Dienstzimmern vorfanden, aus den Fenstern zu werfen. Bald ging ein Papierregen auf diesen Bereich des Marktplatzes nieder. Augenzeugen erzählten, dass das Papier und andere Büromaterialien zum Teil kniehoch vor der Stadtbezirksleitung gelegen haben sollen.[172] Damit war der Eifer der Aufständischen erst einmal erschöpft und sie verließen die SED-Stadtbezirksleitung wieder.

Die massenhaft vor dem SED-Büro liegenden Bücher und Zettel sowie die eingeworfenen Fensterscheiben motivierten jedoch immer wieder Aufständische, in die Dienstzimmer einzudringen. Nach dem ersten Sturm auf die SED-Büros wurde die Stadtbezirksleitung noch viermal von Demonstranten kurzzeitig besetzt. Weil aber die zumeist jungen Aufständischen später oft unbeachtet von der Menge in die SED-Räume eindrangen, konnten sie von den darin anwesenden SED-Funktionären immer wieder hinausgedrängt werden. Erst als ein Offizier und zwei Soldaten

172 Aus Erlebnisberichten von G. Krug, R. Hunger, F. Eigenfeld und O. Stieme.

der Sowjetarmee einschritten, hörten die Attacken gegen die Stadtbezirksleitung auf. In einem Polizeibericht wurde triumphierend hervorgehoben, dass es den »Genossen« während des letzten Angriffs auf die Stadtbezirksleitung sogar gelungen war, einen »Provokateur« festzuhalten und den »sowjetischen Freunden« zu übergeben.[173]

Die Erlebnisse in der SED-Stadtbezirksleitung führten dazu, dass manche Aufständische nun jeden Bürger auf dem Marktplatz bedrängten, der noch immer ein SED-Abzeichen am Revers hatte oder ein FDJ-Hemd trug. Selbst Volkspolizisten konnten zu dieser Zeit nicht mehr unbehelligt über den Marktplatz gehen. Wer sich gegen diese Belästigungen zur Wehr setzte, der lief Gefahr, verprügelt und von der Menge mit Schlägen über den Platz gejagt zu werden.[174] Alle diese Aktionen hatten zur Folge, dass gegen 13.00 Uhr sämtliche Kaufhäuser und fast alle Geschäfte am Marktplatz »wegen der Unruhen« geschlossen wurden. Darüber hinaus verschwanden politische Plakate und die Bilder von Staatsfunktionären aus allen Schaufenstern. So erlebte es auch der Student Olaf K., als er in der Gaststätte der HO »Wismut« zu Mittag aß: *»Als der Kellner gerade unsere Speisen abgesetzt hatte, stürmten alle Kellner zum Fenster, holten die Losungen herein und nahmen die Bilder von den Wänden.«*[175]

Das einzige Haus, in das sich die von Aufständischen auf dem Marktplatz bedrängten Polizisten und SED-Funktionäre am Nachmittag des 17. Juni retten konnten, war der Ratshof. Denn Oberbürgermeister Roßner hatte die Vorgänge auf dem Platz zum Anlass genommen, die sowjetische Bezirkskommandantur nachdrücklich um Hilfe zu bitten. Er machte den sowjetischen Offizieren klar, dass angesichts der großen Zahl von Demonstranten auf dem Marktplatz, ein nochmaliger Angriff auf die Stadtverwaltung kaum aufgehalten werden könne. Weil der sowjetische Kommandant zu diesem Zeitpunkt bereits eine Meldung von den Verwüstungen in der SED-Bezirksleitung erhalten hatte, traf das Ersuchen des Oberbürgermeisters auf offene Ohren. Obwohl sich nur wenige sowjetische Einheiten am 17. Juni in Halle aufhielten, schickte die Kommandantur einen Offizier und acht mit Maschinenpistolen bewaffnete Soldaten zum Ratshof. Die Gruppe kam 13.15 Uhr vor dem Gebäude an und bezog sogleich Posten auf den Treppen des Ratshofes.[176] Von nun an wurde jede Attacke auf den Ratshof sowie die Versuche, Bürger in das Gebäude zu verfolgen, von

---

173 Es handelte sich um den Salzsieder Hans-Joachim H. Vgl. Aussage des Salzsieders Hans-Joachim H. vom 18.6.1953; BStU, ASt Halle, AU 141/53, Bd. 1, Bl. 16 f.; Chronologische Aufstellung der Ereignisse am 17. Juni durch die BdVP; LAM, Bestand BdVP Halle 19, Nr. 73, Bl. 13; Aussage des technischen Zeichners Werner T. vom 19.6.1953; BStU, ASt Halle, AP 106/55, Bd. 1, Bl. 8.

174 Siehe die Erlebnisberichte von U. Dräger, D. Zukunft und G. Krug. Vgl. auch Bericht von Instrukteuren der Gesellschaft für Sport und Technik (GST) über die Vorkommnisse am 17.6.1953, o. D.; LAM, Bestand SED-Bezirksleitung Halle, IV/2/55, Nr. 1135, Bl. 150.

175 Bericht des Studenten Olaf K. an die Parteileitung der Universität, Juli 1953; LAM, Bestand SED-Grundorganisation der MLU Halle, IV/7/501, Nr. 16a, Bl. 60.

176 Vgl. Analyse der BPKK zu den Vorgängen am 17. Juni 1953, 21.6.1953; LAM, Bestand SED-Bezirksleitung Halle, IV/2/4, Nr. 1132, Bl. 61.

Demonstranten vor dem Ratshof, der letzten Zufluchtsstätte für SED-Funktionäre und Polizisten am Marktplatz. Zwischen den Säulen am Eingang des Ratshofes stehen sowjetische Soldaten, die den Ratshof vor der Erstürmung bewahrten.

den sowjetischen Soldaten konsequent unterbunden. Obwohl sie angeblich mehrmals in die Luft schießen mussten, soll zumeist schon der Anblick der »Russen« die Aufständischen an den Ratshoftreppen aufgehalten haben. Deshalb wurde die Stadtverwaltung am 17. Juni 1953 von Aufständischen nicht gestürmt. Die wenigen sowjetischen Soldaten schützten aber nicht nur den Ratshof, sondern kümmerten sich am späten Nachmittag auch um die in der Nähe befindliche SED-Stadtbezirksleitung Halle-West. Ein Augenzeuge schilderte, dass Oberbürgermeister Roßner nun, unter dem Schutz der »Russen«, sogar aus dem Ratshof herauskam und von der Vortreppe zu den Demonstranten sprechen wollte. »*Er wurde durch den Tumult vor dem Ratshof am Sprechen gehindert. Nachdem er einige Zettel aus der Menschenmenge bekommen hatte, worauf sicher Forderungen der Arbeiter geschrieben waren, zog er sich in das Gebäude zurück.*«[177]

Inzwischen ereignete sich auf dem Marktplatz eine Episode, die besonders die Bezirksverwaltung für Staatssicherheit aufschreckte. 13.30 Uhr meldete ein Instruk-

[177] Aussage des Buchhalters Manfred Koschei vom 3.2.1954; BStU, ASt Magdeburg, AU 28/54, Bd. 1, Bl. 69.

teur der SED-Bezirksleitung, dass auf dem Markt von einem Lkw herab gefilmt würde. »*Besonderer Wert wurde darauf gelegt, die sowjetischen Soldaten vor dem Rathaus zu filmen.*«[178] Ein Foto, das am 17. Juni 1953 auf dem halleschen Marktplatz angefertigt wurde, zeigt auch einen Kameramann, der mit Unterstützung einer Assistentin von einem Lastwagen herab Filmaufnahmen macht. Für die Verantwortlichen der SED-Bezirksleitung und des Staatssicherheitsdienstes stand fest, dass hier ein »Provokateur« am Werk war, der die Ereignisse am 17. Juni in Halle für eine »Westberliner Agentenzentrale« festhielt. In Wirklichkeit handelte es sich jedoch um den im Studio Halle angestellten DEFA-Kameramann Albert Ammer, der nichts anderes gewollt hatte, als das interessante Geschehen für die »Wochenschau« der DEFA festzuhalten. Er war gerade mit einem Pkw unterwegs gewesen, um das Mittagessen für das Filmstudio zu holen, als er die Menschenmassen am Reileck und in der Steinstraße sah. Augenblicklich fuhr Ammer zurück zum DEFA-Studio in der Kohlschütterstraße. Den dort anwesenden Kollegen soll er zugerufen haben: »*Alles raus! Ihr sitzt hier rum! Ihr wisst wohl gar nicht, was in der Stadt los ist!*« Dann nahm er seine Kamera[179] und verlangte vom Produktionsleiter einige hundert Meter Rohfilm. Produktionsleiter W. zögerte, das Rohfilmmaterial herauszugeben. Einerseits war er nicht sicher, »*ob es vielleicht doch richtig sei, sicherheitshalber für die Wochenschau zu drehen*«. Andererseits fühlte er instinktiv, dass solche Filmaufnahmen Ärger bringen könnten. Die ungestüme Forderung von Albert Ammer brachte Produktionsleiter W. jedoch auf den folgenden Einfall: Er ließ Albert Ammer wortlos das Filmmaterial aushändigen und machte ihn im Beisein von Zeugen darauf aufmerksam, »*dass er keinen Auftrag der DEFA zum Drehen habe und seine Handlungsweise auf eigene Verantwortung geschehe*«. Offenbar hoffte W., einen brisanten Film über die Ereignisse in Halle zu bekommen und zugleich bei eventuellen Schwierigkeiten jegliche Verantwortung von sich weisen zu können.[180]

Albert Ammer ließ sich nicht beirren. Er nahm den Rohfilm und ging gemeinsam mit zwei Filmassistentinnen zur Innenstadt. Er filmte, zum Teil auf einem Lastwagen stehend, am Marktplatz, am Hallmarkt, an der Strafvollzugsanstalt »Roter Ochse« und an der Untersuchungshaftanstalt. Dabei müssen Albert Ammer aber Zweifel gekommen sein, ob der Film jemals gesendet würde. Denn nach Abschluss der Filmarbeiten übergab er den wertvollen Film einer Kollegin zur Aufbewahrung außerhalb des Filmstudios. Leider fand die Kriminalpolizei den Film am nächsten Tag, beschlag-

---

178 Bericht des Instrukteurs Heinz G. an die SED-Bezirksleitung vom Einsatz am 17.6.1953, o. D.; LAM, Bestand SED-Bezirksleitung Halle, IV/2/55, Nr. 1135, Bl. 165.

179 Die Schmalfilmkamera war sein persönliches Eigentum. Deshalb konnte der Produktionsleiter sie ihm nicht vorenthalten. Die Kamera wurde später beschlagnahmt und dem Rat des Bezirkes übergeben. Dieser schenkte sie angeblich dem Filmklub des Pionierhauses Halle.

180 Stellungnahme des Produktionsleiters Joachim W. zu den Vorgängen am 17. Juni 1953, 25.6.1953; BStU, ASt Halle, AU 220/53, Bd. 1, Bl. 30-32.

Kameramann Ammer vom Studio Halle filmt mit seiner Schmalfilmkamera von der Ladefläche eines Lkw die Ereignisse in Halle. Neben ihm (im weißen Kleid) hockt seine Kameraassistentin.

nahmte ihn und übergab ihn dem Staatssicherheitsdienst. Die MfS-Offiziere ließen den Schmalfilm mit der Absicht entwickeln, auf ihm aktive Demonstranten zu entdecken, die daraufhin verhaftet werden sollten. Danach verschwand das historisch einmalige Filmdokument in den Archiven des MfS und konnte bis heute nicht wieder aufgefunden werden. Albert Ammer wurde in den Morgenstunden des 18. Juni von zwei Kriminalpolizisten in seiner Wohnung verhaftet. Nach einem Verhör im VPKA übergab ihn die Polizeibehörde noch am gleichen Tag dem Staatssicherheitsdienst. Die MfS-Offiziere versuchten, ihn in Verhören über mehrere Wochen hinweg zu demoralisieren. Denn sie wollten ihn zwingen zuzugeben, als »westdeutscher Agent« gearbeitet zu haben. Doch Albert Ammer blieb standhaft und ließ sich zu keinem derartigen Geständnis bewegen. Deshalb konnte ihn das Bezirksgericht Halle im September 1953 lediglich wegen »Verbreitung tendenziöser Gerüchte« zu drei Jahren Gefängnis verurteilen.[181] Am 16. April 1991, 38 Jahre später, wurde dieses Urteil vom Bezirksgericht Halle aufgehoben und Albert Ammer vollständig rehabilitiert.

---

[181] Vgl. Aussagen und andere Schriftstücke aus der Strafakte Albert A. vom 18.6.–16.9.1953; BStU, ASt Halle, AU 220/53, Bd. 1, Bl. 4, 20 f. u. 27–29, sowie Bd. 2, Bl. 10 f., 22–24 u. 46–48.

Noch ein anderer Zwischenfall ereignete sich zur Mittagszeit auf dem Marktplatz und beschäftigte die Sicherheitsbehörden. Gegen 13.30 Uhr ertönten plötzlich die Lautsprecher des HO-Warenhauses. Eine unbekannte männliche Person rief die Menschenmenge zur Aufmerksamkeit auf und kündigte an, dass nun der Vertreter einer Widerstandsbewegung sprechen werde. Der folgende, ebenso unbekannte Redner sagte, überall in der DDR würde gestreikt. Er forderte die Bevölkerung Halles auf, sich mit den Berliner Arbeitern solidarisch zu erklären und ebenfalls zu streiken. Am Abend sollten alle zum Hallmarkt kommen, wo die Forderungen der Widerstandsbewegung bekanntgegeben würden.[182] Einige »Genossen des Philosophischen Seminars« an der Martin-Luther-Universität versuchten angeblich, *»die Provokateure, die über die Rundfunkanlage der HO zu den Menschen auf dem Marktplatz sprachen, am Sprechen zu hindern [...]«*. Es gelang ihnen aber nicht.[183] Wer über die Lautsprecher am HO-Warenhaus gesprochen hatte und welche Widerstandsbewegung er meinte, konnte nicht völlig aufgeklärt werden. Vielleicht war der Sprecher einer jener Männer, die kurze Zeit später ein Zentrales Streikkomitee gründeten.[184] Abgesehen vom Verteilen einiger weniger in Westdeutschland gedruckter Flugblätter und Zeitungen, hat es eine organisierte Widerstandsbewegung in Halle weder vor noch nach dem 17. Juni gegeben. Sie mag einer übermütigen Laune des Redners entsprungen sein. Die SED-Bezirksleitung und der Staatssicherheitsdienst nutzten diesen Zungenschlag aber als Beweis dafür, dass die Ereignisse am 17. Juni 1953 in Halle von »konterrevolutionären, faschistischen Untergrundorganisationen« initiiert worden seien. Die Demonstranten auf dem Marktplatz bejubelten die Erklärung aus den Lautsprechern. Viele begaben sich jetzt zum nahen Hallmarkt, um die Vertreter der vermeintlichen Widerstandsbewegung kennen zu lernen und ihre Forderungen zu hören.

7.3.2 Das Zentrale Streikkomitee

Am Nachmittag des 17. Juni war den Streikführern aus den halleschen Betrieben die Führung der Ereignisse in der Stadt weitgehend entglitten. Das war bei der Vielfalt unterschiedlicher Demonstranten in der Innenstadt nicht verwunderlich. Die Frage nach einer zentralen Autorität, die eine Zuspitzung der Gewalt verhindern und wichtige Aktionen erfolgreich koordinieren könne, stellte sich immer dringlicher. Hinzu kam, dass die am Morgen aufgestellten Forderungen der Arbeiter nur dann eine Chance hatten, von der DDR-Regierung akzeptiert zu werden, wenn sie von vielen Streiken-

---

[182] Vgl. Bericht von Instrukteuren der GST über die Vorkommnisse am 17.6.1953, o. D.; LAM, Bestand SED-Bezirksleitung Halle, IV/2/55, Nr. 1135, Bl. 150; Aussage des Lehrausbilders Rudolf W. vom 23.6.1953; BStU, ASt Halle, AU 99/53, Bd. 4, Bl. 54.

[183] Stimmungsbericht des Philosophischen Seminars an die Universitätsparteileitung, 18.6.1953; LAM, Bestand Universitätsparteileitung, IV/7/501, Nr. 16 b, Bl. 92.

[184] Bei dem Redner handelte es sich höchstwahrscheinlich um den HO-Angestellten Günter Teichert.

den aus der gesamten Republik unterstützt würden. Dazu war die Kontaktaufnahme mit anderen Streikzentren und eine Koordinierung der Aktionen notwendig. Diese Gedanken beschäftigten anscheinend auch einige Streikführer sowie andere Bürger. Das Ergebnis war, dass sich zwischen 13.30 Uhr und 14.00 Uhr auf dem zentralen Kundgebungsplatz der Saalestadt, dem Hallmarkt, ein Zentrales Streikkomitee der Stadt Halle konstituierte. Nach dem derzeitigen Stand der Forschung hat es am 17. Juni 1953 nur an vier Orten der DDR solche »zentralen Führungsgruppen« gegeben. Die Stadt Halle war einer dieser Orte. Schon daran zeigt sich die Bedeutung des Zentralen Streikkomitees von Halle. Weil es sich jedoch erst relativ spät konstituierte, konnte es erst am Nachmittag und am Abend Einfluss auf die Vorgänge in Halle nehmen. Im folgenden Absatz soll nun versucht werden, die Gründung und die Handlungen des Zentralen Streikkomitees von Halle anhand der Aussagen einiger seiner Mitglieder zu rekonstruieren.

Wenige Minuten nach der Lautsprecherdurchsage auf dem nahen Marktplatz versammelten sich viele Demonstranten auf dem Hallmarkt. Zugleich nahm eine Gruppe von 15 bis 20 Aufständischen den Balkon auf dem Umspannwerk am Hallmarkt in ihren Besitz. Die Aufständischen stellten erstaunt fest, dass sich auf dieser gemauerten Tribüne eine Lautsprecheranlage befand, die jedoch gerade von zwei Mechanikern eilig abgebaut wurde. Es handelte sich um die im Auftrag der SED-Stadtleitung installierte Lautsprecheranlage.[185] Die Demonstranten stoppten sofort die Arbeit der Mechaniker und brachten sie dazu, die Lautsprecheranlage wieder in Betrieb zu setzen. Zu den Männern auf dem Balkon gehörte offensichtlich auch jener HO-Angestellte, der durch die Lautsprecher des HO-Warenhauses gesprochen hatte (wahrscheinlich Günter Teichert), denn kaum war die Anlage funktionstüchtig, trat einer der Männer an das Mikrofon und sprach fast den gleichen Text, der bereits am Marktplatz zu hören gewesen war. Die Ansage hatte zur Folge, dass der ehemalige Landrat Herbert Gohlke und der Lehrmeister im Waggonbau Rudolf Weber auf die Tribüne kamen. Sie traten an den Redner heran und meinten, dass es nicht reiche, die Menschen zum Streik aufzurufen, man müsse auch die Forderungen der Arbeiter nennen, für die gestreikt werden sollte. Wenn es möglich sei, sollten die streikenden halleschen Betriebe laut ausgerufen werden. So begann auf dem Balkon des Umspannwerkes eine Diskussion darüber, wie die Erhebung in Halle weitergeführt werden sollte. Zwischendurch trat wieder einer der Männer an das Mikrofon (vermutlich Herbert Gohlke). Er begrüßte die auf dem Hallmarkt ankommenden Streikenden einzelner Betriebe, deren Vertreter sich auf dem Balkon gemeldet hatten, und rief die Belegschaften aller übrigen Betriebe auf, die Arbeit ebenfalls einzustellen. Während seiner Ansprache entdeckte der Redner anscheinend die mit Kreide beschriebenen Fahrzeuge der Leuna-Werke, die beim VPKA

[185] Siehe Abschnitt 5.2.

Das Zenrale Streikkommitee von Halle auf der Tribüne am Hallmarkt

standen. Deshalb ergänzte er seine Rede mit der Aussage, dass auch die Arbeiter von Leuna und Buna ihre Arbeit niedergelegt hätten und in Kürze nach Halle kämen (eine Vermutung, die sich später nicht bestätigte). Schließlich gab der Sprecher erstmals auf dem Hallmarkt die Forderungen bekannt, für deren Erfüllung gestreikt werden sollte:

1. Rücktritt der Regierung der DDR,
2. Freie Wahlen in ganz Deutschland und Abzug der Besatzungsmächte,
3. Freilassung aller politischen Häftlinge,
4. Senkung der HO-Preise um 40 Prozent.[186]

Diese Ansprache hörten auch Klaus Kother, ein angehender Student der Zahnmedizin, und der Arbeiter Hans Höring, der gerade mit vielen seiner Kollegen aus den ABUS-Werken auf dem Hallmarkt ankam.[187] Beide stiegen auf die Tribüne. Hans Höring ging sogleich zu den Männern am Mikrofon, die er für die »Organisatoren

[186] Vgl. Aussage des Zoowärters Max T. vom 18.6.1953; Aussage des Lehrausbilders Rudolf W. vom 23.6.1953; BStU, ASt Halle, AP 120/55, Bd. 1, Bl. 8, u. AU 99/53, Bd. 4, Bl. 54.

[187] Zum Streikbeginn bei ABUS siehe den Anfang des Kapitels 7.

auf dem Hallmarkt« hielt. Er teilte ihnen mit, »*dass die ABUS Halle/Saale, Werk I und II, ebenfalls in den Streik getreten ist*«. Zugleich bat er die Redner um Hinweise für die Fortsetzung des Streiks in den ABUS-Werken.[188] Klaus Kother stellte sich neben die diskutierenden Männer. Er wollte wissen, was die Streikleiter in Halle bisher unternommen hätten und bot seine Hilfe für weitere Aktionen an. Dann erzählte er, dass er gerade aus Leipzig käme und dass dort auch allerhand los sei. Klaus Kother berichtete weiter, dass Demonstranten in Leipzig einen Kiosk angezündet und russische Soldaten mit Steinen beworfen hätten. So etwas wollten die Streikleiter in der Stadt Halle verhindern. Deshalb vereinbarten sie, den Ansagetext nochmals um einige Sätze zu erweitern. Den neuen Text sprach Klaus Kother durch das Mikrofon. Er sagte:

> »Hallenser! Wir fordern Euch auf zu demonstrieren, bis die Forderungen erfüllt sind, und wenn es auch einige Tage dauert! Wir fordern: [...] Hallenser! Provoziert nicht die Besatzungsmacht! Unterlasst es zu plündern und zu brennen! Heute um 18.00 Uhr findet auf dem Hallmarkt eine Großkundgebung statt.«[189]

Nachdem Klaus Kother gesprochen hatte, drängten weitere Personen zum Mikrofon. Doch Herbert Gohlke, einer der Hauptredner, rief: »*So geht das nicht, wir müssen erst wissen, mit wem wir es zu tun haben!*« Er ließ die Lautsprecheranlage vorübergehend abschalten. Danach führte er die Männer, mit denen er bisher gesprochen hatte, zu einem Tisch, der in einer Ecke des Balkons stand. Hier schlug Herbert Gohlke vor, ein Komitee zu bilden, das die Leitung aller weiteren Maßnahmen übernehmen sollte. Sein Name sollte Zentrales Streikkomitee sein. Die um den Tisch versammelten acht oder neun Männer stimmten dem Vorschlag zu. Nachdem alle ihr Einverständnis zur Mitarbeit gegeben hatten, nahm Klaus Kother ein Blatt Papier und notierte die Namen, die Arbeitsstellen und die Berufe der Männer. Herbert Gohlke ergriff diesen Zettel, ging wieder zum Mikrofon und verkündete der auf dem Hallmarkt versammelten Menschenmenge die Gründung des Streikkomitees. Als er dann jedoch die Namen vorlas, wurden plötzlich Rufe aus der Menge laut, dass sich die Mitglieder des Streikkomitees einzeln vorstellen sollten. Daraufhin beschlossen die Männer auf dem Balkon, dass jedes Mitglied des Zentralen Streikkomitees bei der Nennung seines Namens vortreten und sich der Menge kurz vorstellen müsse. Nun verkündete Herbert Gohlke die Namen, und jedes Mitglied der zentralen Streikleitung trat vor und hob die Hand. Alle Mitglieder sollen dabei von der Menschenmenge mit großem Beifall

---

188 Aussage des Gütekontrolleurs Hans H. vom 18.6.1953; BStU, ASt Halle, AU 99/53, Bd. 4, Bl. 110.
189 Aussage des Dentisten Klaus K. vom 10.12.1953; BStU, ASt Halle, AU 36/54, Bd. 1, Bl. 32.

bedacht worden sein. Auf diese durch einige Zufälle beeinflusste Weise entstand das Zentrale Streikkomitee von Halle.[190]

Dem Staatssicherheitsdienst ist es später trotz großer Bemühungen nicht gelungen, die Mitglieder des Zentralen Streikkomitees und ihre Aktivitäten vollständig aufzudecken.[191] Mit ihren Versuchen, von verhafteten Mitgliedern des Streikkomitees weitere Namen zu erpressen, hatten die Vernehmer des MfS auch keinen Erfolg. Weil aber bisher auch keine Erlebnisberichte über das Zentrale Streikkomitee gefunden wurden, konnten bis heute nicht alle acht Mitglieder des Streikkomitees exakt ermittelt werden.[192] Nach ausgiebigen Recherchen war es inzwischen möglich, die folgenden Personen als Mitglieder oder Helfer des Zentralen Streikkomitees zu identifizieren:

1. Herbert Gohlke (Jahrgang 1913), ehemaliger LDP-Landrat von Zerbst, Mitinhaber eines Blumengeschäftes in Halle (Neumarktstraße 3), als Hauptsprecher;
2. Georg Heinze (Jahrgang 1905), Grafiker und Inhaber der Buchbinderei in der Breitscheidstraße, als »Vertreter der Intelligenz« im Streikkomitee;
3. Hans Höring (Jahrgang 1914), Gütekontrolleur im VEB ABUS-Werk II, Vorsitzender der Streikleitung bei ABUS;
4. Klaus Kother (Jahrgang 1929), Praktikant in einem Leipziger Dentallabor, ab September 1953 kurzzeitig Student der Zahnmedizin in Dresden;
5. Günter Siems (Jahrgang 1921), ehemaliger Volkspolizist und Sportfunktionär, Prüfer bei der HO-Sportartikel in Halle, 1950–1953 SED-Mitglied;
6. Günter Teichert (Jahrgang 1923), Angestellter beim HO-Großhandelskontor in Halle, 1949–1953 SED-Mitglied, betätigte vermutlich die Lautsprecheranlage des HO-Warenhauses;
7. Rudolf Weber (Jahrgang 1920), Lehrausbilder im VEB Waggonbau Ammendorf, schwer kriegsbeschädigt, bekannt geworden als »der Streikleiter mit den Armstützen«.[193]

---

190 Vergleiche die Aussagen des Lehrausbilders Rudolf W. und des Gütekontrolleurs Hans H. vom 25.6. und 20.7.1953; Aussage des Dentisten Klaus K. vom 10.12.1953; Aussage des Grafikers Georg H. vom 19.9.1953; BStU, ASt Halle, AU 99/53, Bd. 4, Bl. 89 u. 118, u. AU 36/54, Bd. 1, Bl. 34 f., sowie AGI 315/58, T. 1, Bd. 1, Bl. 24; siehe auch die Meldung an den Leiter der BdVP Halle vom 17.6.1953 (14.00 Uhr); LAM, Bestand BdVP 19, Nr. 73, Bl. 167.

191 Vgl. die handschriftlichen Listen des MfS; BStU, ASt Halle, AU 99/53, Bd. 2, Bl. 182 f.; AU 36/54, Bd. 1, Bl. 154. Bericht der BdVP Halle über »Rädelsführer« im Bezirk, 28.6.1953; LAM, Bestand BdVP Halle 19, Nr. 74, Bl. 124.

192 Schriftliche Berichte über den 17. Juni in Halle, welche einige geflohene Mitglieder des Streikkomitees im Aufnahmelager in Berlin-Wannsee angefertigt haben und die etliche Jahre im ehemaligen Gesamtdeutschen Institut in Bonn gelegen haben sollen, konnten vom Autor bisher leider nicht ausfindig gemacht werden.

193 Vgl. auch Analyse der Bezirksverwaltung Halle des MfS über den faschistischen Putschversuch am 17.6.1953, 1.7.1959; BStU, ASt Halle, Sachakte-AKG, Nr. 1715, Bl. 4 f.

Zum erweiterten Kreis des Streikkomitees gehörten noch:

1. Erich Reichenbach (Jahrgang unbekannt), Mitarbeiter im Zentrallager der Konsumgenossenschaft Halle (Stalinallee), laut Gohlke das achte Mitglied des Streikkomitees;[194]
2. Heinz Zeiger (Jahrgang unbekannt), Brigadier im VEB Waggonbau Ammendorf, in zwei Berichten des MfS als Mitglied des Streikkomitees genannt;
3. Walter Jähne (Jahrgang 1911), Verkäufer in dem Zigarrengeschäft »Steinbrecher u. Jasper« am Marktplatz;
4. Waldemar Krieg (Jahrgang 1914), Arbeiter im VEB Werkzeugmaschinenbau Halle;
5. Fritz Hartmann (Jahrgang 1929), Kraftfahrer im VEB Waggonbau Ammendorf.

Damit bestand ab 14.00 Uhr in Halle eine zentrale Führung des Aufstandes, die von den auf dem Hallmarkt anwesenden Menschen auch als solche akzeptiert wurde. Nun kam es darauf an, das Zentrale Streikkomitee in ganz Halle bekannt zu machen. Zunächst zogen sich die Mitglieder des Komitees und einige Helfer noch einmal an den Tisch in der Ecke des Balkons zurück, um die nächsten Schritte gemeinsam festzulegen. Hier zeigte es sich jedoch, dass das Streikkomitee nur wirkungsvoll und schnell arbeiten konnte, wenn ein oder zwei Personen die Leitung innehatten. Jeder der am Tisch Anwesenden machte einen Vorschlag und meinte, gerade seine Anregung müsste zuerst durchgesetzt werden. Alle redeten durcheinander, bis der junge Klaus Kother mit der Hand auf den Tisch schlug und ausrief, sie sollten nicht so viel herumreden, sondern endlich handeln.[195] Herbert Gohlke war der gleichen Meinung. Er schlug vor, zwei Personen als Vorstand oder Sprecher des Streikkomitees zu wählen. Die übrigen Mitglieder stimmten zu und betrauten Herbert Gohlke sowie Günther Siems oder Günter Teichert mit dem Vorsitz.[196] Danach einigten sich die Mitglieder des Zentralen Streikkomitees auf die folgenden Maßnahmen:

- 18.00 Uhr sollte eine Kundgebung auf dem Hallmarkt durchgeführt werden. Sie hatte zum Ziel, das Zentrale Streikkomitee sowie die Forderungen der Streikenden möglichst vielen Bürgern der Stadt und des Saalkreises bekannt zu machen. Gleichzeitig wollte man die Arbeiter sämtlicher Betriebe der Umgebung für die Fortführung des Streiks bis zur Erfüllung aller Forderungen gewinnen. (Die Durchführung einer großen Kundgebung war schon am Mittag auf dem Marktplatz vorgeschlagen worden. Sie sollte erst am Abend stattfinden, um den Beschäftigten der Buna- und der Leuna-Werke die Teilnahme zu ermöglichen.)

---

[194] Vgl. Bericht eines Stasi-Spitzels, der auf die nach Westberlin geflohenen Streikführer angesetzt war und den verschollenen Gohlke-Bericht angeblich gelesen hatte; BStU, ASt Halle, AOP 202/54, Bd. 1, Bl. 151.

[195] Vgl. Aussage des Gütekontrolleurs Hans H. vom 25.6.1953; BStU, ASt Halle, AU 99/53, Bd. 4, Bl. 118.

[196] Es konnte bisher nicht eindeutig ermittelt werden, wer von beiden der Stellvertreter Gohlkes war.

- Um die Bevölkerung für die abendliche Großkundgebung zu mobilisieren, wollte das Streikkomitee Lautsprecherwagen und Flugblätter verwenden. Die Lautsprecherwagen sollten bei der DEWAG-Filmstelle in der Fährstraße »beschlagnahmt« werden.
- Zur Herstellung von Flugblättern und Bekanntmachungen des Zentralen Streikkomitees wollte man das Druckhaus der SED-Zeitung »Freiheit« besetzen. Nachdem ein Demonstrant dem Streikkomitee jedoch berichtet hatte, dass die Gebäude der »Freiheit« von Polizeitruppen besetzt wären, schlug Georg Heinze vor, die Flugblätter bei der CDU-Zeitung »Neuer Weg« drucken zu lassen, denn dort kenne er den Redaktionsleiter, der ihnen bestimmt helfen werde.
- Schließlich legte das Streikkomitee noch fest, den Rundfunksender Halle zu besetzen, um von dort die Bevölkerung des Saalkreises sowie die Arbeiter der Leuna- und Buna-Werke über die geplante Kundgebung in Halle zu informieren.[197]

Nachdem diese Vorschläge von allen Mitgliedern des Streikkomitees gebilligt worden waren, ging Rudolf Weber zum Mikrofon und forderte die Menschenmenge auf dem Hallmarkt nochmals auf, am Abend zur Kundgebung zu kommen und möglichst viele Bekannte mitzubringen. Er gab außerdem bekannt, dass sich bis zum Abend ständig Mitglieder des Streikkomitees auf der Tribüne aufhalten würden. Jeder, der eine wichtige Nachricht oder ein Anliegen hätte, solle sich an eine der Personen auf der Tribüne wenden. Während Rudolf Weber sprach, wurde ihm ein Zettel überreicht. Er warf einen Blick darauf und sagte dann, er habe soeben erfahren, dass ein Kollege vom Waggonbau vor dem Zuchthaus »Roter Ochse« von der Polizei erschossen worden sei. Es sei eine Schande, rief er, dass die Volkspolizei auf Arbeiter schieße. Das dürfe man sich nicht gefallen lassen. Dagegen müsse demonstriert werden.[198] Einige Aufständische sollen nach diesem Aufruf angeblich zur Untersuchungshaftanstalt gezogen sein und dort die Massen zum Sturm aufgewiegelt haben. Nachdem Rudolf Weber zu Ende gesprochen hatte, teilten die Mitglieder des Zentralen Streikkomitees die Aufgaben unter sich auf. Herbert Gohlke, Georg Heinze und Klaus Kother wollten sich um die Flugblätter kümmern. Rudolf Weber wollte mit Waldemar Krieg und einigen anderen Freiwilligen auf einem Lastwagen der Aufständischen zum Sender Halle fahren. Die übrigen Mitglieder des Streikkomitees gingen zum Marktplatz oder blieben auf dem Balkon des Umspannwerkes zurück und bewachten die Lautsprecheranlage. Dass die Bewachung notwendig war, bewies ein Befehl des Leiters des VPKA, in dem er die Abteilung K anwies, die Lautsprecheranlage außer Betrieb zu setzen.

[197] Vgl. Aussage des Dentisten Klaus K. vom 10.12.1953; Aussage des Kraftfahrers Fritz H. vom 8.7.1953; BStU, ASt Halle, AU 36/54, Bd. 1, Bl. 35 f., u. AU 165/54, Bd. 1, Bl. 42.

[198] Vgl. Aussage des Lehrausbilders Rudolf W. vom 20.7.1953; BStU, ASt Halle, AU 99/53, Bd. 4, Bl. 89.

Die Kriminalpolizisten wagten es wegen der Menschenmassen auf dem Hallmarkt jedoch nicht, den Auftrag auszuführen.[199]

Herbert Gohlke, Georg Heinze und Klaus Kother gingen zur Redaktion der CDU-Lokalzeitung »Neuer Weg«. Dort verlangten sie, den Redaktionsleiter zu sprechen, der ein Bekannter Georg Heinzes war. Er kam nach wenigen Minuten und begrüßte die drei Männer freundlich. Klaus Kother berichtete:

> »Wir stellten an den Redaktionsleiter die Frage, ob er in der Lage ist, bis in die Abendstunden des 17. Juni 1953 ca. 40 000 - 50 000 Flugblätter herzustellen. Darauf stellte er die Frage, wie groß, welchen Inhalt und wie viel Zeilen diese Flugblätter haben sollen. Dieses wurde dem Redaktionsleiter erklärt, worauf er dann mit einigen Technikern und Setzern Rücksprache nahm.«[200]

Ob die Angestellten der Zeitung wirklich darüber sprachen, wie sie die Wünsche des Streikkomitees erfüllen könnten, ist den vorliegenden Materialien nicht zu entnehmen. Vielleicht beratschlagten sie nur, wie sie die Streikführer schnell wieder los würden, ohne den Zorn der Aufständischen auf sich zu ziehen, oder sie wollten die Männer hinhalten, bis die Polizei kam. Denn ein Hinweis in einer Akte besagt, dass die Ehefrau Georg Heinzes die drei Mitglieder des Streikkomitees vor anrückenden Sicherheitskräften gewarnt habe.[201] Während die Redakteure berieten, erarbeiteten die drei Streikführer einen Entwurf der Flugblätter. Auf den Handzetteln sollte die Bevölkerung der Stadt zur Teilnahme an der Großkundgebung sowie zur Solidarität mit den streikenden Arbeitern aufgerufen werden. Ferner wollte man die Bürger auf den Flugblättern ermahnen, nicht zu hamstern und Ruhe zu bewahren. Nach 30 Minuten hatten die Redaktionsmitarbeiter anscheinend einen Ausweg gefunden. Der Redaktionsleiter kam zurück und machte die betrübliche Mitteilung, dass die Handzettel in solch einer großen Auflage frühestens in den Morgenstunden des 18. Juni fertig gedruckt wären. Doch dieser Termin war für die Aktion des Streikkomitees zu spät. Also mussten Herbert Gohlke, Georg Heinze und Klaus Kother die Redaktionsräume gegen 16.00 Uhr unverrichteter Dinge wieder verlassen.[202]

---

199 Vgl. Bericht der BdVP an die SED-Bezirksleitung Halle, o. D.; LAM, Bestand BdVP Halle 19, Nr. 73, Bl. 52.

200 Aussage des Dentisten Klaus K. vom 10.12.1953; BStU, ASt Halle, AU 36/54, Bd. 1, Bl. 37 f.

201 Vgl. Bericht des GI »Rampa« vom 2.9.1953; BStU, ASt Halle, AOP 202/54, Bd. 1, Bl. 151.

202 Die Aussage Klaus Kothers wird durch Hinweise von Herbert Gohlke bestätigt, die dieser gegenüber dem auf ihn angesetzten Spitzel des MfS im September 1953 in Westberlin machte. Dabei erwähnte Herbert Gohlke auch, dass sie vor der Polizei durch einen Nebenausgang des Verlages fliehen mussten. Vgl. ebenda.

Ein Lastwagen der Aufständischen mit Rudolf Weber, Waldemar Krieg und vier anderen Demonstranten hielt gegen 15.00 Uhr vor dem Pförtnerhaus des Rundfunksenders Halle auf der Peissnitzinsel. Die Aufständischen verlangten, sofort zum Leiter des Studios gebracht zu werden. Doch das lehnte der Pförtner ab. Daraufhin drangen die Männer in das Pförtnerhaus ein und besetzten die darin befindliche Telefonanlage. Es kam zu einer lautstarken Auseinandersetzung mit dem Pförtner, in deren Verlauf der Wachmann sein SED-Abzeichen verlor und *»das Bild des Generalissimus Stalin von der Wand der Wachstube entfernt«* wurde. Inzwischen war der Angestellte Joachim M. dem Pförtner zu Hilfe geeilt.[203] Er beruhigte Rudolf Weber und seine Männer, indem er ihnen versprach, drei Personen in das Studio zu bringen. Die übrigen sollten im Pförtnerhaus warten. Damit war Rudolf Weber einverstanden. Also wurde er gemeinsam mit Waldemar Krieg und einem weiteren Aufständischen zu dem damaligen Leiter des Rundfunkstudios Halle, Hans Höschel, geführt. Höschel erzählte darüber:

> »Gegen 15.00 Uhr erschienen in meinem Arbeitszimmer drei mir bisher unbekannte männliche Personen, die sich als Vertreter des sogenannten Zentralen Streikkomitees vorstellten und den Sender Halle für besetzt erklärten und verlangten, dass sofort gesendet wird. Es sollte ein Aufruf an die Bevölkerung und an die Betriebe der Umgebung von Halle durchgegeben werden. [...] Ich erklärte diesen drei Personen des Zentralen Streikkomitees, dass der Sender Halle nicht senden kann, da alle Sendungen über Berlin gehen.«[204]

Daraufhin verlangte Waldemar Krieg, sofort eine Rundfunkverbindung nach Berlin herzustellen und den Aufruf des halleschen Streikkomitees republikweit zu senden. Diesem Ansinnen der Streikführer wollte der Studioleiter auf keinen Fall nachkommen. Er wagte es jedoch nicht, den Forderungen der Männer offen zu widersprechen. Die barsch vorgetragenen Argumente der beiden Hallenser Streikführer, sie seien gewählte Vertreter der Bevölkerung Halles, deren Anweisungen man Folge zu leisten habe, hatten das Studiopersonal eingeschüchtert. Deshalb sah Studioleiter Höschel nur einen Ausweg: Er musste die mit Rundfunktechnik unerfahrenen Aufständischen überlisten. Während Höschel die Vertreter des Streikkomitees in ein Nebenzimmer führte, um von dort eine Verbindung nach Berlin herzustellen, gab er dem Studiomitarbeiter Heinz V. ein Zeichen, sofort die Berliner Leitung abzuschalten und das Überfallkommando der Volkspolizei zu alarmieren. Als Rudolf Weber und Waldemar Krieg dann vergeblich versuchten, eine Verbindung zur Berliner Sendezentrale zu

---

203 Aussage des Angestellten Joachim M. vom 27.7.1953; BStU, ASt Halle, AU 99/53, Bd. 3, Bl. 120.
204 Aussage des Studioleiters Hans H. vom 20.7.1953; ebenda, Bl. 128 f.

bekommen, meinte der Studioleiter schulterzuckend, das gehe heute wahrscheinlich nicht. Aber so leicht gaben Weber und Krieg nicht auf. Sie verlangten nun, eine Verbindung zum Sender Leipzig herzustellen. Dieses Mal konnte Studioleiter Höschel nicht schnell genug reagieren. Die Verbindung zum Sender Leipzig kam kurzzeitig zustande, sie wurde aber bald darauf ebenfalls unterbrochen. Damit war die Aktion des Zentralen Streikkomitees beim Sender Halle gescheitert. Rudolf Weber und Waldemar Krieg unternahmen noch einen letzten Versuch. Sie verlangten die Herausgabe eines Funkwagens. Der Studioleiter entgegnete, man habe nur einen Übertragungswagen und der sei leider zur Zeit nicht in Halle. So blieb den Streikleitern nichts anderes übrig, als den Rückzug anzutreten. Nun glaubte Studioleiter Höschel, gewonnen zu haben und wollte seinen heimlichen Triumph mit einem besonderen Coup krönen. Er bat Rudolf Weber, einige Personen zum Schutz des Senders zurückzulassen. Später brüstete sich Höschel vor Mitarbeitern der Staatssicherheit, er habe diese Provokateure bis zum Eintreffen der Polizei festhalten wollen. Doch Rudolf Weber antwortete dem Studioleiter, er könne niemanden entbehren, wolle aber ein entsprechendes Schriftstück anfertigen. Also diktierte Rudolf Weber das folgende Schreiben:

> »Im Namen des Zentralen Streikkomitees der Stadt Halle ordne ich hiermit an, dass sämtliche Immobilien im Gebäude des Rundfunkstudios Halle, Peissnitzinsel, auf keinen Fall demoliert oder sonst irgendwie beschädigt werden dürfen. Personen, welche sich trotz Hinweis dieser Anordnung irgendeiner Straftat schuldig machen, werden wir bei Namhaftmachung ihrer Personalien aufs strengste zur Rechenschaft ziehen.«[205]

Nachdem Rudolf Weber das Schriftstück unterzeichnet hatte, ermahnte er die Studiomitarbeiter eindringlich, sofort alle Transparente und Politikerbilder aus den Dienstzimmern und vom Gebäude zu entfernen. Dann verließen die Aufständischen gegen 16.00 Uhr das Gelände des Senders Halle und fuhren davon.[206]

Rudolf Weber und seine Mitstreiter sahen jetzt nur noch eine Möglichkeit, ihren Auftrag, Werbung für die abendliche Großkundgebung, zu erfüllen: Sie fuhren zur DEWAG-Filmstelle in der Fährstraße und wollten sich dort einen Lautsprecherwagen besorgen. Der Leiter dieser Einrichtung war angeblich ein Kriegskamerad von Weber. Nach einigen Ausflüchten erklärte er sich dann auch bereit, seinen zweiten Lautsprecherwagen herauszugeben.[207] Zu diesem schnellen Entschluss des DEWAG-Leiters trug

---

[205] Vollmacht des Zentralen Streikkomitees der Stadt Halle vom 17.6.1953; ebenda, Bl. 164.

[206] Vgl. Aussage des Studioleiters Hans H. vom 20.7.1953; Aussage des Arbeiters Waldemar K. vom 20.7.1953; Aussage des Lehrausbilders Rudolf W. vom 25.6.1953; ebenda, Bl. 130 f., u. Bd. 4, Bl. 137 f, sowie Bl. 68 f.

[207] Vgl. Aussage des DEWAG-Leiters Joachim M. vom 20.7.1953; ebenda, Bd. 3, Bl. 65.

Während viele Demonstranten zum Hallmarkt gehen, fahren Jugendliche auf Lkw durch die Stadt und rufen die Bevölkerung zur Teilnahme an der abendlichen Kundgebung auf. (Im Hintergrund die erstürmte SED-Stadtbezirksleitung im »Marktschlößchen«)

sicher auch die Tatsache bei, dass er bereits zwei Stunden zuvor von anderen Aufständischen gewaltsam zur Herausgabe eines Lautsprecherwagens gezwungen worden war. Nun stiegen Rudolf Weber und ein paar Aufständische in »ihren« Lautsprecherwagen und fuhren, gefolgt von dem Lastwagen mit Waldemar Krieg und den übrigen Demonstranten, durch die Straßen im Norden Halles. Rudolf Weber betätigte während der Fahrt die Lautsprecheranlage. Er gab die Forderungen der Streikenden bekannt und rief die Einwohner von Halle auf, 18.00 Uhr *»zur ersten freiwilligen Versammlung auf dem Hallmarkt«* zu kommen.[208]

Der Lautsprecherwagen mit Rudolf Weber konnte nur in wenigen Straßen seine Nachrichten verbreiten, dann musste er sich vor anrückenden Polizeieinheiten zurückziehen. Mehrere Zeitzeugen erzählten jedoch noch von einem anderen Lautsprecherwagen der Aufständischen, welcher über zwei Stunden durch das Zentrum der Saalestadt gefahren sei. Diesen Lautsprecherwagen hatten Demonstranten bereits gegen 14.00 Uhr aus der Filmstelle der DEWAG geholt. Nun gelang es den Mitarbeitern des Staatssicherheitsdienstes in Halle zwar, alle acht Insassen dieses »ersten Lautsprecherwagens« zu verhaften. Sie bekamen jedoch nie heraus, wer der Anführer

[208] Aussage des Lehrausbilders Rudolf W. vom 23.6.1953; ebenda, Bd. 4, Bl. 59.

der acht Aufständischen war. Nach dem Studium aller zugänglichen Akten kristallisiert sich heraus, dass es wahrscheinlich der damals 22-jährige Schlosser Siegfried Nilius aus dem VEB Waggonbau Ammendorf war. Er hatte die Idee des Zentralen Streikkomitees, die Einwohner der Stadt durch Lautsprecherwagen zu mobilisieren, sofort in die Tat umsetzen wollen.[209] Noch während die Mitglieder des Zentralen Streikkomitees der Menschenmenge auf dem Hallmarkt vorgestellt wurden, fuhr Siegfried Nilius mit einem Lastwagen, auf dem sich angeblich noch 50 andere Demonstranten befanden, zur DEWAG-Filmstelle in der Fährstraße. Die Aufständischen fuhren geradewegs auf den Hof der Filmstelle und begannen, deren Garagen aufzubrechen. Gleichzeitig drangen etwa 15 Männer mit Siegfried Nilius an der Spitze in das Büro des Leiters der DEWAG-Filmstelle, Joachim Müller, ein. Siegfried Nilius stellte sich dem DEWAG-Leiter als Beauftragter des Zentralen Streikkomitees vor und verlangte die Herausgabe eines Lautsprecherwagens. Derart in die Enge getrieben, sah der Leiter der Filmstelle keinen anderen Ausweg, als dem Wunsch der Aufständischen nachzukommen. Er bot ihnen an, dem Streikkomitee einen Lautsprecherwagen und einen verantwortlichen Kraftfahrer zu übergeben. Dafür sollten die Aufständischen die Filmstelle sowie die übrigen Wagen in Ruhe lassen. Siegfried Nilius und die anderen Demonstranten waren mit diesem Angebot einverstanden. Daraufhin übergab ihnen der Filmstellenleiter einen Lautsprecherwagen samt Kraftfahrer.[210] Siegfried Nilius stieg in den Lautsprecherwagen und setzte sich an das Mikrofon. Der Gießereiarbeiter Alfred Respondeck schwang sich auf den Beifahrersitz. Dann fuhr der Lautsprecherwagen, gefolgt von dem Lastwagen mit den übrigen Aufständischen, in Richtung Reileck davon.[211]

Am Reileck kam der Schlosser Arthur Richter dazu. Er stieg auf den Lautsprecherwagen, weil er meinte, von hier aus die Vorgänge in der Stadt besser beobachten zu können.[212] In der Ludwig-Wucherer-Straße traf das Fahrzeug auf kleinere Gruppen Demonstrierender, die vom Rat des Bezirkes kamen und unschlüssig darüber waren, wie es nun weitergehen sollte. Siegfried Nilius rief den Demonstranten durch die Lautsprecher zu, sie sollten sich sammeln und zum Reileck weitermarschieren. Dann fuhr der Lautsprecherwagen durch die Puschkinstraße und die Geiststraße zum Marktplatz. Hier stieg Frieda Stephan, jene mutige Frau, die gemeinsam mit Nilius den Demonstrationszug in Ammendorf ausgelöst hatte, in das Fahrzeug. Weiter ging es zum Hallmarkt. Hier hörten Siegfried Nilius und seine Mitfahrer eine Ansprache des Zentralen Streikkomitees. Von nun an verkündeten sie in regelmäßigen Abständen durch die Lautsprecher die Forderungen des Streikkomitees. Zugleich riefen sie die

---

209 Vgl. Aussage des Schlossers Siegfried N. vom 18.6.1953; BStU, ASt Halle, AU 244/54, Bd. 2, Bl. 55. Zu Siegfried Nilius siehe auch Abschnitt 4.1.

210 Vgl. Aussage des DEWAG-Leiters Joachim M. vom 20.7.1953; BStU, ASt Halle, AU 99/53, Bd. 3, Bl. 64.

211 Vgl. Aussage des Gießereiarbeiters Alfred R. vom 18.6.1953; BStU, ASt Halle, AU 122/55, Bd. 1, Bl. 14.

212 Vgl. Aussage des Schlossers Arthur R. vom 19.6.1953; BStU, ASt Halle, AU 244/54, Bd. 1, Bl. 52.

Einwohner der Saalestadt auf, sich diszipliniert zu verhalten und um 18.00 Uhr zur Großkundgebung zu kommen. Vom Hallmarkt fuhr der Lautsprecherwagen über den Hallorenring zum Franckeplatz und von dort in die südlichen Stadtbezirke bis zur Robert-Koch-Straße. Dann ging es über die Stalinallee (heute Merseburger Straße) zurück zum Thälmannplatz und von dort in die östlichen Stadtteile bis zur Berliner Brücke. Inzwischen gaben Alfred Respondeck und Siegfried Nilius durch die Lautsprecher auch Neuigkeiten bekannt, die ihnen von Passanten zugerufen wurden. So erfuhr die Bevölkerung unter anderem, dass die Volkspolizei am »Roten Ochsen« auf die Arbeiter geschossen hatte und dabei mindestens fünf Personen verwundet worden waren. Dann wurde durch die Lautsprecher verkündet, dass sich sowjetische Panzer am Stadtrand sammeln, die Bevölkerung jedoch bisher ungehindert weiterdemonstrieren konnte.[213]

Von der Berliner Brücke fuhr der Funkwagen über den Marx-Engels-Platz (heute Steintor), die Große Steinstraße und den Hansering zum Leipziger Turm. An diesem Ort fragte ein junger Mann die Besatzung, ob sie ihn mitnehmen könne. Auf die Gegenfrage, ob er ein Arbeiter sei, entgegnete der junge Mann, er sei ein ausgebildeter Schauspieler. Es handelte sich um den 26-jährigen Direktionsassistenten der Konzert- und Gastspieldirektion Halle, Hans-Dietmar Penther. Die Besatzung des Lautsprecherwagens entschied, Penther als *»Vertreter der Intelligenz«* und als Ansager mitzunehmen. Von nun an übernahm der Schauspieler Penther mit geübter Stimme alle Durchsagen. Seine erste Ansage lautete: *»Als Angehöriger der schaffenden Intelligenz erkläre ich, dass die Intelligenz an der Seite der Arbeiter steht!«*[214] Vom Leipziger Turm fuhr der Wagen zurück zum Marktplatz. Hier wurde die Bevölkerung unter anderem darauf hingewiesen, Ruhe zu bewahren und nichts zu zerschlagen. Dabei soll Siegfried Nilius auch etwas in russischer Sprache zu den sowjetischen Soldaten am Ratshof gesagt haben.[215] Dann bewegte sich das Fahrzeug weiter zum Hallmarkt. Hier stiegen noch die Waggonbauer Fritz Wolfram und Erwin Geyer zu ihren Kollegen in das Fahrzeug. Auf dem Hallmarkt fasste die Besatzung des Lautsprecherwagens schließlich einen folgenschweren Entschluss. Sie wollte über den Robert-Franz-Ring in die westlichen Stadtgebiete fahren. Es sollte sich bald erweisen, dass dieser Plan nicht völlig durchdacht worden war, denn am Ende des Robert-Franz-Rings lag das Gebäude der gefürchteten Bezirksverwaltung für Staatssicherheit. Als sich der Lautsprecherwagen um 16.30 Uhr dem halbrunden Bau näherte, sprangen plötzlich etliche Zivilisten und Uniformierte mit gezogenen Pistolen aus den Toren heraus und umzingelten das

213 Vgl. Aussagen des Gießereiarbeiters Alfred R. und des Schlossers Arthur R. vom 18./19.6.1953; BStU, ASt Halle, AU 122/55, Bd. 1, Bl. 15, u. AU 244/54, Bd. 1, Bl. 50.

214 Aussage des Schauspielers Hans-Dietmar P. vom 18.6.1953; ebenda, Bd. 2, Bl. 46.

215 Was er gesagt hat, konnten die Zeugen nicht widergeben, da sie die russische Sprache nicht beherrschten. Vgl. ebenda sowie AU 122/55, Bd. 1, Bl. 15.

Der mit Demonstranten überfüllte hallesche Marktplatz am späten Nachmittag

Fahrzeug. Ein Stasi-Mitarbeiter schoss in die Luft, um den Wagen zum Stehen zu bringen.[216] Dann wurden alle im Lautsprecherwagen befindlichen Personen aus dem Fahrzeug gezerrt. Sie mussten sich, mit den Gesichtern zur Wand, an das Gebäude stellen und wurden nach Waffen durchsucht. Danach erklärten die Stasi-Mitarbeiter alle Insassen des Funkwagens für verhaftet und brachten sie in das Gebäude der BVfS. So endete die Fahrt des »ersten« Lautsprecherwagens.

Das Ende des Lautsprecherwagens war symptomatisch für die veränderten Bedingungen in Halle nach 16.00 Uhr. Zu diesem Zeitpunkt war der erste Höhepunkt des Volksaufstandes in der Saalestadt bereits überschritten. Die Bewegung zerfiel in viele kleinere Gruppen und Demonstrationszüge, die man nun fast gleichzeitig in allen Stadtgebieten antreffen konnte. Der letzte große Demonstrationszug des Nachmittags, ein Zug von 300 Arbeitern des Reichsbahnausbesserungswerkes (RAW) erreichte um 16.00 Uhr den Marktplatz und löste sich hier auf.[217] Größere Menschenansammlungen gab es vorerst nur noch auf dem Marktplatz, dem Hallmarkt und vor der Untersuchungshaftanstalt in der Kleinen Steinstraße. Die vielen kleinen Gruppen

[216] Vgl. Aussage des Schlossers Horst G. vom 30.6.1953; Aussage des Waggonbauers Fritz W. vom 17.6.1953; BStU, ASt Halle, AU 119/55, Bd. 1, Bl. 19, u. AU 104/55, Bd. 1, Bl. 11.

[217] Vgl. Aussage des Lokführers Walter S. vom 3.7.1953; Aussage des Lehrlings Georg A. vom 18.6.1953; BStU, ASt Halle, AU 246/54, Bd. 2, Bl. 15, u. AP 82/55, Bd. 1, Bl. 15.

Aufständischer trugen dazu bei, dass sich die Streikbewegung in Halle noch weiter ausbreitete und jetzt auch Betriebe erfasste, in denen bisher weitergearbeitet worden war. Die oft nur noch aus 50 bis 100 Personen bestehenden und unabhängig voneinander operierenden Demonstrationsgruppen hatten jedoch den Nachteil, dass sie von Polizei und Staatssicherheit leichter bekämpft werden konnten. Das erst am Nachmittag gebildete Zentrale Streikkomitee war noch zu wenig bekannt und vermochte deshalb nicht koordinierend einzugreifen. Seine Mitglieder hofften, diesem Mangel mit der abendlichen Großkundgebung abhelfen zu können. Die SED-Oberen im Bezirk Halle nutzten diese Situation, um das Heft des Handelns allmählich wieder in die Hand zu bekommen. Die Frage war, wie lange die Aufstandsbewegung in Halle der wieder erstarkenden Staatsmacht standhalten konnte.

8 »Die Lage beruhigt sich!« – Das Geschehen vor der Verhängung des Ausnahmezustandes in Halle

8.1 »Wir sind keine Streikbrecher!« – Weitere Unternehmen schließen sich an

Am späten Nachmittag des 17. Juni, als Lautsprecherwagen der Aufständischen die Einwohner Halles aufriefen, Ruhe zu bewahren und an der abendlichen Großkundgebung auf dem Hallmarkt teilzunehmen, war der Schwung des Aufstandes weitgehend verebbt. Fast schien es, als ob die Aufstandsbewegung nach den turbulenten Ereignissen in der Vormittags- und Mittagszeit nun erst einmal innehalten und neue Kraft schöpfen müsse. Dazu trug sicherlich auch die Tatsache bei, dass die Demonstranten mit der sich immer weiter ausbreitenden Streikbewegung, mit der Befreiung der Häftlinge aus der Strafvollzugsanstalt in der Kleinen Steinstraße und mit der zeitweiligen Besetzung der SED-Bezirksleitung sowie des Bezirksrates einige Erfolge aufzuweisen hatten. Etliche Demonstranten glaubten nun, die Bewegung habe im Bezirk Halle bereits gesiegt und in den nächsten Stunden würde das Amt des Oberbürgermeisters an einen Vertreter des Zentralen Streikkomitees übergeben werden. Zwar waren die Hauptforderungen der Aufständischen noch nicht erfüllt worden, aber das bisherige kraftlose Auftreten der Sicherheitskräfte in Halle, der nur geringfügige Einsatz der Besatzungsmacht sowie die Meldungen aus Merseburg, Bitterfeld und Leipzig verstärkten den Optimismus der Menschen. Viele meinten, auch ihre Forderungen sehr bald durchsetzen zu können. In der Euphorie über die ersten Erfolge war bei vielen Aufständischen und ihren Sympathisanten die trügerische Illusion entstanden, man habe die DDR-Regierung an den Rand des Abgrunds gebracht und müsse nun nur noch zusammenhalten und konsequent auf der Erfüllung der Forderungen beharren. Eine Zeugin der damaligen Ereignisse schilderte, wie sie und ihre Kolleginnen der Hirsch-Apotheke in Halle nach Geschäftsschluss mit der Apothekenleiterin auf die erfolgreiche Befreiung vom SED-Joch angestoßen hatten. »*Wir glaubten, wir hätten gesiegt und bald wieder ein einheitliches Deutschland ohne SED.*«[1] Darüber hinaus setzte sich bei den meisten Demonstranten am späten Nachmittag die Meinung durch: wie es weitergehe, werde das Zentrale Streikkomitee am Abend sagen. Also begaben sich fast alle Streikenden nach 16.00 Uhr zurück zu ihren Betrieben, um die Arbeitskleidung, in der sie am Vormittag die Fabriken verlassen hatten, gegen ihre Privatkleidung zu tauschen. Danach gingen die meisten erst einmal nach

[1] Erlebnisbericht von Chr. Hoffmann.

Hause, um vor der Großkundgebung noch etwas zu essen. Die von den Aufständischen erbeuteten Fahrzeuge verschwanden jetzt ebenfalls wieder aus dem Stadtbild. Sie wurden in die Betriebe zurückgebracht oder in Seitenstraßen gefahren und stehen gelassen.

Währenddessen zogen hauptsächlich Oberschüler, Lehrlinge und junge Arbeiter in Gruppen durch die Straßen der Stadt. Sie beschäftigten sich vor allem damit, einige noch übrig gebliebene Propagandaplakate und Transparente von den Häusern zu entfernen. So riss eine Gruppe von 20 bis 30 Personen die Spruchbänder am Hauptgebäude der Martin-Luther-Universität herunter. Eine andere Gruppe versuchte, in das »Tschernyschewski-Haus«, den Sitz des Instituts für Allgemeine und Deutsche Geschichte, einzudringen, um die dort hängenden großen Bilder von Pieck und Grotewohl zu beseitigen. Sie wurden jedoch von Institutsmitarbeitern und Studenten, die das Haus im Auftrag »ihrer« SED-Leitung schützten, am Betreten des Gebäudes gehindert.[2] Einer Gruppe junger Demonstranten gelang es sogar, das riesige, kitschig-bunte Doppelbildnis von Lenin und Stalin, das, umrahmt von roten Fahnen am alten Wasserturm im Leninpark (heute Stadtpark) hing, abzusägen und herunterzureißen.[3]

Während die jugendlichen Demonstranten durch die Straßen zogen, riefen sie die Bevölkerung auf, die streikenden Arbeiter zu unterstützen und nicht zu Streikbrechern zu werden. Diese eindringlichen Appelle trugen mit dazu bei, dass es am Nachmittag in weiteren Unternehmen zu Arbeitsniederlegungen kam. Jetzt schlossen sich auch Betriebe der Streikbewegung an, in denen es die Betriebsleitung und die SED-Betriebsparteiorganisation bisher verstanden hatten, die Belegschaft durch forsches Auftreten oder mit Versprechungen von Arbeitsniederlegungen abzuhalten. Dabei handelte es sich besonders um solche Institutionen, in denen nachmittags ein Schichtwechsel stattfand. Die nun zur Schicht kommenden Arbeitnehmer standen unter dem Eindruck der Demonstrationen in Halle und waren infolgedessen nicht mehr so einfach zu besänftigen. Als Beispiel dafür soll auf die Ereignisse im Reichsbahnamt Halle näher eingegangen werden.

Die Deutsche Reichsbahn galt in der DDR als eine strategisch besonders bedeutsame Institution, denn sie verfügte über das wichtigste Transportmittel der Republik. Aus diesem Grunde widmeten die Sicherheitskräfte dem Streckennetz sowie den Bahnhöfen ihre besondere Aufmerksamkeit. Für den Schutz der Bahnanlagen und der Züge existierte außerdem noch eine eigene Polizeitruppe, die Transportpolizei. Der

---

[2] Vgl. Bericht der SED-Grundorganisation der Universität über das Verhalten der Genossen am 17. Juni 1953, 11.11.1953; LAM, Bestand SED-Grundorganisation Universität, IV/7/501, Nr. 16a, Bl. 59 f. u. 72–74, sowie Nr. 16b, Bl. 11 f.

[3] Vgl. Informationsbericht von Instrukteuren an die SED-Bezirksleitung Halle, 17.6.1953; LAM, Bestand SED-Bezirksleitung Halle, IV/2/4, Nr. 1132, Bl. 67.

Jugendliche Demonstranten hatten an einem der Wahrzeichen Halles, dem Händel-Denkmal, ein Schild aufgestellt. Auf dem Schild ist eine der Hauptlosungen am 17. Juni 1953 zu lesen: »Spitzbart, Bauch und Brille – Nicht des Volkes Wille!«

Während die Bilder Stalins und der SED-Führer zerstört wurden, blieb das Bild von Karl Marx auf dem Marktplatz unberührt.

Dienstbetrieb richtete sich bei der Reichsbahn nach einem strengen, halbmilitärischen Dienstreglement, und für die ideologische Ausrichtung der Bahnbediensteten waren neben der Betriebsparteiorganisation (BPO) eigens »Politische Abteilungen« gebildet worden. Trotzdem fanden am 17. Juni 1953 in zwei Bereichen des Hauptbahnhofs Halle Arbeitsniederlegungen statt: im Güterbahnhof und im Bahnpostamt.

Als der große Demonstrationszug der Ammendorfer Waggonbauer am Vormittag durch Halle gezogen war, hatte die »Politische Abteilung« des Reichsbahnamtes die Dienststellenleiter ihres Verantwortungsbereiches telefonisch angewiesen, *»alle betrieblichen Vorgänge schärfstens zu überwachen«* und jegliche Streikversuche konsequent zu unterbinden oder wenigstens sofort zu melden. Daraufhin hatten sich die Verantwortlichen des Güterbahnhofs Halle sowie die hauptamtlichen Mitarbeiter der BPO und der Betriebsgewerkschaftsleitung (BGL) auf dem Bahnhofsgelände verteilt und argwöhnisch jeden Schritt der Bahnangestellten beobachtet. Bis 14.00 Uhr blieb alles ruhig, sodass der Leiter des Güterbahnhofs, Reichsbahninspektor Krause, dem Reichsbahnamt melden konnte, der Dienstbetrieb gehe *»ohne Vorkommnisse«* weiter. Aber um 14.00 Uhr sollte der Schichtwechsel stattfinden und dann, befürchtete Bahninspektor Krause, könnte es mit den aus der Innenstadt kommenden Eisenbahnern Ärger geben. Deshalb ermahnte er seine »Kontrolleure« zu besonderer Aufmerksamkeit. Gegen 14.30 Uhr erhielt Krause einen Telefonanruf, in dem ihm sein Stellvertreter aufgeregt mitteilte, dass die Jugendbrigade 2 am »Nordberg«[4] die Aufnahme der Rangierarbeiten verweigere. Augenblicklich begab er sich gemeinsam mit dem stellvertretenden BGL-Vorsitzenden zum »Nordberg«. Dort trafen sie auf eine verunsicherte Gruppe junger Eisenbahner, die heftig diskutierte. Der nördliche Ablaufberg befand sich in der Nähe der Berliner Brücke, die sich über die Bahngleise spannte. Auf dieser Brücke waren gerade Demonstranten vorbeimarschiert, die die Eisenbahner lautstark aufgefordert hatten, endlich die Arbeit ruhen zu lassen und sich dem Demonstrationszug anzuschließen. Unter den Rangierern befand sich auch der 21-jährige Zugschaffner Werner von Nyssen. Er war vorbeigekommen, um sich mit seinen ehemaligen Kollegen über die Streikaktionen in Halle zu unterhalten. Als der Bahnhofsleiter und der Gewerkschaftsfunktionär mit lauter Stimme die jungen Bahnarbeiter zur Rede stellten, trat Werner von Nyssen vor und erklärte: *»Ihr habt hier nichts mehr zu sagen, jetzt bestimmen wir!«* Die Forderungen der Demonstranten seien auch die Forderungen der Eisenbahner und niemand werde unter den gegenwärtigen Bedingungen die Arbeit wieder aufnehmen. Dieser Auftritt ermutigte die jungen Rangierer. Einer von ihnen bemerkte, man könne die Arbeit nur fortsetzen, wenn wenigstens die dringlichsten Wünsche der Rangierer erfüllt würden. Diese Forderungen lauteten: Herabsetzung der Normen, Aufhebung des Vierschichtsystems, Beendigung aller dienstlichen Wettbewerbe und Erhöhung der Löhne anstelle der bisherigen Prämienzahlungen. Bahninspektor Krause versprach, sich um die Verwirklichung dieser Wünsche zu kümmern. Er telefonierte in der Meisterbaracke der Rangierer mit dem Reichsbahnamt. Die Bahn-Oberen rieten ihm, den Bahnbediensteten die Erfüllung der ersten beiden Forderungen zu versprechen, damit die Rangierarbeiten weitergingen. Also übermittelte Krause der Rangierbrigade, dass das Bahnamt bereit sei, die Normen zu senken und das Vierschichtsystem abzuschaffen, wenn sie die Arbeit wieder aufnähmen. Doch so einfach ließen sich die jungen Eisenbahner nicht überreden. Wieder war es der Zugschaffner von Nyssen, der ausrief: Sie seien keine Streikbrecher, noch wären die Forderungen nicht erfüllt, nur ein Erfolg aller Arbeiter könne dies dauerhaft bewirken, deshalb müsse man sich den Demonstranten anschließen. Seine Argumente überzeugten die anderen Eisenbahner. So musste der Leiter des Güterbahnhofs bestürzt mit ansehen, wie die gesamte aus 16 Rangierern bestehende Brigade am »Nordberg« um 15.30 Uhr ihren Arbeitsplatz verließ und gemeinsam mit Werner von Nyssen den Demonstranten folgte.[5]

---

4 Der Güterbahnhof Halle besaß für die Rangierarbeiten einen nördlichen und einen südlichen Ablaufberg, die im Eisenbahnerjargon »Nordberg« und »Südberg« genannt wurden.

5 Vgl. Aussage des Zugschaffners Werner v. N. vom 26.6.1953; BStU, ASt Halle, AU 234/53, Bd. 2, Bl. 21 f.; Aussage des Bahninspektors Ferdinand K. vom 19.6.1953; ebenda, Bd. 1, Bl. 29 f.

Bahninspektor Krause wäre wahrscheinlich noch stärker beunruhigt gewesen, wenn er geahnt hätte, dass nicht alle Rangierer sofort zum Marktplatz marschieren wollten. Ein Teil der Gruppe ging zuerst zum »Südberg«, um auch die hier arbeitende Rangierbrigade zum Streik zu bewegen. Als sie dort ankamen, versammelten sich sofort die Rangierer des »Südbergs«, es begann eine lebhafte Diskussion über die Forderungen der Eisenbahner. Schließlich stellte sich sogar die für den »Südberg« verantwortliche Elisabeth Grimm zu der Gruppe. Sie unterstützte die vier Forderungen der Rangierer und betonte, freiwillig würde das Bahnamt diese Forderungen nicht erfüllen. Nur mit einem Streik könnten die Wünsche der Eisenbahner durchgesetzt werden. Ihre Ansicht gab am »Südberg« den Ausschlag. Die Rangierer legten auch hier die Arbeit nieder und schlossen sich den Demonstranten an. Elisabeth Grimm gab den Streikenden sogar noch die Telefonnummern der Rangierposten, damit auch diese Kollegen informiert werden konnten. Die Folge war, dass in den Nachmittagsstunden des 17. Juni 1953 der gesamte Rangierbetrieb am Güterbahnhof Halle unterbrochen wurde. Mehr als 20 Güterzüge mussten zeitweilig stehen bleiben und die Züge stauten sich bald bis zu den Vorortbahnstationen. Die Abfertigung der Güterzüge konnte erst nach 18.30 Uhr fortgesetzt werden, nachdem einige Rangierer vom Marktplatz zurückkehrten.[6]

Im Bahnpostamt Halle verliefen die Ereignisse am 17. Juni etwas anders. Hier wurde nicht im Schichtsystem gearbeitet und demzufolge gab es am Nachmittag keinen Schichtwechsel. Trotzdem kam es nach 13.00 Uhr zu Unruhen und Arbeitsniederlegungen, als Postwagenfahrer die Angestellten über die Ereignisse in Halle informiert hatten. Daraufhin stellte der Amtsvorsteher alle Mitglieder der Betriebsgewerkschaftsleitung vom Dienst frei und bat sie, mit ihrer Autorität *»für Ruhe und Ordnung im Amt zu sorgen«*. Die BGL-Mitglieder begaben sich zu den einzelnen Abteilungen, um mit der Belegschaft zu sprechen. Sie bemerkten jedoch schnell, dass die Arbeitnehmer dieses Mal nicht mit Hinweisen auf die Bedeutung des Postbetriebs und mit Appellen an das Verantwortungsgefühl zu beschwichtigen waren. Die Postangestellten hatten in vielen Abteilungen bereits die Wandzeitungen sowie die Bilder der Regierungsmitglieder von den Wänden entfernt. Nun verlangten sie von der BGL, unverzüglich eine Belegschaftsversammlung einzuberufen, in der sie der Amtsleitung ihre Wünsche mitteilen wollten. Die Gewerkschaftsfunktionäre gingen zurück zur Amtsleitung und schilderten die Situation. Der Amtsvorsteher wollte einen Streik im Bahnpostamt unbedingt verhindern. Deshalb gestattete er nach einer kurzen Beratung mit der BGL die Einberufung einer Belegschaftsversammlung am Nachmittag im Posthof. Die Versammlung begann 14.30 Uhr. Auf dem Hof des Bahnpostamtes herrschte dichtes Gedränge. Ein BGL-Mitglied, der 34-jährige Martin Krabbes, stieg

---

[6] Vgl. Aussage der Aufsichterin Elisabeth G. vom 26.6.1953; Bericht des Reichsbahnamtes Halle über die Folgen der Arbeitsniederlegung am 17. Juni 1953, 19.6.1953; ebenda, Bd. 2, Bl. 27, u. Bd. 1, Bl. 59.

auf einen Paketbeförderungswagen und bat um Ruhe. Dann sagte er, dass er Verständnis habe für den Unmut der Angestellten, doch der Postbetrieb müsse aufrecht erhalten werden, deshalb brauche man Ruhe und Ordnung im Amt. Weiterhin appellierte er an die Belegschaft, nichts von dem zu zerstören, was man mühsam aufgebaut habe. Danach betrat der amtierende BGL-Vorsitzende des Bahnpostamtes, der 42-jährige Friedrich Keferstein, den Paketwagen. Er forderte die Kollegen auf, nun alle Wünsche und Beschwerden laut vorzutragen, damit die Amtsleitung sie erfahre. Daraufhin wurden ihm die folgenden Forderungen zugerufen:

1. Rücktritt der Regierung
2. Freie Wahlen
3. Absetzung aller SED-Mitglieder von verantwortlichen Funktionen im Amt
4. Herabsetzung der HO-Preise
5. Lohn- und Gehaltserhöhungen
6. Beseitigung der »Postkontroll-Sonderstellen«[7] bei den Postämtern sowie
7. Aufhebung der Zonengrenzen zwischen den beiden deutschen Staaten.[8]

Friedrich Keferstein ließ die Forderungen notieren und versprach der Belegschaft, darüber mit der Amtsleitung zu verhandeln. Dann rief er die Postangestellten auf, zurück an die Arbeitsplätze zu gehen und die Arbeit wieder aufzunehmen. Im Gegensatz zur Situation in den meisten anderen Institutionen in Halle gaben sich die Postbediensteten mit den Versprechungen ihrer BGL erst einmal zufrieden. Sie gingen zurück in ihre Abteilungen und beendeten gegen 14.50 Uhr den Streik. Warum die Postangestellten an diesem Tag so schnell nachgaben, darüber kann man nur Vermutungen anstellen. Wahrscheinlich trug der nahende Dienstschluss wesentlich dazu bei, dass der Streik am 17. Juni so schnell beendet wurde, denn am nächsten Tag legten fast alle Abteilungen des Bahnpostamtes erneut die Arbeit nieder.

Besonders bemerkenswert ist an diesem Fall auch, dass die Vorgänge im Bahnpostamt Halle erst im Herbst 1953 vollständig bekannt wurden. Anscheinend hatten sich sowohl der Amtsvorsteher als auch der SED-Sekretär des Amtes mit dem Wirken der BGL zufrieden gegeben und die Vorkommnisse des 17. und 18. Juni gar nicht oder nur teilweise an ihre übergeordneten Leitungen weitergemeldet. Deshalb waren die Arbeitsniederlegungen im Bahnpostamt erst im Oktober 1953 Gegenstand einer Untersuchung des Staatssicherheitsdienstes. Zwei Berichte des Bezirksvorstandes der Postgewerkschaft an die BVfS hatten die Untersuchung ausgelöst.[9] Im Ergebnis der Ermittlungen ergin-

---

7 Abteilungen, in denen die Postkontrollen für das MfS durchgeführt wurden (später Abteilung M).

8 Vgl. Aussage des Postbegleiters Friedrich K. vom 24.10.1953; Aussage des Postbegleiters Martin K. vom 24.10.1953; BStU, ASt Halle, AU 14/54, Bd. 2, Bl. 150–152, u. Bl. 191 f.

9 Vgl. Berichte des Bezirksvorstandes der Postgewerkschaft über die Situation im Bahnpostamt 29 nach dem 17. Juni, 22.8.1953 und 21.10.1953; ebenda, Bl. 281 u. 283 f.

gen am 24. Oktober 1953 Haftbefehle gegen alle Streikführer, von denen einige jedoch längst westwärts geflohen waren. Doch nicht nur die »Wortführer« der Streikenden im Bahnpostamt wurden verhaftet und angeklagt, sondern ebenso die beiden BGL-Funktionäre Keferstein und Krabbes. Für den BGL-Vorsitzenden Keferstein und seinen Stellvertreter Krabbes beantragte Staatsanwalt Neubert sogar wesentlich höhere Strafen als für alle übrigen angeklagten Postangestellten. Das Bezirksgericht Halle folgte dem Strafantrag und verurteilte die beiden BGL-Funktionäre am 3. Februar 1954 zu zweieinhalb Jahren Zuchthaus. Die anderen Angeklagten wurden zu zwei Jahren bzw. einem Jahr Zuchthaus verurteilt. Friedrich Keferstein und Martin Krabbes, die der Meinung waren, nur ihre Pflicht als Funktionäre erfüllt zu haben, legten Berufung ein. Sie wurden dabei von einigen Arbeitskollegen unterstützt. Selbst vom Amtsvorsteher und dem Parteisekretär erhielt die BVfS »*keine konkreten Punkte, die für eine Bestrafung von wesentlicher Bedeutung sein konnten*«.[10] Das für seine harten Urteile berüchtigte Oberste Gericht der DDR bemerkte anscheinend den Widerspruch, denn es hob die Urteile gegen Keferstein und Krabbes am 5. März 1954 auf und sprach die beiden BGL-Funktionäre frei. In der Urteilsbegründung hieß es dazu, dass sich beide zwar nicht so verhalten hätten, wie es von ihnen als Funktionäre der Arbeiterklasse verlangt werden konnte. Trotzdem könne man »*in diesem Verhalten noch keinen gegen die Grundlagen unseres Staates gerichteten Angriff und keine faschistische Propaganda erblicken*«.[11]

Um die Ereignisse am späten Nachmittag des 17. Juni in Halle vollständig darzustellen, muss noch erwähnt werden, dass trotz der nachlassenden Aktivitäten der Aufständischen zwei öffentliche Gebäude nach 16.30 Uhr von einer größeren Menschenmenge angegriffen wurden: das Volkspolizeikreisamt (VPKA) am Hallmarkt und die Staatsanwaltschaft in der Kleinen Steinstraße. Beim VPKA wollten die Aufständischen nach zwei vergeblichen Attacken nochmals versuchen, die darin befindlichen Untersuchungshäftlinge zu befreien. Doch die Polizisten hatten inzwischen genug Zeit gehabt, um sich auf einen solchen Angriff vorzubereiten. Die Hauseingänge waren verschlossen und verbarrikadiert und das Hoftor von innen mit einem Lastwagen blockiert worden. In allen Fenstern des Erdgeschosses standen mit Gewehren oder Pistolen bewaffnete Volkspolizisten und zielten auf die Angreifer. Aus diesem Grund wagten die Demonstranten nicht, durch die Fenster einzudringen, sondern konzentrierten sich auf die Haustüren. Kaum hatten sie jedoch damit begonnen, gegen die Türen zu schlagen, peitschte ein Warnschuss über den Platz. Daraufhin zogen sich die Aufständischen zurück und unterließen weitere Attacken.[12]

---

10 Aktenvermerke des mit der Untersuchung beauftragten SfS-Offiziers vom 15. und 22.12.1953; ebenda, Bd. 1, Bl. 250 u. 252.

11 Urteil des Obersten Gerichts der DDR im Verfahren gegen Friedrich Keferstein und Martin Krabbes, 5.3.1954; ebenda, Bd. 3, Bl. 110–116.

12 Vgl. Bericht des VPKA Halle an die BdVP Halle über die faschistische Provokation am 17.6.1953, 10.8.1953; LAM, Bestand BdVP Halle 19, Nr. 73, Bl. 99.

Einen ähnlich triftigen Grund gab es für den zweiten Sturm auf die Staatsanwaltschaft in der Kleinen Steinstraße eigentlich nicht. Denn nachdem die Staatsanwaltschaft bereits zwischen 12.30 Uhr und 13.30 Uhr von Aufständischen besetzt und durchsucht worden war, hatte sich im Innern des Hauses nichts verändert. Außerdem hatten die meisten Angestellten das Gebäude mittlerweile durch einen Nebenausgang verlassen. Deshalb waren es vermutlich Abenteuerlust, Übermut und Zerstörungswut, was die ausnahmslos jugendlichen Angreifer veranlasste, nochmals gewaltsam in die Staatsanwaltschaft einzudringen. Die Jugendlichen richteten in dem Gebäude dann auch einigen Schaden an. Sie rissen alle Bilder und Fotografien Stalins und der DDR-Regierungsmitglieder von den Wänden, warfen Schreibtische um und zerstörten Aktenschränke. Darüber hinaus warfen sie alle Akten, derer sie habhaft werden konnten, aus den Fenstern. Nach einem telefonischen Hilferuf des Bezirksstaatsanwalts rückte gegen 17.00 Uhr eine zahlenmäßig kleine Gruppe der KVP an und betrat das Gebäude durch den Hintereingang.[13] Es gelang den »Polizeisoldaten« durch die Abgabe mehrerer Warnschüsse, die Jugendlichen aus der Staatsanwaltschaft hinauszutreiben und von einem erneuten Angriff abzuhalten. Daraufhin begannen die anderen Aufständischen, die Staatsanwaltschaft zu belagern. Ein Hagel von Ziegelsteinen ging auf das Haus nieder und zertrümmerte fast alle Fensterscheiben an der Vorderfront. Den KVP-Angehörigen wurde ein Ultimatum gestellt. Sie sollten die Waffen niederlegen, dann wollte man ihnen freien Abzug gewähren. Weil der kommandierende Offizier nicht wusste, wie lange seine »Soldaten« unter diesen Bedingungen das Haus noch verteidigen konnten, bat er die Bezirkseinsatzleitung nachdrücklich um weitere Unterstützung. Er musste aber noch 30 bange Minuten überstehen. Dann rückte eine schwer bewaffnete KVP-Einheit an und wollte die Kleine Steinstraße räumen. Das war jedoch viel schwerer, als es sich die KVP-Kommandeure vorgestellt hatten. Denn die »Polizeisoldaten« wurden mit einem Steinbombardement empfangen, vor dem sie immer wieder zurückweichen mussten. Selbst mit Warnschüssen konnten die Aufständischen anfangs nicht vertrieben werden. Erst das Eintreffen zweier sowjetischer Panzer entschied den Kampf in der Kleinen Steinstraße. Jetzt löste sich die Menschenmenge vor der Staatsanwaltschaft und der Strafvollzugsanstalt II schnell auf. Die Demonstranten wurden zur Rathausstraße und auf den Marktplatz abgedrängt.[14] Der geballte Einsatz der KVP und der sowjetischen Panzer in der Kleinen Steinstraße waren ein Indiz dafür, dass die SED-Führung entschlossen war, in Halle wieder die uneingeschränkte Macht zu übernehmen.

---

13 Vgl. Dringende Durchsage des Genossen Kampfrad an die SED-Bezirksleitung Halle, 17.6.1953 (16.50 Uhr); LAM, Bestand SED-Bezirksleitung Halle, IV/2/55, Nr. 1135, Bl. 175.

14 Vgl. Aussage des Metallarbeiters Georg B. vom 18.6.1953; Aussage des Klempners Helmut H. vom 18.6.1953; BStU, ASt Halle, AU 221/53, Bd. 1, Bl. 10, u. AP 178/55, Bd. 1, Bl. 20 f.

8.2 »Die Benutzung der Schusswaffen ist erlaubt!« – Die Gegenmaßnahmen der Bezirkseinsatzleitung

Wie die gesamte DDR-Führung waren auch die Machthaber des Bezirkes Halle vom Ausmaß und der Dynamik des Aufstandes am 17. Juni 1953 überrascht worden. Deshalb gelang es ihnen bis zum Nachmittag nicht, eine gemeinsame operative Leitung der Bezirksbehörde der Deutschen Volkspolizei (BdVP), der Bezirksverwaltung für Staatssicherheit, der Kasernierten Volkspolizei und der SED-Bezirksleitung zu bilden. Unkoordinierte Aktionen, unklare Befehle und entsprechende Unsicherheit der Polizisten führten dazu, dass Volkspolizei und Staatssicherheit den Aufständischen bis in die späten Nachmittagsstunden keinen ernsthaften Widerstand entgegensetzen konnten. Hinzu kam, dass die KVP-Truppen nur vom Innenministerium in Berlin Befehle entgegennehmen durften. Die Verantwortlichen im Innenministerium waren am 17. Juni jedoch voll und ganz mit den Ereignissen in der Hauptstadt beschäftigt und hatten die KVP-Einheiten in den Bezirken zeitweise völlig aus dem Blick verloren. So mussten die Kommandeure der KVP in Halle Dutzende Telefongespräche mit Berlin führen, ehe sie am Nachmittag den Befehl zum Ausrücken erteilen durften.[15] Der Chef der BdVP Halle, VP-Inspekteur Zaspel, hatte zwar am Vormittag die Absicht gehabt, den großen Demonstrationszug auf der Stalinallee (heute Merseburger Straße) mit Volkspolizeitruppen aufzuhalten. Sein Vorschlag war aber von der sowjetischen Bezirkskommandantur strikt zurückgewiesen worden. Folglich beschränkten sich die Polizeikräfte erst einmal darauf, neben ihren eigenen Ämtern die strategisch wichtigsten Objekte in der Stadt zu sichern. Dabei handelten Polizeichef Zaspel und seine Offiziere streng nach Lenins Lehre, der zufolge Regierungsgebäude, Nachrichtenzentralen, Bahnhöfe sowie Elektrizitäts- und Gaswerke die strategisch entscheidenden Objekte waren. Dementsprechend wurde gegen 12.00 Uhr zuerst der Betriebsschutz des Elektrizitätswerkes Halle-Trotha mit zehn Volkspolizisten verstärkt. Kurz danach besetzten VP-Angehörige das Druckhaus und die Redaktionsräume der SED-Bezirkszeitung »Freiheit«. An die Transportpolizei erging der Befehl, den Hauptbahnhof Halle von Demonstranten freizuhalten und einen störungsfreien Schienentransport zu gewährleisten. Die Transportpolizei sollte dabei von sowjetischen Soldaten unterstützt werden. Das zentrale Versorgungslager im Hafengelände Trotha wurde von Angehörigen der Wasserschutzpolizei bewacht. Gegen 14.00 Uhr verstärkten Volkspolizisten den Betriebsschutz des Gaswerkes Halle. Zur gleichen Zeit kamen Polizisten den sowjetischen Soldaten im Ratshof zu Hilfe. Schließlich besetzten Polizeigruppen 15.00 Uhr das Hauptpostamt Halle und schlossen es für jeglichen Publikumsverkehr.[16]

---

[15] Vgl. Bericht für das Innenministerium der DDR über den Einsatz der Einheiten des MdI vom 16.–18.6.1953, o. D.; BStU, ZA, AS 9/57, Bd. 2, Bl. 159.

[16] Vgl. BdVP Halle, Chronologischer Ablauf der faschistischen Provokation am 17. Juni 1953 gegen Objekte der VP, Partei und des Staates, o. D.; LAM, Bestand BdVP Halle 19, Nr. 73, Bl. 52.

Den Einsatzgruppen der BdVP gelang es jedoch nicht, die SED-Bezirksleitung und den Rat des Bezirkes vor den Aufständischen zu schützen. Nachdem die dorthin gesandten Polizisten von den Demonstranten entwaffnet und verjagt worden waren, schickte VP-Inspekteur Zaspel um 14.15 Uhr ein Fernschreiben an alle Polizeidienststellen des Bezirkes Halle. Darin ordnete er an, dass in allen Kreisen und größeren Städten des Bezirkes unverzüglich Einsatzstäbe aus Vertretern der SED-Kreisleitung, des Kreisrates, des VPKA und des MfS gebildet werden sollten, um die Aktionen gegen die »Provokateure« zu koordinieren und die Kräfte zu konzentrieren. Diese Einsatzstäbe erhielten die Erlaubnis, im Notfall mit den in der Nähe befindlichen KVP-Einheiten Verbindung aufzunehmen, damit alle wichtigen Objekte gesichert werden konnten. Darüber hinaus enthielt das Fernschreiben den folgenschweren Satz, dass *»bei Abwehrhandlungen ab sofort die Benutzung der Schusswaffen ausdrücklich erlaubt ist«.*[17] Dieser »Schießbefehl« hatte schlimme Konsequenzen. Denn von nun an empfanden Polizisten, MfS-Mitarbeiter und Betriebsschützer immer weniger Skrupel, auf Demonstranten zu schießen. Die Auswirkungen zeigten sich zuerst am Zuchthaus »Roter Ochse«, später auch an der Untersuchungshaftanstalt und der SED-Kreisleitung. Eine weitere Folge dieses Befehls war, dass Polizei und Betriebsschutz nun immer öfter Warnschüsse abgaben, um Demonstranten einzuschüchtern und zu vertreiben.

Der Einsatzstab für den Bezirk und die Stadt Halle konnte wegen der unerwarteten Besetzung der SED-Bezirksleitung und des Rates des Bezirkes durch die Aufständischen erst nach 16.00 Uhr gebildet werden. Zunächst war es einer sowjetischen Einheit gegen 15.30 Uhr gelungen, die Aufständischen aus dem Gebäude der SED-Bezirksleitung zu vertreiben. Danach kamen Gerda Haak, die an diesem Tag für die SED-Bezirksleitung verantwortliche Sekretärin für Agitation und Propaganda, und der Vorsitzende des Bezirksrates, Werner Bruschke, dort zusammen, um die weiteren Maßnahmen zu koordinieren. Als sie kurz nach 16.00 Uhr mit Kommandeuren der KVP beratschlagten, wie Ruhe und Ordnung in Halle wieder hergestellt werden könnten, erhielten sie eine bedeutsame Meldung: Ein Vertreter der SED-Führungsspitze, das Politbüro-Mitglied Fred Oelßner, war unangemeldet aus Berlin eingetroffen. Die Anwesenheit eines der mächtigen Stellvertreter von SED-Generalsekretär Walter Ulbricht zeigte, dass die Berliner Regierung inzwischen den Bezirk Halle als ein Zentrum des Volksaufstandes betrachtete. Außerdem traute die SED-Führung offenbar den Machthabern im Bezirk nicht mehr zu, mit der schwierigen Situation allein fertig zu werden.[18]

---

17 Befehl des Chefs der BdVP Halle vom 17.6.1953 (14.15 Uhr); LAM, Bestand BdVP Halle 19, Nr. 73, Bl. 152.

18 Vgl. Bericht des Sekretärs der SED-Bezirksleitung Halle, G. Haak, an die BPKK über die Ereignisse am 17. Juni 1953, 19.6.1953; Bericht des Vorsitzenden des Bezirksrates Halle, W. Bruschke, an die BPKK über sein Verhalten am 17. Juni 1953, 5.8.1953; LAM, Bestand SED-Bezirksleitung Halle, IV/2/55, Nr. 1134, Bl. 309, u. Nr. 1135, Bl. 177.

Fred Oelßner übernahm sofort die Regie im Bezirk Halle. Er befahl die Verantwortlichen der Bezirksleitung, des Bezirksrates, der BdVP, der BVfS sowie der KVP zu sich und konstituierte mit ihnen eine »Bezirkseinsatzleitung«. Dieser Einsatzleitung gehörten neben Oelßner die folgenden Personen an:

- der 1. Sekretär der SED-Bezirksleitung, Heinz Glaser, der aus Berlin zurückgekommen war, und der Leiter der Bezirksparteikontrollkommission, Heinz Amendt. Nach unbestätigten Aussagen von Zeitzeugen soll auch der Chefredakteur der SED-Bezirkszeitung »Freiheit«, Horst Sindermann, dazugehört haben.[19]
- der Vorsitzende des Rates des Bezirkes, Werner Bruschke, und sein erster Stellvertreter, Werner Becker
- VP-Inspekteur Zaspel und vier weitere hohe Offiziere der Bezirkspolizeibehörde
- der Leiter der Bezirksverwaltung für Staatssicherheit, Oberstleutnant Rudolf Vödisch, und sein Stellvertreter, Major Burkhard Heinrich sowie
- die Kommandeure der in Halle stationierten KVP-Truppen und ein Verbindungsoffizier der sowjetischen Bezirkskommandantur.[20]

Die Bezirkseinsatzleitung sah ihre Hauptaufgaben darin, alle zeitweilig an die »Provokateure« verlorenen Positionen im Bezirk zurückzuerobern und die gefährdeten Objekte sowie die Verkehrswege umfassend zu sichern. Zugleich sollten die Arbeitsniederlegungen in den Betrieben schnellstmöglich beendet werden. Als erste Maßnahme verhängte der sowjetische Militärkommandant in Absprache mit der Einsatzleitung den Ausnahmezustand über die Stadt Halle. In dem Befehl dazu hieß es unter anderem: *»Demonstrationen, Versammlungen und Zusammenrottungen jeder Art sind verboten. Jeder Aufenthalt auf den Straßen ist von 21.00 Uhr bis 4.00 Uhr verboten.«* Der Befehl endete mit der Drohung: *»Im Falle von Widerstand wird von der Waffe Gebrauch gemacht!«*[21] Es konnte bisher noch nicht eindeutig geklärt werden, um welche Uhrzeit der Ausnahmezustand über Halle verhängt wurde. Während Polizeichef Zaspel von 16.00 Uhr berichtete, erzählten alle Zeitzeugen, dass sie erst zwischen 18.30 Uhr und 19.00 Uhr von der Verhängung des Ausnahmezustandes erfahren hatten.[22] Sicherlich gab es eine zeitliche Diskrepanz zwischen der Befehlsausgabe und der Information an die Einwohner, denn für die sowjetische Kommandantur und die

---

[19] Vgl. Hagen, Manfred: DDR - Juni 53. Die erste Volkserhebung im Stalinismus. Stuttgart 1992, S. 76 u. 156.

[20] Vgl. Bericht des Chefs der BdVP Halle über den Verlauf der faschistischen Provokation am 17. 6.1953 im Bezirk Halle, 1.7.1953; LAM, Bestand BdVP Halle 19, Nr. 75, Bl. 15 f.

[21] Befehl des Militärkommandanten der Stadt Halle über den Ausnahmezustand, 17.6.1953; LAM, Bestand BdVP Halle 19, Nr. 73, Bl. 75.

[22] Vgl. Bericht des Chefs der BdVP Halle an die BPKK, 1.7.1953; LAM, Bestand BdVP Halle 19, Nr. 75, Bl. 5; Hagen: DDR-Juni 1953 (Anm. 19), S. 156; siehe auch den schriftlichen Erlebnisbericht von D. Zukunft.

Befehl!

Ueber die Stadt Halle ist der

A u s n a h m e z u s t a n d

verhängt. Demonstrationen, Versammlungen und Zusammenrottungen jeder Art sind verboten.

Jeder Aufenthalt auf den Straßen ist von

21.00 bis 4 Uhr

verboten.

Im Falle von Widerstand wird von der Waffe Gebrauch gemacht!

Halle, den 17. Juni 1953

Chef der Garnison und Militärkommandant der Stadt Halle (Saale)

Ein sowjetischer Panzer bewacht das »Marktschlößchen«.

Sowjetische Truppen besetzen am Abend den Marktplatz.

Bezirkseinsatzleitung war es schwierig, der Bevölkerung den Ausnahmezustand bekannt zu geben. Einen Stadtfunk gab es in Halle nicht, und die Lautsprecheranlagen in der Innenstadt waren außer Betrieb gesetzt worden oder befanden sich ebenso wie die Lautsprecherwagen in den Händen der Aufständischen. Außerdem schien es der Einsatzleitung am Nachmittag des 17. Juni noch zu riskant, eigene Lautsprecherwagen durch die Stadt zu schicken. Also beschloss sie, 10 000 Flugblätter sowie 1 500 Plakate in der Druckerei der »Freiheit« anfertigen zu lassen. Die Herstellung der Flugblätter und Plakate nahm natürlich einige Zeit in Anspruch, so dass sie erst nach 18.30 Uhr im Stadtgebiet verteilt werden konnten. Das Austeilen der Flugblätter und das Ankleben der Plakate übernahmen *»zwanzig Volkspolizisten und zwanzig zuverlässige Genossen der SED«*, die mit Polizeilastwagen oder Dienst-Pkw durch die Straßen fuhren. Dabei sollen die Flugblätter oft nur aus den fahrenden Autos herausgeworfen worden sein, während diese in schneller Fahrt an Demonstranten vorbeifuhren.[23] Auf Anweisung des sowjetischen Militärkommandanten fuhren am Abend schließlich auch Lautsprecherwagen durch die Stadt und verkündeten den Ausnahmezustand sowie die damit verbundene nächtliche Ausgangssperre.

Zur gewaltsamen Durchsetzung des Ausnahmezustands sowie der übrigen Ziele der Einsatzleitung trafen seit 15.20 Uhr die eilig vom Manöver zurückbeorderten sowjetischen Truppen in der Saalestadt ein. Sie wurden von den Einsatzkräften der BdVP und von mehreren hundert »Polizeisoldaten« der KVP unterstützt. Fred Oelßner schien jedoch kein allzu großes Vertrauen in die Kampfkraft der Hallenser KVP-Einheiten zu haben. Er forderte noch zusätzliche Verstärkung aus der KVP-Offiziersschule Erfurt an, die am Abend in Halle eintraf.[24] Diese starken Militär- und Polizeikräfte gingen sofort daran, die strategisch wichtigen Punkte in der Stadt zu besetzen und alle öffentlichen Gebäude von Aufständischen zu räumen. Die allmähliche Auflösung der Demonstrationen kam den Polizisten dabei zugute. Zuerst wurden das Gebäude sowie der Platz vor der SED-Bezirksleitung von sowjetischen Panzertruppen und KVP besetzt. Kurz danach räumten KVP-Soldaten das Haus und den Innenhof des Rates des Bezirkes von Aufständischen.[25] Ab 16.00 Uhr verjagten sowjetische Panzer die Demonstranten von den Straßen um das Zuchthaus »Roter Ochse«. Zwischen 16.30 Uhr und 17.00 Uhr sicherten Polizeieinheiten den Sender Halle sowie die Druckereien und Redaktionen aller kleineren Zeitungen. Gleichzeitig machten Mitarbeiter des Staatssicherheitsdienstes und Volkspolizisten Jagd auf die Lautsprecherwagen der Aufständischen. Gegen 17.00 Uhr ratterten zwei Panzer der Roten Armee

---

23 Bericht des Amtsleiters des VPKA Halle über den Einsatz am 17. Juni 1953, o. D.; LAM, Bestand BdVP Halle 19, Nr. 73, Bl. 98; siehe auch den schriftlichen Erlebnisbericht von D. Zukunft.

24 Insgesamt wurden im Bezirk Halle 1 500 »Polizeisoldaten« eingesetzt. Vgl. Bericht des Chefs der BdVP Halle an die BPKK, 1.7.1953; LAM, Bestand BdVP Halle 19, Nr. 75, Bl. 15.

25 Vgl. Aussage des Arbeiters Horst D. vom 19.6.1953; BStU, ASt Halle, AP 115/55, Bd. 1, Bl. 7 f.

Ein Trupp sowjetischer Soldaten ist am Abend vor der Untersuchungshaftanstalt aufmarschiert.

Demonstranten und Neugierige werden von der Kleinen Steinstraße verjagt.

auf den Marktplatz und stellten sich neben dem Eingang zum Ratshof auf.[26] Ihnen folgte sogar ein Geschütz, das in der Nähe des Ratskellers in Stellung gebracht wurde. Sicherlich hatte niemand die Absicht diese schweren Waffen im Stadtzentrum abzufeuern, zumal sie sich nicht für Schüsse auf kurze Distanz eigneten. Die Geschütze und Panzer sollten allein durch ihren Anblick und ihr Dröhnen die Bevölkerung einschüchtern. Gegen 17.30 Uhr wurde schließlich die Menschenmenge vor der Untersuchungshaftanstalt und der Staatsanwaltschaft auseinandergejagt. Diese raschen Erfolge ließen die Bewaffneten mutiger werden. Bald beschränkten sich die Polizisten nicht mehr nur darauf, Demonstranten zu verscheuchen, sondern begannen, immer mehr Aufständische zu verhaften. Jetzt glaubten Fred Oelßner und die Einsatzleitung, die Oberhand gewonnen zu haben. Deshalb wollten sie nun unter allen Umständen die vom »Zentralen Streikkomitee« einberufene Großkundgebung auf dem Hallmarkt verhindern. Die Einsatzleitung gab die Anweisung, alle Straßen im Stadtzentrum zu besetzen und den Marktplatz abzuriegeln.

[26] Vgl. Aussage des Sportstudenten Reinhard J. vom 18.6.1953; BStU, ASt Halle, AP 155/55, Bd. 1, Bl. 8; Erlebnisbericht von J. Keller.

9 Die Großkundgebung auf dem Hallmarkt

9.1 »Eine Menschenmenge, wie ich sie noch nie erlebt habe!«

Während Truppen der KVP und Einsatzgruppen der Volkspolizei versuchten, die Zugangsstraßen zum Marktplatz und zum Hallmarkt abzusperren, fand ein Gespräch zwischen der Bezirkseinsatzleitung und dem Oberkommando der sowjetischen Garnison in Halle statt. Fred Oelßner teilte den sowjetischen Generalen mit, dass die Einsatzleitung die Absicht habe, die von den Streikführern angekündigte Großkundgebung auf dem Hallmarkt zu unterbinden. Die zur Verfügung stehenden Polizeikräfte würden die Straßen im Stadtzentrum blockieren. Er sei jedoch nicht sicher, ob sie stark genug sein würden, eine große Menschenmenge auf dem Hallmarkt in Schach zu halten und den befürchteten Anmarsch von Leuna- und Buna-Arbeitern zu stoppen. Deshalb bat Oelßner die sowjetischen Kommandeure um Unterstützung, um eine Kundgebung während des Ausnahmezustandes verhindern zu können. Aber, wie schon am Vormittag, zügelten die beiden sowjetischen Generale Chromjakow und Bjelow die »deutschen Genossen«. Sie warfen ihnen vor, nicht einmal in der Lage zu sein, die Lautsprecheranlage auf dem Hallmarkt außer Betrieb zu setzen und machten ihnen klar, dass es zu diesem Zeitpunkt nicht ratsam wäre, die Kundgebung gewaltsam auseinander zu treiben. Denn aufgrund der intensiven Propaganda, die *»das so genannte Streikkomitee«* für die Kundgebung gemacht habe, müsse man mit über 30 000, vielleicht sogar mit 50 000 oder noch mehr Teilnehmern rechnen. Um eine solche Menschenmenge erfolgreich beherrschen zu können, brauche man viel mehr Militär- und Polizeikräfte als im Moment in Halle verfügbar seien. Ein Blutvergießen sollte auf jeden Fall vermieden werden. Außerdem bezweifelten die sowjetischen Militärs, dass es noch möglich sei, den Hallmarkt rechtzeitig und vollständig abzusperren. Also vereinbarten die sowjetischen Offiziere und die deutsche Einsatzleitung, die abendliche Großkundgebung auf dem Hallmarkt nicht zu unterdrücken. Die Volkspolizei und die KVP sollten zwar weiterhin die Straßen zum Marktplatz räumen und absperren, um die Teilnehmerzahl auf dem Hallmarkt nicht zu groß werden zu lassen. Sie sollten sich aber während der Kundgebung nicht in Sichtweite der Demonstranten aufhalten, damit diese nicht noch zusätzlich gereizt würden. Währenddessen wollten die sowjetischen Truppen alle Zufahrtsstraßen nach Halle mit Panzern blockieren, um ein Anrücken von Arbeitern der Leuna- und der Buna-Werke zu unterbinden. Außerdem befahl der sowjetische Militärkommandant, Soldaten und Panzer der Roten Armee rings um den Hallmarkt zu stationieren, damit sie bei befürchteten Tumulten sofort eingreifen könnten.[1]

---

[1] Hinweise zu diesem Gespräch gibt es nur in einem Bericht des Bezirks-Polizeichefs Zaspel. Vgl. Bericht des Chefs der BdVP Halle an die BPKK, 1.7.1953; LAM, Bestand BdVP Halle 19, Nr. 75, Bl. 5 f.

Gemäß dieser Abmachung sperrten sowjetische Truppen am Abend des 17. Juni mit Panzern und Lastwagen alle Zufahrtsstraßen nach Halle. Sie wurden dabei von Einheiten der KVP unterstützt. Damit war den streikenden Arbeitern der Leuna- und Buna-Werke jede Möglichkeit genommen, in die Bezirksstadt zu marschieren. Nach unbestätigten Angaben von Zeitzeugen sollen demonstrierende Arbeiter aus den Leuna-Werken an solch einer Straßensperre vor Ammendorf gestoppt worden sein.[2] Zur gleichen Zeit postierten sich Abteilungen der KVP, die mit Gewehren samt aufgestecktem Bajonett bewaffnet waren, auf den Straßen zum Marktplatz und zum Hallmarkt. Die Zugänge zu diesen zentralen Plätzen wurden aber vor 18.00 Uhr offenbar nicht sehr wirkungsvoll abgesperrt, denn ungeachtet der Präsenz von KVP und Volkspolizei konnten sich die Einwohner der Saalestadt am Abend scharenweise zur angekündigten Kundgebung auf den Hallmarkt begeben. In allen Berichten ist davon die Rede, dass man problemlos zur Kundgebungsstätte gelangte. Als die Großkundgebung pünktlich 18.00 Uhr begann, zeigte sich, dass die Bemühungen des Zentralen Streikkomitees nicht umsonst gewesen waren: Weit mehr Einwohner als am Nachmittag hatten sich jetzt auf dem viereckigen, von Wohnhäusern umgebenen Platz versammelt. Der Hallmarkt sowie alle angrenzenden Straßen waren voller Menschen, die gespannt zur steinernen Tribüne schauten. Ein Mitarbeiter der FDJ-Bezirksleitung berichtete aufgeregt der Einsatzleitung, dass auf dem Hallmarkt eine Menschenansammlung sei, *»wie er sie bisher noch nicht erlebt hat«*.[3] Auch andere Teilnehmer der Kundgebung erzählten später, dass die Menschen auf dem Platz und auf den angrenzenden Straßen dicht gedrängt gestanden hätten. Wer zu spät kam, hatte keine Chance mehr, in die Nähe des Hallmarktes zu gelangen.[4] Auf der Grundlage der Schilderungen vieler Zeitzeugen und aufgrund der Größe des Platzes muss davon ausgegangen werden, dass die in den Polizeiprotokollen angegebenen Teilnehmerzahlen von 20 000 bis 25 000 bewusst zu niedrig geschätzt worden sind.[5] Eine Zahl von 40 000 bis 60 000 Menschen kommt der Wahrheit sicherlich näher.

Über den Ablauf der Großkundgebung liegen nur ungenaue Zeugenaussagen und Zeitzeugenberichte vor. Polizeiberichte oder Berichte der SED-Bezirksleitung über die Kundgebung gibt es nicht. Selbst in dem umfangreichen zusammenfassenden Rapport des Chefs der BdVP über den Volksaufstand wurde die Großkundgebung nur mit zwei Sätzen erwähnt. Dabei war die abendliche Kundgebung eine der größten

2 Nach einem Zeitzeugenbericht in: Hagen, Manfred: DDR – Juni 53. Die erste Volkserhebung im Stalinismus. Stuttgart 1992, S. 129.

3 Blitzbericht des Genossen Rudi R. an die Einsatzleitung, 17.6.1953 (18.30 Uhr); LAM, Bestand SED-Bezirksleitung Halle, IV/2/55, Nr. 1135, Bl. 166.

4 Siehe die Erlebnisberichte von P. Bohley, Ch. Hoffmann, A. H. Poppe-Hassink, H. Ronneberg, B. Reep und B. Suckfüll.

5 Vgl. Berichte an den Operativstab der BdVP, 17.6.1953 (18.45 Uhr und 19.00 Uhr); LAM, Bestand BdVP Halle 19, Nr. 73, Bl. 161, u. Nr. 314, Bl. 50.

Dicht gedrängt stehen die Bürger Halles am Abend auf dem Hallmarkt.

Massenversammlungen am 17. Juni 1953 in der DDR, und sie fand zu einem Zeitpunkt statt, als fast in der gesamten übrigen Republik bereits der Ausnahmezustand durchgesetzt war. Vermutlich fühlten sich die Regierenden in Halle unter dem Schutz der zurückgekehrten sowjetischen Truppen sicherer als am Vormittag und am Mittag, sodass ihr Interesse an der Kundgebung nicht mehr allzu groß war. Möglicherweise empfand die Einsatzleitung um Oelßner das Stattfinden der Kundgebung aber auch als eine Niederlage und wollte deshalb das Ereignis bagatellisieren. Obendrein hatten die SED-»Instrukteure« und »Parteiarbeiter«, die ansonsten emsig Berichte geliefert hatten, anscheinend keine Lust, sich unter die vielen begeisterten Menschen auf dem Hallmarkt zu mischen. Hinzu kam, dass sich laut Absprache mit der Besatzungsmacht kein deutscher Uniformierter während der Kundgebung in der Nähe des Hallmarktes aufhalten durfte. Dadurch fielen auch die Volkspolizisten als Berichterstatter weg. Außerdem erzählten alle Teilnehmer der Kundgebung, dass die Akustik auf dem Platz wegen des großen Beifalls und der vielen Zwischenrufe sehr schlecht war, sodass sie meist nur Bruchteile der Reden verstehen konnten.

Wegen der geringen Zahl authentischer Überlieferungen ist es nicht möglich, den genauen Ablauf der abendlichen Großkundgebung auf dem Hallmarkt zu dokumentieren. Es muss genügen, Einzelaussagen zusammenzufassen, zu ordnen und auf dieser Grundlage zu versuchen, das Geschehen annähernd zu rekonstruieren.

Die Großkundgebung begann pünktlich um 18.00 Uhr und dauerte eine knappe Stunde.[6] Auf der gemauerten Tribüne über der Trafostation hielten sich etwa 25 Personen auf, unter ihnen alle Mitglieder des Zentralen Streikkomitees. Zu der Menschenmenge auf dem Hallmarkt sprachen an diesem Abend vier oder fünf Männer und möglicherweise auch eine Frau.[7] Der erste Redner war der Vorsitzende des Zentralen Streikkomitees Herbert Gohlke. Er begrüßte die Kundgebungsteilnehmer und lobte ihren Mut, trotz der russischen Panzer auf den Hallmarkt gekommen zu sein. Dann erörterte er noch einmal die schlechten Lebensbedingungen in der DDR, die der Grund für die Streiks und Demonstrationen in Halle und in vielen anderen Orten seien. Im Anschluss daran zählte Herbert Gohlke die Forderungen auf, für deren Erfüllung weiter gestreikt werden müsse: Rücktritt der Regierung; Freie Wahlen für ein einheitliches Deutschland; Freilassung aller politischen Gefangenen; Senkung der Arbeitsnormen und der HO-Preise. Damit diese Forderungen schnell erfüllt würden, sollte am 18. Juni ein Generalstreik in Halle beginnen. Am Schluss seiner Ansprache rief Herbert Gohlke den Massen zu, sie sollten am 18. Juni nicht zu Hause bleiben, sondern in ihre Betriebe gehen und Streikleitungen bilden.[8] Ein Teilnehmer an der Kundgebung meinte sogar, Herbert Gohlke habe den Streikleitungen in den Betrieben den Rat gegeben, am Morgen des 18. Juni »Verbindungsmänner« zum Marktplatz zu schicken, die sich hier mit Vertretern des Zentralen Streikkomitees treffen sollten.[9] Nach seiner Ansprache übernahm Herbert Gohlke die Moderation der weiteren Veranstaltung und kündigte jeweils die folgenden Redner an.

Die Inhalte der übrigen Reden sind lediglich in wenigen Bruchstücken überliefert, so dass die weiteren Sprecher nur aufgezählt werden können. Als zweiter Redner trat Günter Teichert an das Mikrofon, der in den Mittagsstunden die Lautsprecheranlage des HO-Warenhauses betätigt hatte. Er forderte in seiner Ansprache, keine Repressalien gegen die Demonstranten zuzulassen. Der dritte Redner war ein Kraftfahrer aus den Leuna-Werken. Er gehörte sicherlich zu den 25 Leunaarbeitern, die am Mittag nach Halle gekommen waren, um sieben verhaftete Arbeitskollegen zu befreien.[10] Der vierte Redner soll mit den Worten begonnen haben: »*Hier spricht ein Schmied aus*

[6] Vgl. Aussage des Tischlers Harry H. vom 18.6.1953; Aussage des Kesselschmieds Karl M. vom 22.6.1953; BStU, ASt Halle, AP 118/55, Bd. 1, Bl. 17, u. AU 89/55, Bd. 1, Bl. 15.

[7] Vgl. Aussage des Bäckers Karl-Heinz V. vom 18.6.1953; Aussage des Technischen Zeichners Werner T. vom 19.6.1953; BStU, ASt Halle, AIM 154/60, T. 1, Bd. 1, Bl. 24, u. AP 106/55, Bd. 1, Bl. 8; siehe auch die Zeitzeugenberichte von B. Suckfüll, B. Reep, P. Bohley und H. Priew.

[8] Vgl. Aussage des Kraftfahrers Fritz H. vom 8.7.1953; Aussage des Ingenieurs Alexander B. vom 24.6.1953; Aussage des Fernmeldemonteurs Erich G. vom 18.6.1953; BStU, ASt Halle, AU 165/54, Bd. 1, Bl. 44–46, u. AU 69/55, Bd. 1, Bl. 14, sowie AP 259/55, Bd. 1, Bl. 10.

[9] Vgl. Aussage des Schweißers Franz H. vom 21.6.1953; BStU, ASt Halle, AU 204/53, Bd. 1, Bl. 129.

[10] Siehe hierzu auch Kapitel 6. – Die verhafteten Leunaarbeiter befanden sich in den Haftzellen des VPKA, das nicht gestürmt werden konnte.

Breslau, aus der Waggonfabrik Ammendorf!«[11] Er verlangte, nach der Wiedervereinigung Deutschlands auch die Oder-Neiße-Grenze infrage zu stellen. Die Aussagen verschiedener Zeitzeugen deuten darauf hin, dass es sich bei diesem Sprecher um den Brigadier in der Waggonfabrik Ammendorf, Heinz Zeiger, gehandelt hatte. Vorletzter oder letzter Redner war ein junger Mann, der sich als ehemaliger Volkspolizist vorstellte. In den Erinnerungen einzelner Zeitzeugen ist er aber auch als »desertierter Polizist« überliefert. Bei ihm handelte es sich vermutlich um den HO-Angestellten Günter Siems, der Anfang der fünfziger Jahre kurzzeitig als Volkspolizist tätig und entlassen worden war.[12] Diese Fakten beruhen jeweils auf den Aussagen mehrerer Zeitzeugen. Daneben wird in einzelnen Erzählungen noch von weiteren Rednern berichtet. Sowohl in einer Aussage von 1953 als auch in einem Zeitzeugenbericht von 1998 ist von einer blonden Frau die Rede, die kurz vor dem Ende der Veranstaltung auf dem Hallmarkt gesprochen haben soll.[13] Weil es darüber jedoch nur diese zwei Aussagen gibt, konnte nicht eindeutig geklärt werden, ob wirklich eine Frau am Abend gesprochen hatte und welche Frau dies gewesen sein könnte. Ebenfalls nicht belegbar sind zwei Erinnerungen, die besagen, ein Zahnarzt sowie ein stellvertretender Bürgermeister, der sich als Mitglied der NDPD vorstellte, hätten auf dem Hallmarkt gesprochen. Bei dem Zahnarzt könnte es sich möglicherweise um Ulrich Roy handeln, der das Zentrale Streikkomitee unterstützt hatte und im Juli 1953 nach Westberlin fliehen musste.

Zum Abschluss der Großkundgebung trat noch einmal Herbert Gohlke an das Mikrofon. Er sagte, die Veranstaltung sei nun beendet und man wolle zum Abschluss gemeinsam das Deutschlandlied singen. Danach sollten sich alle Teilnehmer nochmals zu einem Demonstrationszug formieren und für die Erfüllung ihrer Forderungen durch Halle marschieren.[14] Kaum hatte er seine Rede beendet, stimmten einige Teilnehmer die erste Strophe des Deutschlandliedes an, und alle Menschen auf dem Hallmarkt sangen euphorisch mit. Der Gesang aus vielen tausend Kehlen war so lautstark, dass man ihn auch auf dem Marktplatz und in weiter entfernten Straßen hören konnte. Teilnehmer an der Kundgebung erzählten später, dass das gemeinsame Singen des Deutschlandliedes an diesem Abend einen unvergesslichen Eindruck bei ihnen hinterlassen habe.[15] Die Menschen auf dem Hallmarkt befan-

---

[11] Aussage des Krankenpflegers Horst E. vom 21.6.1953. Vgl. auch die Aussage des Kraftfahrers Fritz H. vom 8.7.1953; BStU, ASt Halle, AIM 1108/55, T. 1, Bd. 1, Bl. 51, u. AU 165/54, Bd. 1, Bl. 45.

[12] Vgl. Aussage des Gütekontrolleurs Hans H. vom 21.8.1953; Aussage des Kraftfahrers Fritz H. vom 8.7.1953; BStU, ASt Halle, AU 99/53, Bd. 4, Bl. 130, u. AU 165/54, Bd. 1, Bl. 45; Zeitzeugenbericht von H. Priew.

[13] Vgl. Aussage des Technischen Zeichners Werner T. vom 19.6.1953; BStU, ASt Halle, AP 106/55, Bd. 1, Bl. 8; siehe auch den Zeitzeugenbericht von B. Suckfüll.

[14] Vgl. Aussage des Lehrlings Klaus K. vom 10.12.1953; BStU, ASt Halle, AU 36/54, Bd. 1, Bl. 51 f.; siehe auch die Zeitzeugenberichte von B. Suckfüll, A. H. Poppe-Hassink und P. Bohley.

[15] Siehe den Zeitzeugenbericht von H. Priew.

Bürger lauschen den Reden des Zentralen Streikkommitees.

Die Panzer fahren im Schritttempo durch die Menschenmenge auf dem Hallmarkt.

den sich in Hochstimmung, weil sie an diesem Tag gespürt hatten, dass sie die SED geschlossen zum Zurückweichen zwingen konnten. Selbst diese Kundgebung am Beginn des Ausnahmezustandes schien zu beweisen, dass die Machthaber des Bezirkes Halle nicht mehr in der Lage waren, solch eine Veranstaltung zu verhindern. Diese Gedanken weckten bei vielen Einwohnern von Halle die Hoffnung, mit einem Generalstreik am nächsten Tag die Realisierung ihrer Forderungen tatsächlich erkämpfen zu können.

Diese Hoffnungen erwiesen sich jedoch als trügerisch. Schon während der letzten Ansprachen näherten sich Panzer der Roten Armee von der Kleinen Ulrichstraße, von der Talamtstraße und vom Hallorenring dem Hallmarkt. Während die meisten dieser Kampfwagen am Rand der Menschenmenge anhielten, fuhr ein Panzer im Schritttempo weiter. Er bewegte sich aber so langsam vorwärts, dass die Kundgebungsteilnehmer problemlos ausweichen konnten. Die Menschen traten zur Seite, ließen das rasselnde Ungetüm vorbeifahren und schlossen hinter ihm wieder die Reihen. Als der Panzer an der gegenüberliegenden Seite des Platzes angekommen war, blieb er ebenfalls stehen. Drohend drehte sich der Panzerturm und richtete die Kanone auf die Tribüne. Günter

Trotz der eintreffenden sowjetischen Panzer wird die Großkundgebung fortgesetzt. (Blick von der Tribüne auf den überfüllten Hallmarkt).

Mehrere tausend Kundgebungsteilnehmer formieren sich am Ende der Großkundgebung zu einem erneuten Demonstrationszug durch die Stadt.

Siems beruhigte die Massen. Er meinte, die Russen würden nicht schießen, wenn man sie in Ruhe ließe.[16] Jemand soll sogar von der Tribüne gerufen haben, man stehe hier im Schutz russischer Panzer.[17] Also wurde die Kundgebung unter den Augen der Panzerbesatzungen fortgesetzt. Die Situation verschärfte sich erst, als die Kundgebungsteilnehmer das Deutschlandlied sangen. Der russische Kommandeur kannte vermutlich dieses Lied und sah den Gesang als eine »faschistische Provokation« an, die ihn zum Eingreifen zwang. Auf seinen Befehl heulten jetzt die Panzermotoren auf und verursachten einen solchen Lärm, dass niemand mehr ein Wort verstand. Dann ruckten die Kampfwagen an und fuhren langsam von mehreren Seiten auf den Hallmarkt. Nun löste sich die

16 Vgl. Aussage des Angestellten Günter S. vom 18.6.1953; BStU, ZA, AS 168/56, Bd. 7, Bl. 298.

17 Vgl. Aussage des Tischlers Harry H. vom 18.6.1953; Aussage des Klempners Helmut H. vom 18.6.1953; BStU, ASt Halle, AP 118/55, Bd. 1, Bl. 17, u. AP 178/55, Bd. 1, Bl. 21; siehe auch die Zeitzeugenberichte von A. H. Poppe-Hassink, D. Zukunft und H. Ronneberg.

Menschenmenge auf dem Platz allmählich auf. Ein größerer Teil der Kundgebungsteilnehmer ging nach Hause, während sich andere noch einige Zeit auf dem Hallmarkt zwischen den Panzern aufhielten. Aber trotz sowjetischer Soldaten und deutscher KVP kam eine große Anzahl vor allem jüngerer Demonstranten furchtlos der Aufforderung des Zentralen Streikkomitees nach. Sie formierten sich auf der Talamtstraße nochmals zu einem Demonstrationszug und marschierten in Richtung Marktplatz davon.

Die Mitglieder des Zentralen Streikkomitees vereinbarten am Ende der Kundgebung, sich am späten Abend auf dem Galgenberg im Norden Halles zu treffen. Dort sollten die Maßnahmen zur Führung des Generalstreiks beraten werden. Dieser Plan wurde jedoch angesichts der Ausgangssperre schnell wieder verworfen. Dafür verabredeten die Hallenser Streikführer nun ein Treffen am nächsten Morgen um 6.30 Uhr auf dem Marktplatz. Von hier aus wollten sie den Generalstreik in der Saalestadt koordinieren. Es ist aber sehr wahrscheinlich, dass zu diesem Zeitpunkt nicht mehr alle Mitglieder des Zentralen Streikkomitees daran glaubten, am nächsten Tag einen Generalstreik durchführen zu können. Die Meldungen aus der übrigen Republik sowie die fortwährende Verstärkung von KVP und Roter Armee in Halle ließen eher Pessimismus aufkommen. Doch unter dem Eindruck der Großkundgebung wollte niemand dem anderen seine Zweifel zeigen. So schien es, als ob sich die Mitglieder des Streikkomitees noch voller Zuversicht auf der Tribüne am Hallmarkt voneinander verabschiedeten. Klaus Kother und Rudolf Weber stellten sich sogar an die Spitze des Demonstrationszuges und führten ihn an.[18]

9.2 »Kommt morgen alle zum Generalstreik!« – Der abendliche Demonstrationszug durch Halle

Die Voraussage des sowjetischen Militärkommandanten, dass sich der Elan der Aufständischen mit der Großkundgebung erschöpfen würde, bewahrheitete sich nicht. Trotz des Ausnahmezustandes, der ab 19.00 Uhr überall in der Saalestadt durch Lautsprecherwagen und mit Flugzetteln proklamiert wurde, brauchten Polizei und Sowjettruppen nach dem Ende der Kundgebung noch mehr als zwei Stunden, bis sie die Straßen im Stadtzentrum menschenleer geräumt hatten. Aufgewühlt von der Kundgebung wollten viele Teilnehmer noch nicht nach Hause gehen. Sie schlossen sich dem Demonstrationszug an, oder sie blieben auf dem Hallmarkt und tauschten in kleineren Gruppen ihre Erlebnisse während des Volksaufstandes aus. Dabei ließen sie sich selbst von den umherfahrenden russischen Panzern nicht stören, denen sie immer wieder auswichen. In einer um 19.45 Uhr abgegebenen Meldung an den Chef der

---

[18] Vgl. Aussagen des Lehrausbilders Rudolf W., des Gütekontrolleurs Hans H. und des Dentisten Klaus K., vom 20.6. und 11.9.1953; BStU, ASt Halle, AU 99/53, Bd. 4, Bl. 102 u. 115, sowie AU 36/54, Bd. 1, Bl. 41.

Die Demonstranten lassen sich von den umherfahrenden Panzern nicht stören.

Die Truppen der »Roten Armee« brauchen fast zwei Stunden, um die Kundgebungsteilnehmer mit Panzern vom Hallmarkt zu vertreiben.

BdVP hieß es dazu: »*Auf dem Hallmarkt ist die Lage noch kritisch. Circa 20 000 Personen sind dort anwesend. Drei sowjetische Panzer fahren dort herum und geben Warnschüsse ab.*«[19] Davon ausgehend, dass es sich bei der gemeldeten Personenzahl um keinen Schreibfehler handelte, bestätigte die Meldung, dass die in Polizeiberichten genannte Teilnehmerzahl der Großkundgebung eine starke Untertreibung war. Sie zeigt außerdem, dass es den bewaffneten Kräften nach 45 Minuten noch immer nicht gelungen war, den Hallmarkt zu räumen.

Unterdessen bewegte sich ein langer Demonstrationszug von 5 000 bis 6 000 Menschen zum Marktplatz. Bevor der Demonstrationszug auf dem Marktplatz ankam, hatten die mit Gewehren und aufgepflanztem Bajonett bewaffneten KVP-Truppen damit begonnen, sämtliche Personen von dem Platz zu vertreiben. Sie waren dabei von sowjetischen Soldaten unterstützt worden. Nun drängten plötzlich die Demonstranten vom Hallmarkt auf den Marktplatz und machten die Bemühungen der Polizei vorerst zunichte. Innerhalb weniger Minuten füllte sich der Platz mit singenden und Parolen rufenden Menschen. Zeitweilig entstand wieder ein Gedränge wie in den Mittagsstunden. Während sich die sowjetischen Soldaten hinter ihre Panzer zurückzogen, wurden die KVP-Soldaten an den Rand des Platzes gedrängt. Die Spitze des Demonstrationszuges überquerte den Marktplatz, bog in die Klement-Gottwald-Straße (heute Leipziger Straße) ein und zog in Richtung Thälmannplatz (heute Riebeckplatz) weiter. Während sie unbeeindruckt an KVP-Soldaten, sowjetischen Panzern und Kanonen auf dem Marktplatz vorbeizogen, stimmten die Teilnehmer erneut die erste Strophe des Deutschlandliedes an.[20]

Jedoch nicht alle Demonstranten marschierten jetzt weiter, denn dem einen oder anderen erschien es angesichts des Ausnahmezustandes sowie der überall präsenten bewaffneten Uniformierten zu riskant, weiter zu demonstrieren. Mancher empfand es nun auch als zu beschwerlich, noch einmal kilometerweit durch die Straßen der Stadt zu ziehen. Also blieb knapp die Hälfte der Demonstranten auf dem Marktplatz zurück. Sie bildeten Gruppen, die sich unter anderem laut darüber unterhielten, dass die deutschen Arbeiter immer wieder gutgläubig auf irgendwelche Parteiführer hereinfallen würden. Einige Demonstranten versuchten auch, mit sowjetischen Soldaten zu sprechen.[21] Die diskutierenden Menschen ließen sich zunächst weder von den barschen Aufforderungen der Polizei auseinanderzugehen noch von Rufen aus dem Fenster des Ratshofes beeindrucken, dass Ausnahmezustand herrsche. Doch dann fielen die ersten Schüsse und mehrere Demonstranten brachen verletzt zusammen.

---

19 Blitznachricht an den Chef der BdVP vom 17.6.1953 (19.45 Uhr); LAM, Bestand BdVP Halle 19, Nr. 73, Bl. 161.

20 Vgl. Aussage des Schlossers Helmut B. vom 19.6.1953; Aussage des Arbeiters Hermann T. vom 18.6.1953; BStU, ASt Halle, AP 159/55, Bd. 1, Bl. 7, u. AP 125/55, Bd. 1, Bl. 9.

21 Vgl. Aussage des Lehrlings Horst M. vom 19.6.1953; BStU, ASt Halle, AP 79/55, Bd. 1, Bl. 6; Aussage des Angestellten Günter S. vom 26.6.1953; BStU, ZA, AS 168/56, Bd. 7, Bl. 302.

Die angespannte Situation hatte etliche Soldaten und Offiziere der KVP überfordert. Sie begannen nervös Warnschüsse über die Köpfe der Menschen abzugeben. Dabei sollen mehrere Personen von Querschlägern verletzt worden sein.[22]

Die Menschen im Demonstrationszug auf der Klement-Gottwald-Straße bekamen davon nichts mit. Sie marschierten voller Enthusiasmus ein Stück des Weges zurück, auf dem der große Demonstrationszug am Vormittag in das Stadtzentrum gezogen war. Um sich gegenseitig Mut zu machen und vielleicht auch, um Entschlossenheit zu zeigen, hatten sich die Personen in den ersten Reihen des Zuges untergehakt. Abermals ertönten die Sprechchöre des Vormittags wie: »*Spitzbart, Bauch und Brille sind nicht des Volkes Wille!*« und »*Butter, Brot und Speck fressen uns die Bonzen weg!*« Als neue Parole war hinzugekommen: »*Ab morgen Generalstreik!*« Dazwischen erklang immer wieder die erste Strophe des Deutschlandliedes. Einzelne Gruppen sangen auch »*Brüder zur Sonne zur Freiheit!*« und ebenso das Lied der Frontsoldaten: »*Ich hatt' einen Kameraden*«.[23] Als der Zug am Leipziger Turm den Hansering überquerte, standen dort zwei 27-jährige Männer, der Schlosser Kurt Vocke und der Kraftfahrer Heinz Pohl mit seinem Motorradgespann. Die Demonstranten ermunterten die beiden Motorradfahrer, sich an die Spitze des Zuges zu setzen. Deshalb fuhr ab dem Leipziger Turm ein Motorradgespann langsam vor dem Demonstrationszug her. Unterwegs überreichte ein Passant dem Sozius, Kurt Vocke, eine schwarzrotgoldene Fahne, die dieser wie eine Standarte vor dem Zug schwenkte.[24] Sobald die Demonstranten an Häusern Propagandaplakate oder Fahnen entdeckten, kletterten drei oder vier Männer an dem Gebäude hoch und rissen diese Symbole des stalinistischen Systems herunter. Manchmal genügte auch schon eine laut gerufene Aufforderung, die Transparente oder Fahnen sofort vom Haus zu entfernen, und eingeschüchterte Bewohner des betreffenden Gebäudes kamen dem Wunsch der Demonstranten nach. Doch es gab insgesamt nur noch sehr wenige Transparente und Fahnen, die von den Demonstranten des Vormittags übersehen worden waren. Als der Zug auf dem Weg zum Thälmannplatz am Sitz der FDJ-Stadtbezirksleitung vorbeimarschierte, drangen einige Jugendliche in das Gebäude ein und warfen Akten sowie Agitationsbroschüren, die sie in den bereits durchwühlten Räumen noch fanden, aus den Fenstern. Unter den herausgeworfenen Sachen befand sich auch eine große FDJ-Fahne. Kaum lag sie auf der Straße, wurde die Fahne von Demonstranten im Vorbeigehen ergriffen und in Stücke gerissen.[25]

---

22 Vgl. Aussage des Fleischerlehrlings Wilfried K. vom 19.6.1953; BStU, ASt Halle, AP 222/55, Bd. 1, Bl. 14; siehe auch den Zeitzeugenbericht von B. Suckfüll.

23 Aussagen der Verkäufer Heinz F. und Joachim K. vom 27.6.1953; BStU, ASt Halle, AU 138/53, Bd. 1, Bl. 50 u. 56; Zeitzeugenbericht von P. Bohley.

24 Vgl. Aussagen des Schweißers Kurt V. und des Kraftfahrers Heinz P. vom 18.6.1953; BStU, ASt Halle, AU 267/54, Beiakte, Bl. 25 f.

25 Vgl. Aussage des Lehrlings Georg A. vom 20.6.1953; Aussage des Aufzugführers Adolf P. vom 27.6.1953; BStU, ASt Halle, AP 82/55, Bd. 1, Bl. 16, u. AU 138/53, Bd. 1, Bl. 47.

Gegen 19.15 Uhr erreichten die Demonstranten den Thälmannplatz. Sie zogen Losungen rufend, über den von Kriegsschäden schwer gezeichneten Platz, bogen in die Leninstraße (heute Magdeburger Straße) ein und marschierten in Richtung Marx-Engels-Platz (heute Steintor) weiter. Abermals verließ eine größere Gruppe den Demonstrationszug, 800 bis 900 Demonstranten blieben auf dem Thälmannplatz zurück. Die Ursache dafür war vermutlich das »weiße Haus«, der Sitz der SED-Kreisleitung Halle, das von der gegenüberliegenden Seite des Platzes herüberleuchtete. Am Vormittag war es nicht gelungen, dieses Gebäude zu besetzen. Nun liefen etliche Demonstranten dorthin und versuchten erneut, es zu erstürmen. Was jedoch schon den Aufständischen am Vormittag nicht geglückt war, gelang am Abend erst recht nicht. Angehörige des »Betriebsschutzes« und Volkspolizisten erwarteten die anstürmenden Demonstranten mit gezogenen Pistolen. Nach der Aufforderung eines Polizeioffiziers stehen zu bleiben, peitschten mehrere Schüsse über den Thälmannplatz. Laut offizieller Polizeimitteilungen soll es sich dabei nur um Warnschüsse gehandelt haben. Andererseits meldeten interne Polizeiberichte, dass mindestens zwei Personen in den Abendstunden vor der SED-Kreisleitung angeschossen worden waren. Ein Angestellter der Bahnpost, der *»offenbar nicht an den Demonstrationen beteiligt war«*, sondern *»sich auf dem Weg zu seiner Dienststelle«* befand, wurde so schwer verletzt, dass er auf dem Weg ins Krankenhaus an seiner Schussverletzung verstarb.[26]

Die Schüsse und der Anblick der Verletzten stoppten die Aufständischen. Sie ließen vorerst von der SED-Kreisleitung ab. Dafür brachen Demonstranten nun das Postenhaus der Verkehrspolizei auf dem Thälmannplatz auf und setzten die Lautsprecheranlage in Gang. Nach dem bisherigen Forschungsstand haben vier Männer durch das Mikrofon des Postenhauses am Thälmannplatz gesprochen. Von drei Sprechern konnte die Identität nicht ermittelt werden und auch über die Reihenfolge ihres Auftritts sind keine eindeutigen Aussagen möglich. Wahrscheinlich sprach zuerst ein junger Mann im Alter zwischen 25 und 28 Jahren. Er informierte die Menschen auf dem Thälmannplatz über die abendliche Großkundgebung auf dem Hallmarkt und die dort aufgestellten Hauptforderungen der Hallenser Einwohner. Dann rief er alle Anwesenden auf, den Generalstreik der Hallenser Arbeiter am 18. Juni für die Durchsetzung dieser Forderungen zu unterstützen. Nach ihm sprachen zwei Jugendliche. Ihre Äußerungen entfachten kurzzeitig tumultartige Zustände auf dem Thälmannplatz, denn sie ließen in den Reden ihrer Empörung über die Schüsse vor der SED-Kreisleitung freien Lauf. Ihre kurzen, zornigen Ansprachen wurden von vielen zustimmenden Zwischenrufen und Pfiffen begleitet. Zunächst animierten die jugendlichen Sprecher mit ihren Worten andere junge Aufständische zum abermaligen Angriff auf

---

26 Vorschlag des Chefs der BdVP über die Beisetzung der Opfer am 17. Juni 1953, 22.6.1953; LAM, Bestand BdVP Halle 19, Nr. 74, Bl. 96; Aussage des Tiefbauarbeiters Heinz W. vom 19.6.1953; BStU, ASt Halle, AP 152/55, Bd. 1, Bl. 10 f.

die SED-Kreisleitung. Auch diese Attacken wurden von den Volkspolizisten am »weißen Haus« mit Warnschüssen abgewehrt.[27]

Der Auftritt der beiden Jugendlichen hatte aber auch noch eine andere Auswirkung. Er führte zu einer zeitweiligen Radikalisierung von Demonstranten auf dem Thälmannplatz, die es für einzelne Polizisten sowie für SED- und Staatsfunktionäre sehr gefährlich machte, sich in der Nähe des Platzes aufzuhalten. Der Richter Franz S. und die Schriftführerin K. vom Kreisgericht Halle wurden Opfer dieser aufgeheizten Stimmung. Sie hielten sich zu dem Zeitpunkt gerade in der Gaststätte »Riebeck-Bräu« am Thälmannplatz auf. Zwei Männer, die Richter S. vor einiger Zeit wegen Diebstahls verurteilt hatte, erkannten ihn. Einer der Männer, der Hilfsarbeiter Horst Z., ging zum Lautsprecher und ließ durchsagen, dass sich in der Gaststätte ein Staatsanwalt oder Volksrichter befände, der zur Rechenschaft gezogen werden müsste. Daraufhin zog eine Reihe von Demonstranten zum Eingang der Gaststätte. Horst Z., dessen Freundin und vier andere Männer gingen hinein und zerrten den Amtsrichter gewaltsam hinaus auf die Straße. Hier wurde er niedergeschlagen und von mehreren Personen misshandelt. Die Gerichtsschreiberin K. und ein Gast, die beide den Richter verbal verteidigten, wurden noch in der Gaststätte niedergeschlagen. Erst als einige Krankenschwestern aus den Universitätskliniken hinzukamen und sich um den Schwerverletzten kümmerten, ließen die Angreifer von Richter S. ab. Zwei Wochen später wurde Horst Z. von seiner Freundin, die Angst vor Strafverfolgung hatte, an das MfS verraten. Sie erhielt dafür Straffreiheit. Weil kein weiterer Beteiligter an der Misshandlung des Amtsrichters ausfindig gemacht werden konnte, verurteilte das Bezirksgericht Halle Horst Z. im Juli 1953 als »alleinigen Schuldigen« zu acht Jahren Zuchthaus und Zahlung eines Schmerzensgelds.[28]

Dieser Vorfall sowie die immer wieder über den Platz peitschenden Schüsse der Polizei veranlassten den Tiefbauarbeiter Heinz Wettin, zur Lautsprecheranlage zu gehen und eine Durchsage zu machen. Er mahnte, unnützes Blutvergießen zu vermeiden und auch nicht weiter gegen die Volkspolizei vorzugehen. Ein Streik könne auch ohne Gewalt erfolgreich durchgeführt werden. Am Schluss wies er darauf hin, dass jeder Teilnehmer bis 21.00 Uhr nach Hause gehen sollte, da der Ausnahmezustand verhängt worden sei.[29] Seine Worte sowie der Anblick des blutenden Amtsrichters ernüchterten offenbar die aufgebrachten Demonstranten und trugen zur Entspan-

---

[27] Vgl. Aussage des Ofensetzers Heinz H. vom 22.6.1953; Aussage des Waggonbauers Horst F. vom 20.6.1953; Aussage des Fleischers Siegfried S. vom 8.7.1953; BStU, ASt Halle, AU 208/53, Bd. 2, Bl. 18, u. AP 237/55, Bd. 1, Bl. 8, sowie AU 195/53, Bd. 2, Bl. 36.

[28] Vgl. die Aussagen von Horst Z., Hannelore H. und von Franz S. vom 1., 4. und 9.7.1953; BStU, ASt Halle, AU 195/53, Bd. 1, Bl. 62 f., u. Bd. 2, Bl. 21–24; siehe auch einen Bericht der Bezirksstaatsanwaltschaft an die SED-Bezirksleitung vom 18.6.1953; LAM, Bestand SED-Bezirksleitung Halle, IV/2/3, Nr. 611, Bl. 29.

[29] Vgl. Aussage des Tiefbauarbeiters Heinz W. vom 19.6.1953; BStU, ASt Halle, AP 152/55, Bd. 1, Bl. 11.

nung der Situation auf dem Platz bei. Gegen 20.00 Uhr löste sich die Ansammlung auf dem Thälmannplatz allmählich auf.

Inzwischen war der Demonstrationszug, der nur noch aus 1 500 bis 2 000 Personen bestand, in Richtung Reileck weiter marschiert. Auf dieser Route, über die Leninstraße, den Marx-Engels-Platz und die Ludwig-Wucherer-Straße, kamen die Demonstranten zuerst an den Universitätskliniken vorbei. Aus den Fenstern der Kliniken winkten einzelne Mediziner und Krankenschwestern den Demonstranten zu. Als sich der Zug gegen 19.30 Uhr dem Backsteinbau der SED-Bezirksleitung näherte, äußerten einige jugendliche Demonstranten lautstark, noch einmal in die Bezirksleitung eindringen zu wollen. Der Anblick mehrerer sowjetischer Panzer, etlicher sowjetischer Soldaten und vieler KVP-Polizisten, die das Gebäude hermetisch abgeriegelt hatten, hielt sie jedoch zurück. Dafür stimmten die Aufständischen trotzig das Deutschlandlied an und zogen unter lautem Singen an dem Gebäude vorbei, in dem gerade die Bezirkseinsatzleitung tagte.[30] Dieser Vorfall veranlasste die Demonstranten, nicht noch einmal zum Rat des Bezirkes in der Nähe der Ludwig-Wucherer-Straße zu gehen. Schließlich erreichte der Demonstrationszug das Reileck. Hier waren inzwischen alle selbstgefertigten Plakate, die von Aufständischen an dem Haus des Verkehrspostens angebracht worden waren, verschwunden. Studenten eines nahe gelegenen Instituts der Martin-Luther-Universität hatten sie unter Führung ihres Parteisekretärs schon gegen 17.45 Uhr abgerissen und zerstört. Obwohl man diese Aktion zu einem Zeitpunkt durchgeführt hatte, als sich fast alle Aufständischen zur Großkundgebung auf dem Hallmarkt aufhielten, wurde sie später in den Berichten der Universitätsparteileitung (UPL) als ein Beispiel für »*entschlossenes, mutiges Auftreten weniger Genossen gegen die faschistischen Provokateure*« hervorgehoben.[31]

Am Reileck teilte sich der Demonstrationszug. Während ein großer Teil der Demonstranten in die Händelstraße einbog, gingen die übrigen Teilnehmer geradeaus über die Bernburger Straße und die Geiststraße zurück zum Marktplatz.[32] Warum sich einige Demonstranten hier absonderten, ist nicht bekannt. Vielleicht fanden sie es unsinnig, durch das Villenviertel in Halles Westen zu ziehen, oder sie hatten Angst, an dem in der Nähe befindlichen Zuchthaus »Roter Ochse« vorbeizumarschieren. Inzwischen hatte es sich in der Stadt herumgesprochen, dass beim Angriff auf das Zuchthaus mehrere Demonstranten durch Polizeikugeln verletzt oder gar getötet worden waren. Selbst in den Abendstunden befanden sich noch verletzte Aufständische in den Straßen am »Roten Ochsen«. Die vor dem Demonstrationszug fahrende Motorradbesatzung kümmerte sich im Advokatenweg um solch einen Verletzten. Sie setzte den

---

30 Vgl. Bericht eines Informators an die BPKK Halle, 17.6.1953; LAM, Bestand SED-Bezirksleitung Halle, IV/2/4, Nr. 1132, Bl. 67; siehe auch den Zeitzeugenbericht von P. Bohley.

31 Stellungnahme des UPL-Mitgliedes Ernst S. zu seinem Verhalten am 17. Juni 1953, o. D.; LAM, Bestand SED-Grundorganisation der Universität, IV/7/501, Nr. 16a, Bl. 74 f.

32 Vgl. Aussage des Lehrlings Georg A. vom 20.6.1953; BStU, ASt Halle, AP 82/55, Bd. 1, Bl. 16.

Verwundeten in den Beiwagen und fuhr ihn zur Universitätsklinik. Danach holten Heinz Pohl und Kurt Vocke noch einen zweiten Verletzten vom Mühlweg ab und brachten ihn in das Elisabethkrankenhaus.[33] Der Anblick der Verwundeten war für die Mehrheit der Demonstranten Anlass, in gebührender Entfernung an dem Zuchthauskomplex vorbeizuziehen. Der Demonstrationszug bog vom Advokatenweg in den Mühlweg ab und bewegte sich dann durch das Neuwerk zum Robert-Franz-Ring.

Diese Marschroute war für die Demonstranten jedoch auch nicht ungefährlich, denn am Anfang des Robert-Franz-Rings befand sich das Gebäude der Bezirksverwaltung für Staatssicherheit Halle. Der Standort war vielen Einwohnern von Halle zur damaligen Zeit angeblich nicht bekannt. Vielleicht war auch aus diesem Grund einer der Lautsprecherwagen der Aufständischen am Nachmittag arglos hier entlang gefahren und direkt in eine Falle von MfS-Mitarbeitern geraten. Als nun der Demonstrationszug gegen 20.15 Uhr an der Bezirksverwaltung vorbeimarschieren wollte, wurde er plötzlich aus einigen Fenstern des Stasi-Gebäudes mit Pistolen oder Gewehren beschossen. Dem überraschenden Angriff fiel ein jugendlicher Demonstrant zum Opfer, weitere sollen verletzt worden sein. Diese Schüsse aus der Bezirksverwaltung für Staatssicherheit gehören zu den nebulösen Vorfällen vom 17. Juni 1953 in Halle. Außer den Aussagen des Streikführers Klaus Kother liegen darüber nur wenige Hinweise anderer Demonstrationsteilnehmer vor.[34] Besonders bemerkenswert ist aber, dass es weder in den Berichten der SED-Bezirksleitung und der Bezirksparteikontrollkommission noch in den Meldungen der Polizeibehörde oder des MfS einen Hinweis auf die Schüsse am Robert-Franz-Ring gibt. Nur in den »streng vertraulichen« Listen über die in die halleschen Kliniken am 17. Juni eingelieferten Verletzten und Toten wurde ein »unbekannter Toter« aufgeführt.[35] Erst aktuelle Forschungen konnten die Identität des erschossenen Demonstranten weitgehend aufhellen und damit auch das Vorkommnis vor dem Stasi-Gebäude bestätigen. Warum es keine schriftlichen Berichte über den Schusswaffengebrauch vor der Stasi-Bezirkszentrale gibt, wird wahrscheinlich für immer ungeklärt bleiben. Da angesichts der »Berichtswut« innerhalb der SED und ihrer bewaffneten Organe Vergesslichkeit auszuschließen ist, bleiben nur Zynismus oder aber Schamgefühl und Angst vor der Stimmung innerhalb der Bevölkerung als mögliche Begründungen übrig. Vielleicht waren sich die MfS-Mitarbeiter und ihre Vorgesetzten im Klaren darüber, dass sie mit den Schüssen auf den abendlichen Demonstrationszug, dessen Teilnehmer keine Anstalten machten, das Stasi-Gebäude

---

33 Vgl. Aussage des Schweißers Kurt V. und des Kraftfahrers Heinz P. vom 18.6.1953; BStU, ASt Halle, AU 267/54, Beiakte, Bl. 26.

34 Vgl. Aussage des Lehrlings Klaus K. vom 10.12.1953; BStU, ASt Halle, AU 36/54, Bd. 2, Bl. 52; siehe die Zeitzeugenberichte von G. Nedtwig und P. Bohley.

35 Vgl. Aufstellung der am 17.6.1953 eingelieferten Verletzten in die Chirurgie der Universität, 18.6.1953 sowie Kurzbericht der Abteilung Gesundheitswesen beim Rat des Bezirkes Halle an die SED Bezirksleitung, 18.6.1953; LAM, Bestand SED-Bezirksleitung Halle, IV/2/55, Nr. 1134, Bl. 250–252.

anzugreifen, völlig überzogen reagiert hatten. Damit hatten sie allen Grund, die Angelegenheit totzuschweigen.

Die Schüsse sprengten den Demonstrationszug. Viele Demonstranten ergriffen die Flucht und gingen so schnell sie konnten nach Hause. Nur noch jene Demonstrationsteilnehmer, die sich an der Spitze des Zuges aufgehalten hatten, erreichten den Hallmarkt. Hier endete die abendliche Demonstration. Die Teilnehmer kamen zu einem Platz zurück, der inzwischen fast menschenleer war. Das musste nicht verwundern, denn 21.00 Uhr sollte laut Ankündigung des sowjetischen Militärkommandanten die Ausgangssperre beginnen und jeglicher Aufenthalt auf den Straßen und Plätzen als Straftat geahndet werden. Angesichts des leeren Hallmarktes hielten es nun auch viele der übrig gebliebenen Demonstranten für vernünftiger, nach Hause zu gehen. Doch etliche Jugendliche hatten dazu noch immer keine Lust. Sie wussten von verletzten und toten Aufständischen nur vom Hörensagen und meinten aus diesem Grund sowie aus Übermut, die Polizei und die sowjetischen Soldaten ungestraft provozieren zu können. Überdies war ihnen der Ernst der Ausgangssperre nicht bewusst. Diese Jugendlichen zogen weiterhin in kleinen Gruppen durch die Straßen im Süden der Saalestadt, oder sie gingen zum Marktplatz, von dem noch immer Rufe und einzelne Schüsse zu hören waren.

Auf dem Marktplatz hatten sich unterdessen die Reihen der Demonstrierenden ebenfalls sichtbar gelichtet. Trotzdem hielten sich gegen 21.00 Uhr noch immer viele Einwohner hier auf und diskutierten miteinander.[36] Seit dem Beginn der Sperrstunde begannen die KVP-Truppen jedoch, den Platz mit merklich größerer Entschlossenheit zu räumen und jeden, der ihren Aufforderungen nicht augenblicklich nachkam, zu verhaften. Sie konnten sich solch ein Vorgehen erlauben, weil die Bewaffneten auf dem Marktplatz den Demonstranten allmählich zahlenmäßig überlegen waren. Darüber hinaus befanden sich gegen 21.00 Uhr kaum noch jene Aufständischen dort, die tagsüber Ämter sowie Gefängnisse gestürmt und Polizisten entwaffnet hatten. Statt dieser wehrhaften Demonstranten hielten sich mittlerweile fast nur noch Neugierige im Stadtzentrum auf, die nicht die Absicht hatten, der Polizei ernsthaft Widerstand zu leisten. So war es für die Uniformierten nicht mehr allzu schwer, Stärke zu demonstrieren. Die KVP marschierte in Reihe mit vorgehaltenem Gewehr und aufgepflanztem Bajonett über den Marktplatz und trieb die Menschen vor sich her. Zugleich wurden die Große und die Kleine Ulrichstraße, die Brüderstraße, die Talamtstraße und die Rathausstraße hermetisch abgeriegelt. Dadurch blieb den Betroffenen keine andere Möglichkeit, als durch die Leipziger Straße oder die Schmerstraße zu fliehen und auf Umwegen nach Hause zu gelangen. Passanten, die nicht rechtzeitig vor dem Polizeikordon weglaufen konnten, wurden mit Fäusten, spitzen Bajonetten oder gar

---

[36] Vgl. Meldung der Genossin S. an die SED-Kreisleitung, 17.6.1953 (21.15 Uhr); LAM, Bestand SED-Bezirksleitung Halle, IV/2/55, Nr. 1135, Bl. 167.

Gewehrkolben vorwärts gestoßen. Wer dagegen laut protestierte, auf den stürzten sich sofort mehrere Volkspolizisten und zerrten ihn zu bereitstehenden Polizeilastwagen. Dort eröffnete man den abgeführten Personen, dass sie verhaftet seien und transportierte sie in eines der halleschen Gefängnisse.[37] Teilnehmer berichteten auch von einem jungen Arbeiter, der einem KVP-Soldaten, welcher das Bajonett auf ihn richtete, das Gewehr zur Seite schlug. Er wurde ebenfalls festgenommen und abgeführt.[38] Bürger, die aufgrund des Andrangs nicht schnell genug weiterkamen oder an den Straßensperren vorbei wollten, mussten auch damit rechnen, verhaftet zu werden.[39] Auf diese Weise gelang es den Ordnungskräften, die Straßen und Plätze im Stadtzentrum alsbald zu räumen.

Die sowjetischen Soldaten mit ihren Panzern hielten sich auf dem Marktplatz im Hintergrund und beobachteten nur noch die Aktionen der deutschen Polizei. Sie mussten nicht mehr eingreifen. Dafür streiften Gruppen sowjetischer Soldaten allein oder gemeinsam mit Volkspolizisten durch die halleschen Straßen und setzten auch hier die nächtliche Ausgangssperre durch. So zog allmählich Ruhe in Halle ein, die jedoch ab und zu von einzelnen Schüssen unterbrochen wurde. Während der gesamten Nacht zogen die Polizei- und Militärstreifen durch die Saalestadt und nahmen jeden fest, der sich noch im Freien aufhielt. Personen, die vor den Streifen weglaufen wollten, wurden mit Warnschüssen zum Stehenbleiben gezwungen. Die Einwohner hielten sich zumeist an das nächtliche Ausgehverbot. Sie betrachteten die Ausgangssperre als eine Maßnahme der Besatzungsmacht, mit der man sich nicht anlegen wollte. Doch viele Arbeiter und andere Bürger nahmen sich fest vor, am nächsten Tag die Streikaktionen fortzusetzen.

---

37 Vgl. Aussage des Lehrlings Horst M. vom 19.6.1953; Aussage des Krankenpflegers Horst E. vom 21.6.1953; BStU, ASt Halle, AP 79/55, Bd. 1, Bl. 6, u. AIM 1108/55, T. 1, Bd. 1, Bl. 37.

38 Vgl. Aussage des Schlossers Manfred G. vom 18.6.1953; BStU, ASt Halle, AP 214/55, Bd. 1, Bl. 10.

39 Vgl. Aussage des Kupferschmieds Heinz F. vom 20.6.1953; Aussage des Fleischerlehrlings Wilfried K. vom 19.6.1953; BStU, ASt Halle, AU 244/55, Bd. 1, Bl. 16, u. AP 222/55, Bd. 1, Bl. 14.

10 »Wir streiken weiter!« – Die Tage nach dem Volksaufstand

Am Morgen des 18. Juni 1953 glich Halle einer belagerten Stadt. Die von Politbüromitglied Fred Oelßner geleitete Bezirkseinsatzleitung und das sowjetische Militärkommando hatten die Nachtstunden genutzt, um weitere bewaffnete Kräfte in der Saalestadt zu konzentrieren. Als die ersten Einwohner nach dem Ende der Ausgangssperre um 6.00 Uhr auf die Straßen traten, bemerkten sie schnell, dass das Leben in der Großstadt noch nicht zur Normalität zurückgekehrt war. Zwar fuhren sämtliche Straßenbahnen wieder regelmäßig auf ihren festgelegten Strecken, doch niemandem entgingen die schwer bewaffneten Posten der Roten Armee, der KVP oder der Volkspolizei, die sich überall im Stadtzentrum aufhielten. Zusätzlich waren auf zentralen Plätzen und vor wichtigen Gebäuden, wie dem Ratshof, der SED-Bezirksleitung, dem Rat des Bezirkes, dem Postamt, dem Hauptbahnhof, sowie vor sämtlichen Strafvollzugsanstalten Panzer, Kanonen oder zumindest Maschinengewehre der Sowjetarmee in Stellung gebracht worden. Alles deutete darauf hin, dass die Bezirkseinsatzleitung die Situation am 18. Juni realistisch einschätzte und davon ausging, dass die Gefahr einer abermaligen Erhebung der Bevölkerung noch nicht gebannt war. Deshalb hatte die Bezirkseinsatzleitung Vorkehrungen getroffen, um etwaige Demonstrationen und Kundgebungen dieses Mal im Keim ersticken zu können. Die in einzelnen Betrieben vermuteten Streikbewegungen sollten isoliert und ebenfalls möglichst schnell beseitigt werden.

Neben der Konzentration der Polizeitruppen waren in der Nacht zum 18. Juni hunderte Plakate von Volkspolizisten und »zuverlässigen Genossen« überall in der Stadt angeklebt worden. Dabei handelte es sich um Aushänge mit unterschiedlichem propagandistischen Inhalt. Ein Plakat hatte den Aufruf der DDR-Regierung »An die werktätige Bevölkerung!« zum Gegenstand, den man am 18. Juni gleichfalls auf den Titelseiten aller Tageszeitungen lesen konnte. Der Aufruf war aber um die folgenden Sätze erweitert worden: »*Werktätige des Bezirkes Halle! Stellt Euch geschlossen hinter die Regierung! Sorgt überall für Ruhe und Ordnung!*«[1] Ein anderes Plakat verbreitete den Appell der SED-Bezirksleitung Halle an die »Werktätigen in Stadt und Land!« In diesem Appell wurde der Volksaufstand als ein vom »*amerikanischen und westdeutschen Imperialismus*« initiiertes und *von* »*faschistischen Provokateuren*«, »*von Westberliner Agenten*« und »*dunklen Elementen*« angezetteltes »*schändliches Treiben*« verunglimpft. Weiter hieß es, die Regierung habe diesem »*provokatorischen Treiben ein*

1 Die Erklärung der DDR-Regierung findet sich in: Freiheit v. 18.6.1953, S. 1; siehe auch LAM, Bestand BdVP Halle 19, Nr. 73, Bl. 76.

Ende gemacht und wird alle weiteren Versuche mit allen Mitteln verhindern«. Danach wurde in dem Appell an das Pflichtgefühl »*aller ehrlichen Arbeiter, Angestellten, Bauern, Intellektuellen und der Jugend*« appelliert, »*energisch gegen die Provokateure aufzutreten*«, vor allem aber nicht auf »*die Streikparolen der Agenten*« zu hören. »*Die Losung für alle ehrlichen Werktätigen muss jetzt heißen: Keine Stunde Arbeitsverlust, denn wir arbeiten für unser eigenes Wohl!*« Der Appell schloss mit der Mahnung, sich nicht von »*Banditen*« missbrauchen zu lassen. »*Schützt Eure Betriebe und Maschinen! Geht an die Arbeit!*«[2]

Die Alarmierung von Polizei und Militär sowie die Plakataktion waren ein Indiz für die Methoden, mit denen die SED-Führung und die Sowjetkommandantur am 18. Juni in Halle vorgehen wollten. Mit Polizeigewalt und Demagogie sollte die Bevölkerung von weiteren Streikaktionen und Demonstrationen abgehalten werden. Dieses Mal waren es die sowjetischen Offiziere, die angesichts ihrer vollständig vom Manöver zurückgekehrten Truppen für ein gewaltsames Vorgehen plädierten, während führende SED-Funktionäre zuerst mit »Agitationsgruppen« in die streikenden Betriebe gehen wollten. In einer Meldung vom Rat des Bezirkes hieß es dazu: »*Genosse Makarow, sowjetische Kontrollkommission, hat telefonisch angewiesen: Streikkomitees in den Betrieben sind sofort aufzulösen und Provokateure oder Rädelsführer einzusperren. [...] Genosse Schumann, 1. Kreissekretär* [der SED], *nimmt vorläufig noch Abstand davon.*«[3] Der weitere Verlauf der Ereignisse in Halle zeigte, dass sich Besatzungsmacht und SED-Führung schließlich darauf geeinigt hatten, beide Methoden gleichzeitig anzuwenden. Aus den Akten geht weiterhin hervor, dass eigentlich noch eine dritte Vorgehensweise zur Niederschlagung des Aufstandes geplant war: die Verhaftung der »Haupträdelsführer«. Diese Taktik, die bereits in der Nacht zum 18. Juni versucht wurde, war jedoch vollständig gescheitert. Der Grund des Scheiterns lag darin, dass bis auf wenige Ausnahmen weder Kriminalpolizei noch Staatssicherheitsdienst die Streikführer kannten. So fiel das Ergebnis der nächtlichen Verhaftungen für die Sicherheitskräfte sehr unbefriedigend aus. In der Hoffnung, dass einige »Haupträdelsführer« erneut vor die Öffentlichkeit treten würden, wollten die Verantwortlichen von Polizei und MfS die Ereignisse am 18. Juni abwarten.

Der Arbeitsbeginn am Donnerstag, dem 18. Juni, bewies, dass die Vorahnungen und Befürchtungen der Bezirkseinsatzleitung weitgehend berechtigt waren. Ungeachtet der Polizeiaufmärsche und der SED-Propaganda auf Plakaten, in Zeitungen sowie im Rundfunk glaubten viele Arbeiter und Angestellte in Halle noch immer, ihre Forderungen mit einem Generalstreik durchsetzen zu können. Das Triumphgefühl, welches die Kundgebungsteilnehmer am Vortag erfasst hatte, beherrschte noch viele

2 Ebenda, Bl. 98. Der Inhalt des Appells findet sich auch in: Freiheit v. 18.6.1953, S. 1.

3 Meldung vom Rat des Bezirkes Halle an die SED-Bezirksleitung Halle, 18.6.1953 (9.15 Uhr); LAM, Bestand SED-Bezirksleitung Halle, IV/2/55, Nr. 1135, Bl. 211.

Auf allen zentralen Plätzen sind Panzer stationiert worden.

Menschen. Etliche Arbeiter gingen deshalb am 18. Juni überhaupt nicht in ihre Betriebe, sondern blieben zu Hause. Die Mehrheit der Arbeitnehmer begab sich zwar zu ihren Arbeitsstellen, sie beschäftigte sich jedoch vor allem mit den Fragen: Streiken wir, wie es auf der Großkundgebung beschlossen wurde, oder geben wir klein bei? Wie viele Fabriken werden sich an den Streiks beteiligen? In allen Betrieben der Saalestadt wurden diese Fragen zu Dienstbeginn von der Belegschaft lebhaft diskutiert. Die Mehrheit war sich darüber im Klaren, dass nur ein umfassender Streik vieler Unternehmen die SED-Führung zum Einlenken zwingen würde. Die Betriebsleitungen sowie die SED- und Gewerkschaftsfunktionäre bemühten sich währenddessen nach Kräften, die Arbeitnehmer vom Streik abzuhalten. Trotzdem traten die Belegschaften von 34 halleschen Fabriken, von zwei Kaufhäusern, vom Bahnpostamt und von den Reichsbahnwerkstätten (insgesamt etwa 19 000 Beschäftigte) erneut in den Streik. Damit streikten insgesamt weniger Unternehmen als am Vortag (55 Betriebe).[4] Es beteiligten sich dieses Mal jedoch auch neun Betriebe an dem Aufstand, deren Belegschaften am 17. Juni nicht gestreikt hatten, wie die Pumpenwerke, das Heizkraftwerk Trotha und die »Halloren«-Süßwarenwerke. Die Beschäftigten des Waggonbaus

4 Vgl. Aufstellung der BdVP Halle über die Gesamtzahl der Betriebe und Arbeiter, welche am 17. und 18.6.1953 in den Streik getreten sind, 1.7.1953; LAM, Bestand BdVP Halle 19, Nr. 75, Bl. 30.

(LOWA) Ammendorf und der Stahlbaufabrik (ABUS) erklärten sogar, bei Nichterfüllung ihrer Forderungen abermals demonstrieren zu wollen.

In allen streikenden Unternehmen setzten die Arbeitnehmer zuerst die SED-hörigen Betriebsgewerkschaftsleitungen (BGL) ab und wählten statt dessen Streikleitungen. Die Streikleitungen sollten die Interessen der Arbeiter wahrnehmen. Sie organisierten zunächst Belegschaftsversammlungen, in denen die Forderungen der Arbeiter zusammengefasst und schriftlich festgehalten wurden. Sämtliche Forderungskataloge hatten dabei das Programm des Zentralen Halleschen Streikkomitees vom 17. Juni zum Vorbild. Aus diesem Grund fanden sich in allen Aufstellungen die gleichen Grundforderungen:[5]

1. Rücktritt der DDR-Regierung;
2. freie, geheime, gesamtdeutsche Wahlen zur Herstellung der Einheit Deutschlands;
3. Überprüfung aller Arbeitsnormen und Rücknahme der Normerhöhung;
4. Senkung der HO-Preise um 30 bis 40 Prozent;
5. Erhöhung der Renten (insbesondere der unteren Gruppen);
6. Freilassung aller politischen Häftlinge (auch der am 17. Juni Verhafteten);
7. Freiheit in Wort und Bild (Garantie der Rede- und Pressefreiheit);
8. Wiedereinführung der bis 1952 geltenden Sozialversicherungsnormen;
9. Abberufung aller SED- und Gewerkschaftsfunktionäre aus den Betrieben;
10. würdige Beerdigung der Opfer des 17. Juni und Unterstützung der Angehörigen.

Danach verhandelten die Streikleitungen als Vertreter der Belegschaft mit den jeweiligen Betriebsleitungen über die Erfüllung der Forderungen. Weiterhin schickten sie Abordnungen zu anderen Betrieben, um die Aktionen zu koordinieren. Für die Fahrten dorthin durften die Abordnungen oft die Dienstwagen der Betriebe benutzen. Die Abgesandten der Streikleitungen trugen meistens schriftliche Vollmachten bei sich, die von der jeweiligen Streikleitung und oft auch von dem zuständigen Betriebsleiter unterschrieben waren. Diese Bescheinigungen sollten sie vor eventuellen Verhaftungen schützen. Sie bewirkten aber zumeist das Gegenteil. Denn sobald eine Abordnung in die Hände der Polizei geriet, galt solch eine Vollmacht als Beweis für »provokatorische Absichten«. Die Abgesandten der Fabriken sollten oftmals nur erkunden, ob in anderen Unternehmen ebenfalls gestreikt wurde. In einigen Betrieben war ihre Ankunft aber auch der Auslöser zum Streik.[6] So führte die Anwesenheit einer Arbeiterdelegation der LOWA Ammendorf zu den Arbeitsniederlegungen in den Hallenser Pumpenwerken.[7]

---

[5] Die Forderungen wurden vom Autor aus neun Forderungskatalogen hallescher Betriebe zusammengestellt.

[6] Vgl. Aussage des Kfz-Schlossers Philipp M. vom 20.6.1953; Aussage des Lackierers Josef K. vom 19.6.1953; BStU, ASt Halle, AP 74/55, Bd. 1, Bl. 8, u. AP 61/55, Bd. 1, Bl. 6 f.

[7] Vgl. Aussage des Malers Paul P. vom 14.4.1954; BStU, ASt Halle, AU 208/54, Bd. 1, Bl. 122.

Neben dem Waggonbau Ammendorf, dem IfA-Karosseriewerk und dem Dampfkesselbau Hohenturm war die Stahlbaufabrik »ABUS« am 18. Juni 1953 eines der bedeutendsten Streikzentren in der Saalestadt. Am Beispiel der Ereignisse bei »ABUS« sollen Entstehung und Verlauf der Streikbewegung in den halleschen Betrieben am 18. Juni veranschaulicht werden:

Die Arbeiter und Angestellten der »ABUS«-Werke, die zwischen 6.00 Uhr und 7.00 Uhr im Werk I oder II ankamen, beabsichtigten nicht, die Arbeit sofort aufzunehmen. Sie blieben am Werktor, auf dem Hof oder in ihren Abteilungen in kleinen Gruppen stehen und berieten darüber, ob und wie der Streik in ihrer Fabrik fortgesetzt werden sollte. Die Mehrheit trat dafür ein, den Streik weiterzuführen, so wie es auf der Großkundgebung am Vortag festgelegt worden war. Keiner der anwesenden Arbeiter wollte jedoch die Initiative übernehmen und dieses Ansinnen laut verkünden. Alle warteten auf einen der Streikführer vom Vortag. Als der Leiter der Lohnbuchhaltung, der 54-jährige Paul Wiegelmann, gegen 6.50 Uhr das kleinere Werk I von »ABUS« betrat, bemerkte er eine für diese Tageszeit unnormale Ruhe. Verwundert fragte Wiegelmann den verantwortlichen Meister, was das zu bedeuten habe. Der Meister antwortete ihm, dass im Werk I vorerst nicht gearbeitet werde, bis die drei Arbeiter zurückkämen, die er zur Erkundung in das Werk II geschickt habe.[8] Im Werk II informierte sich zur selben Zeit der 54-jährige Technologe Rudolf Tesch bei den am Fabriktor stehenden Arbeitern über die Lage im Betrieb. Sie sagten ihm, dass sie auf Anweisungen des Streikkomitees warteten, eher werde nicht gearbeitet.[9]

Gegen 7.00 Uhr versammelten sich die gesamte Belegschaft von Werk II sowie die drei Abgesandten von Werk I im Speiseraum und warteten auf ihren Kollegen Hans Höring, den Vertreter des Zentralen Streikkomitees. Überraschend betraten der Sekretär der Betriebsparteiorganisation (BPO), der Arbeitsdirektor, der Kaderleiter (Personalchef) und der Vorsitzende der Betriebsgewerkschaftsleitung den Raum. Der Kaderleiter rief den Anwesenden zu: »*Wollt Ihr nun weiterarbeiten oder nicht?*« Ein lautes »*Nein!*« schallte ihm entgegen. Daraufhin trat der Parteisekretär vor. Er fragte die Anwesenden in vorwurfsvollem Ton, ob sie nicht die Aufforderung der Regierung, Ruhe und Ordnung zu halten, vernommen hätten; wer nicht arbeite, der gehe faschistischen Elementen auf den Leim und beschädige das Volkseigentum. Jeder, dem sein Betrieb am Herzen liege, müsse ihn beschützen, indem er an die Arbeit gehe. Diese Rede weckte bei den Arbeitern von »ABUS« viele Emotionen. Sie unterbrachen den SED-Funktionär immer wieder mit erregten Zwischenrufen. So wurde ihm entgegnet, dass andere Fabriken ebenfalls streikten und die Bonzen endlich aus dem Werk verschwinden sollten. Als die Stimmung im Speisesaal immer bedrohlicher wurde, meldete sich einer der ältesten und angesehensten Arbeiter von Werk II, der

---

8 Vgl. Aussage des Lohnbuchhalters Paul W. vom 18.6.1953; BStU, ASt Halle, AU 204/53, Bd. 2, Bl. 72.

9 Vgl. Aussage des Technologen Rudolf T. vom 19.6.1953; ebenda, Bd. 1, Bl. 97.

58-jährige Schmied Franz Thielicke, zu Wort. Er beschwor die Anwesenden, sich doch nicht gegenseitig zu prügeln. Dann rief er, selbstverständlich wolle jeder den Betrieb erhalten, aber dafür seien Männer wie der Parteisekretär und der Kaderleiter nicht nötig. Diese Funktionäre, welche die Arbeiter nur belogen und betrogen hätten, müssten sofort abtreten. Zum Ende seiner mit viel Beifall bedachten Rede schlug Franz Thielicke vor, Kollegen zu anderen Betrieben zu schicken, die erkunden sollten, was in Halle los sei.[10]

Noch ehe Franz Thielicke seine Ansprache beendet hatte, rief der Arbeitsdirektor laut dazwischen: *»Jetzt kommt der Kollege Höring, vielleicht kann er uns Auskunft geben!«* Hans Höring, der am Vortag die Führung des Streiks bei ABUS übernommen hatte,[11] musste die Frage des Arbeitsdirektors verneinen, da er von seiner Wohnung kam. Er schlug vor, eine Streikleitung im Werk zu bilden. Doch vorher müsse die Verbindung zum Zentralen Streikkomitee hergestellt werden. Nur ein organisierter Streik möglichst vieler Betriebe könne die Forderungen der Streikenden durchsetzen. Den Kontakt zum Zentralen Streikkomitee wollte Hans Höring selbst herstellen, da er die Verbindungsleute kannte. Franz Thielicke und der Schweißer Franz Hurny erklärten sich bereit, ihn auf dem nicht ungefährlichen Weg in das Stadtzentrum zu begleiten. Andere Kollegen sollten inzwischen zu den Firmen in der Umgebung von »ABUS« gehen und herausfinden, ob dort ebenfalls gestreikt wurde. Außerdem sollte die Belegschaft des Werkes I zum Werk II geholt werden.[12] Weil diese Vorschläge von allen Anwesenden akzeptiert wurden, löste sich die Versammlung im Speisesaal des Werkes II um 7.30 Uhr vorübergehend auf. Während Hans Höring, Franz Thielicke und Franz Hurny im Betriebs-Pkw zum Marktplatz fuhren, begaben sich Arbeiterdelegationen von »ABUS« zu den Fabriken in der näheren Umgebung. Die Mehrzahl der streikenden Arbeiter und Angestellten ging einstweilen hinaus auf den Fabrikhof oder stellte sich an das Fabriktor. Nur die Mitglieder der Betriebsleitung sowie die SED- und BGL-Funktionäre blieben zurück. Sie konstatierten bestürzt, dass ihnen die Kontrolle immer weiter entglitt und es ihnen nicht gelungen war, ihre Mitarbeiter zu überzeugen. Unbemerkt zogen sie sich in ihre Dienstzimmer zurück. Von dort telefonierte der Parteisekretär mit der zuständigen SED-Stadtbezirksleitung. Er schilderte die Situation im Werk und bat um Hilfe. Die Funktionäre der Stadtbezirksleitung benachrichtigten umgehend die Bezirkseinsatzleitung, die sie beauftragte, den Sekretär für Wirtschaftsfragen zur Unterstützung in das »ABUS«-Werk II zu schicken.[13] Darüber hinaus sollten einige »Genossen« unauffällig das »ABUS«-Werk beobachten

---

[10] Vgl. Aussage des Schmieds Franz T. vom 18.6.1953; ebenda, Bl. 19 f.; Aussage des Vorzeichners Walter D. vom 21.6.1953; ebenda, Bd. 2, Bl. 90 f.

[11] Siehe den Anfang des Kapitels 7.

[12] Vgl. Aussage des Gütekontrolleurs Hans H. vom 20.6.1953; BStU, ASt Halle, AU 99/53, Bd. 4, Bl. 113.

[13] Vgl. Bericht der Parteikontrollkommission des Stadtbezirks V an die BPKK, 18.6.1953; LAM, Bestand SED-Bezirksleitung Halle, IV/2/55, Nr. 1133, Bl. 70–74.

und bei einer Zuspitzung der Situation sofort die Einsatzleitung alarmieren. In der Zwischenzeit hatten die Abgesandten des Werkes I von »ABUS« ihre Kollegen informiert und sie aufgefordert, zum Werk II zu kommen. Daraufhin zog die gesamte Belegschaft des Werkes I zum Werk II.[14] Auf dem Weg durch die Grenzstraße kam der Zug an der »VAKA«-Maschinenfabrik[15] vorbei. Hier hatten die Arbeiter bereits vom Streik in der großen Nachbarfabrik gehört und ebenfalls die Arbeit niedergelegt. Als nun der Zug der »ABUS«-Werker vorbeilief, kamen die »VAKA«-Arbeiter aus ihrem Betrieb heraus und schlossen sich an. Diese einer Demonstration sehr ähnliche Kolonne erschreckte die »Beobachter« von der SED-Stadtbezirksleitung. Sie alarmierten besorgt die Bezirkseinsatzleitung, die umgehend ein Schnellkommando der BdVP zum »ABUS«-Werk kommandierte. Als der Polizeitrupp gegen 8.30 Uhr vor dem Werk II eintraf, hatte die Arbeiterkolonne aber bereits das Werktor passiert. Beim Anblick der mit Signalhorn heranrasenden Polizeifahrzeuge zogen sich alle Streikenden auf das Werkgelände zurück. Sie schlossen das Fabriktor und verbarrikadierten es. Das Volkspolizeikommando blieb einige Minuten unschlüssig vor dem Werk stehen und zog dann wieder ab.

Unterdessen hielten Hans Höring und seine Begleiter auf dem Marktplatz von Halle Ausschau nach dem Zentralen Streikkomitee. Hans Höring hatte sich daran erinnert, dass das Streikkomitee am 18. Juni um 7.00 Uhr auf dem Marktplatz zusammenkommen wollte, um den Generalstreik in der Saalestadt zu organisieren. Erstaunlicherweise kamen ihm trotz der überall präsenten Uniformierten noch keine Zweifel, ob die Erhebung wirklich so wie bisher fortgeführt werden konnte. Offenbar waren er und seine Begleiter sich auch der Gefahr nicht bewusst, in der sie schwebten. Wahrscheinlich gehörte Hans Höring zu jenen heroischen Streikführern, die glaubten, weil die Streikbewegung gerechtfertigt sei, könnten die SED-Oberen sie nicht ohne weiteres verhaften lassen. Als er mit Franz Thielicke und Franz Hurny auf dem Marktplatz ankam, war niemand vom Streikkomitee zu sehen. Jedoch selbst dieser Umstand verwunderte die drei nicht. Da es bereits 8.00 Uhr war, meinten sie, die Streikführer verpasst zu haben. Schließlich entdeckten sie vor dem »Wäschegeschäft Wolf« doch noch einen Mann im Regenmantel, den Höring vom Streikkomitee kannte. Bei ihm erkundigte sich Hans Höring, wo die anderen Streikführer sich befänden und wie die Situation in Halle sei. Der Mann im Regenmantel (nach der Beschreibung könnte es Günter Teichert gewesen sein) antwortete, er wisse nicht, ob sich das Streikkomitee hier versammelt habe, da er ebenfalls zu spät angekommen sei. Ob in Leuna und Buna gestreikt würde, sei ihm auch nicht bekannt. Er wisse aber, dass etliche hallesche Betriebe, wie die Maschinenfabrik, der Waggonbau und das IFA-Werk, noch streikten. Einige Geschäfte im Stadtzentrum sowie die Kaufhäuser hätten gleichfalls vor,

---

[14] Vgl. Aussage des Schlossers Erich H. vom 19.6.1953; BStU, ASt Halle, AU 204/53, Bd. 2, Bl. 95.

[15] VAKA-Maschinenfabrik: Hersteller von Kraftstoffanlagen für Tankstellen und Raffinerien.

die Arbeit niederzulegen. Die Männer sollten also ihren Kollegen mitteilen, dass weiter gestreikt würde. Zum Abschied ermahnte er die Abgesandten von »ABUS«, vorsichtig zu sein, denn ein Mitglied des Streikkomitees, vielleicht *»der Dicke von gestern Abend«* (gemeint war Herbert Gohlke), sei schon verhaftet worden.[16]

Was Hans Höring, Franz Thielicke und Franz Hurny nicht wissen konnten und offenbar auch »der Mann im Regenmantel« nicht wusste, war die Tatsache, dass es zu diesem Zeitpunkt längst kein Zentrales Streikkomitee von Halle mehr gab. Im Gegensatz zu vielen Arbeitern und Streikführern in den Betrieben hatten die meisten Mitglieder des Zentralen Streikkomitees bereits am Abend des 17. Juni erkannt, dass ihr Kampf um Freiheit, Demokratie und bessere Lebensbedingungen nach dem Eingreifen der sowjetischen Besatzungsmacht verloren war. Deshalb verhielten sie sich seit dem 18. Juni still und hofften, nicht erkannt worden zu sein, oder sie befanden sich auf der Flucht nach Westberlin. Nur Hans Höring, Rudolf Weber, Georg Heinze und vermutlich Günter Teichert kamen am Morgen des 18. Juni noch einmal auf den Marktplatz.

Das erste Mitglied des Zentralen Streikkomitees, das vom Staatssicherheitsdienst in den frühen Morgenstunden des 18. Juni verhaftet wurde, war Günter Siems. Ein Spitzel hatte ihn vermutlich während der abendlichen Großkundgebung auf der Tribüne am Hallmarkt erkannt und diese Beobachtung den Sicherheitsbehörden gemeldet. Günter Siems gab in den folgenden Verhören zu, auf dem Hallmarkt *»durch das Mikrofon zu den Demonstranten«* gesprochen zu haben. Ansonsten betonte er beharrlich, nur zufällig auf die Tribüne geraten zu sein und die Demonstranten zu Ruhe und Ordnung aufgerufen zu haben. Dieses Teilgeständnis genügte den MfS-Vernehmern. Sie beantragten einen Haftbefehl gegen Günter Siems. Aufgrund der Aussagen verhängte das Kreisgericht Halle am 2. Juli 1953 Untersuchungshaft gegen Günter Siems. Wie zahlreiche Beispiele nach dem Volksaufstand zV eigten, wäre sein Schicksal damit eigentlich besiegelt gewesen. Doch nun folgte ein Ereignis im Leben des Günter Siems, welches bis heute sehr rätselhaft bleibt. Nach einem weiteren Verhör, das keine neuen Fakten hervorbrachte, wurde Günter Siems am 11. Juli 1953 überraschend aus der Haft entlassen. Noch am gleichen Tag floh er nach Westberlin.[17] Am 28. Oktober 1953, als viele andere geflohene Streikführer auf die Fahndungslisten des Staatssekretariats für Staatssicherheit (SfS) gesetzt wurden, hob ein Hallenser Richter den Haftbefehl gegen Günter Siems *»wegen Wegfalls der Gründe«* auf.[18] Zu Mitstreitern

---

[16] Aussage des Gütekontrolleurs Hans H. vom 20.6.1953; Aussagen des Schweißers Franz H. und des Schmieds Franz T. vom 20.6. und 3.7.1953; BStU, ASt Halle, AU 99/53, Bd. 4, Bl. 115 f., u. AU 204/53, Bd. 1, Bl. 136 u. 188.

[17] Vgl. Verhörprotokolle und Haftbefehl im Fall Günter S. vom 18.6.-11.7.1953; BStU, ZA, AS 168/56, Bd. 7, Bl. 295-303 u. 315-318.

[18] Haftbefehl gegen Günter S. (mit einer handschriftlichen Notiz vom 28.10.1953); BStU, ASt Halle, AU 96/55, Bd. 1, Bl. 2.

sagte Günter Siems später, er habe die Polizei einfach nur getäuscht. Diese Erklärung war ebenso undurchsichtig wie seine Behauptung, er gehe als ein Mitarbeiter des Bundesamtes für Verfassungsschutz nach Westdeutschland, mit der er sich von den anderen geflohenen Streikführern in Westberlin verabschiedete.[19]

Der Sprecher des Zentralen Streikkomitees, Herbert Gohlke, war noch in der Nacht vom 17. zum 18. Juni aus Halle geflohen. Nach einer abenteuerlichen Flucht in Zügen und Lastwagen sowie Übernachtungen in Scheunen und Heuschobern gelang es ihm schließlich, Ende Juni 1953 die Sektorengrenze zu Westberlin zu überschreiten.[20] Genauso entkamen auch Günter Teichert, Erich Reichenbach und Heinz Zeiger nach Westberlin.

Klaus Kother fuhr am Morgen des 18. Juni wieder zu seiner Praktikantenstelle nach Leipzig und setzte seine Ausbildung fort. Im Juli 1953 beendete er das Praktikum als Dentist-Assistent. Danach fuhr er in die Ferien, und im September 1953 wurde er an der Medizinischen Akademie in Dresden als Student der Zahnmedizin immatrikuliert. Da er sich nach dem 17. Juni nur noch selten in Halle aufhielt und Anfang Juli auch Leipzig verließ, suchte das SfS einige Monate vergebens nach »einem älteren Leipziger Studenten oder Lehrling«. Erst im Oktober 1953 konnte der Staatssicherheitsdienst seine Identität ermitteln, weil er von der Bezirksvorsitzenden der Pionierorganisation, Hella Glodnick, die ihn seit der Kindheit kannte, denunziert worden war. Daraufhin ließ ihn die Bezirksverwaltung für Staatssicherheit Halle im November 1953 in Dresden verhaften und nach Halle bringen.[21]

Rudolf Weber verließ am Nachmittag des 18. Juni 1953 Halle und versteckte sich bei Verwandten in einem Dorf des Saalkreises. Hier wurde er am 23. Juni 1953 von MfS-Mitarbeitern abgeholt. Ob ihn jemand denunziert hatte, konnte nicht ermittelt werden.[22]

Georg Heinze sollte am 19. Juni 1953 in seiner Wohnung verhaftet werden. Es gelang ihm jedoch rechtzeitig, durch eine Hintertür zu entkommen. Er versteckte sich zuerst bei einem Hallenser Kunstmaler und später in einem Steinbruch bei Wettin. Nachdem ihn sein Bruder denunziert hatte, wurde er am 11. Juli 1953 festgenommen.[23] Wie er gerieten auch Fritz Hartmann, Waldemar Krieg und Walter Jähne im Juli 1953 in die Hände des Staatssicherheitsdienstes.

---

19 Vgl. Bericht des IM »Rampa« vom 19.10.1953; BStU, ZA, AS 168/56, Bd. 7, Bl. 260 f.

20 Nach Informationen, welche die Mutter Herbert Gohlkes einem auf sie angesetzten Spitzel erzählt hatte; BStU, ASt Halle, AOP 202/54, Bd. 1, Bl. 13 f. u. 222.

21 Vgl. Aussagen des Studenten Klaus K. vom 10.12.1953 sowie einen Brief der Hella G. an die SED-Bezirksleitung Halle vom 26.10.1953; BStU, ASt Halle, AU 36/54, Bd. 1, Bl. 41 u. 44–47.

22 Vgl. Aussagen von Rudolf W. vom 20.7.1953; BStU, ASt Halle, AU 99/53, Bd. 4, Bl. 104.

23 Vgl. Mitteilungen von Informanten des MfS vom 29.6.1953; BStU, ASt Halle, AGI 315/58, T. 1, Bd. 1, Bl. 25 u. 28, sowie AIM 939/72, T. 2, Bd. 4, Bl. 162.

Auch für Hans Höring schien es nur noch eine Frage der Zeit zu sein, bis er in die Fänge des Staatssicherheitsdienstes geriet. Er war aber fest entschlossen, den Streik im Betrieb weiterzuführen, um das Vertrauen seiner Kollegen nicht zu enttäuschen. Außerdem meinte er, inmitten der Masse der Arbeiter einigermaßen sicher vor einer Verhaftung zu sein. Trotzdem kamen Hans Höring auf der Rückfahrt zum »ABUS«-Werk erste Zweifel, ob es noch sinnvoll war, die Kollegen in einen Streik zu führen, der unweigerlich zu einem Zusammenstoß mit der Staatsmacht führen musste. Seine Begleiter berichteten, dass Hans Höring besonders unzufrieden darüber war, dass er keinen Kontakt zum Zentralen Streikkomitee bekommen hatte und außerdem nicht wusste, ob in den Leuna- und Buna-Werken noch gestreikt wurde.[24] Als Hans Höring, Franz Thielicke und Franz Hurny gegen 9.00 Uhr in das »ABUS«-Werk II zurückkamen, wurden sie von der Belegschaft bereits voller Ungeduld im Speiseraum erwartet. Neben den Arbeitnehmern der »ABUS«-Werke und der »VAKA«-Maschinenfabrik befanden sich inzwischen auch Arbeitervertreter von sechs weiteren Klein- und Mittelbetrieben aus dem Osten der Saalestadt im Raum. Die Delegationen, die unter anderem von der Stahlkonstruktionsfirma Weiss & Co., der Eisengießerei Steinhoff & Steinmann, der Dachpappenfabrik Hoffmann & Büscher und der Schweißgerätefabrik Kessler kamen, wollten sich Anregungen für die Streiks in ihren Fabriken holen. Hans Höring trat auf das Podium und sagte, er habe die Zentrale Streikleitung nicht angetroffen und wisse deshalb nicht, wie die Situation in den Leuna- und Buna-Werken sei. Eigentlich sei es nicht zweckmäßig, ohne Verbindung zur Zentralen Streikleitung und zu den Großbetrieben zu streiken; er wisse aber, dass etliche Betriebe in Halle noch streikten.[25] Nachdem er die streikenden Betriebe aufgezählt hatte, stellte Hans Höring den anwesenden Arbeitnehmern die Frage: Wollen wir uns solidarisch erklären und weiter streiken? Ein vielstimmiges »*Ja!*« schallte ihm daraufhin entgegen. Bei der folgenden Abstimmung entschied sich die Belegschaft der »ABUS«-Werke einstimmig für die Fortführung des Streiks.

Danach wählte die Belegschaft aus ihrer Mitte durch Zuruf und Handzeichen eine Streikleitung. Sie sollte zugleich die Aufgaben eines Betriebsrates wahrnehmen. Der Streikleitung gehörten an:

1. Gütekontrolleur Hans Höring (Werk II), als Vorsitzender,
2. Schmied Franz Thielicke (Werk II),
3. Schweißer Franz Hurny (Werk II),
4. Technologe Rudolf Tesch (Werk II),
5. Vorzeichner Walter Diessner (Werk II),
6. Lohnbuchhalter Paul Wiegelmann (Werk I),

---

[24] Vgl. Aussagen des Schweißers Franz H. und des Schmieds Franz T. vom 20.6. und 3.7.1953; BStU, ASt Halle, AU 204/53, Bd. 1, Bl. 136 u. 188 f.

[25] Vgl. Aussage des Lohnbuchhalters Paul W. vom 18.6.1953; ebenda, Bd. 2, Bl. 73.

7. Schlosser Erich Hohensee (Werk I) und
8. Nieter Herbert Schulze (Werk I).

Die Streikleitung sah es als ihre erste Aufgabe an, die Streikforderungen der »ABUS«- und »VAKA«-Werker zusammenzustellen. Hans Höring regte an, die am Vortag auf dem Hallmarkt formulierten Forderungen des Zentralen Streikkomitees als Grundlage zu nehmen. Die Belegschaft akzeptierte diesen Vorschlag. Darüber hinaus verlangten mehrere Arbeiter, alle SED- und BGL-Funktionäre im Werk abzusetzen. Ihr Wunsch wurde den anderen Forderungen hinzugefügt. Abschließend ließ die Streikleitung die Arbeiter und Angestellten über jeden der sechs Punkte abstimmen. Da alle Punkte einstimmig bestätigt wurden, galt die Streikforderung der »ABUS«- und »VAKA«-Werker als angenommen.[26] Sie sollte anderen Betrieben vorgestellt und mit deren Forderungen koordiniert werden. Deshalb legte die Streikleitung fest, die Telefonzentrale des Werkes mit verlässlichen Angestellten zu besetzen. Es sollten nur noch solche Telefongespräche weitergeleitet werden, die von der Streikleitung genehmigt worden waren.

Über die Forderung der Belegschaft nach Absetzung der SED- und Gewerkschaftsfunktionäre im Werk ließ Hans Höring zum Schluss abstimmen. Dabei warfen Werkangehörige vermutlich auch die Frage auf, wer wohl der Belegschaft am Morgen in den Rücken gefallen war und die Polizei alarmiert hatte. Der Verdacht richtete sich vor allem gegen die SED- und die BGL-Funktionäre, denn nur sie verfügten neben der Betriebsleitung über einen Telefonanschluss. Die Vorwürfe hatten zur Folge, dass die Streikleitung alle Funktionäre in ein Zimmer ohne Telefonanschluss sperren und bewachen ließ. Den anwesenden SED-Sekretär für Wirtschaft des Stadtbezirks warfen die Arbeiter gewaltsam aus dem Betrieb hinaus. Als der Parteisekretär des Werkes I gegen den Rauswurf lautstark protestierte, wurde er ebenfalls von kräftigen Arbeitern ergriffen und vor das Werktor geschoben. Dieser Vorfall hatte gravierende Folgen. Die beiden hinausgeworfenen Funktionäre liefen sofort zur Stadtbezirksleitung V (Ost) und benachrichtigten um 10.00 Uhr die Bezirkseinsatzleitung. Diese beauftragte ihre »zuverlässigsten Genossen«, die Situation in den »ABUS«-Werken wieder zu normalisieren. Doch entweder glaubten die Parteiarbeiter selbst an ihre Propaganda von den »verführten Arbeitern« oder sie meinten überheblich, die »einfachen Arbeiter« spielend mit ihrer Propaganda überzeugen zu können. Wie in allen streikenden Fabriken, so versuchten sie auch bei »ABUS« mit »Agitationstrupps« die Belegschaft zur Streikaufgabe zu bewegen. Also rückten gegen 10.30 Uhr 48 »Agitatoren« (Hörer der FDJ-Bezirksjugendschule) vor dem »ABUS«-Werk II an, um *»die Belegschaft zu überzeugen«*. Sie gelangten aber gar nicht erst in das Werk hinein, denn die Streikenden hatten alle Zugänge blockiert und weigerten sich beharrlich, *»mit irgendwelchen*

[26] Die Punkte der Streikforderung werden an dieser Stelle nicht noch einmal genannt, da sie mit den Grundforderungen aller streikenden halleschen Betriebe (S. 118) übereinstimmten.

grünen Jungs zu sprechen«. Daraufhin mussten die »Agitatoren« unverrichteter Dinge wieder abziehen. Folglich bat der Chef des SED-Stadtbezirks V, Rost, erneut die Bezirkseinsatzleitung um Hilfe: »*Die Situation ist so, dass* [das] *Einschreiten der VP erforderlich ist.* [...] *Genosse Rost bittet, dass die Werktore geöffnet werden, damit die Agitatoren rein können.«*[27] Solch eine Brüskierung wollten die SED-Oberen nicht ungestraft lassen. Sie ordneten als erstes an, alle Telefonverbindungen des »ABUS«-Werkes zu sperren, damit sich die Streikleitung nicht mehr mit anderen Betrieben abstimmen konnte. Dann entsandte die Einsatzleitung bewaffnete Truppen zum Werk II. Eine Einheit aus KVP-Angehörigen und sowjetischen Soldaten fuhr daraufhin zur Grenzstraße und öffnete gewaltsam das Werktor. Die Streikenden wagten es beim Anblick der Rotarmisten nicht, Widerstand zu leisten.

Nachdem die Truppe im »ABUS«-Werk II eingerückt war, übernahmen die sowjetischen Soldaten die Kontrolle aller Eingänge. Die KVP-Soldaten »befreiten« währenddessen die unter Arrest stehenden SED- und Gewerkschaftsfunktionäre der Fabrik. Diese Funktionäre machten die Polizei vermutlich auf die Streikführer aufmerksam. Denn als nächstes wurden die gesamte Streikleitung sowie die im Werk anwesenden vermeintlichen Streikführer anderer Betriebe (insgesamt zwölf Personen) verhaftet. Die Bezirkseinsatzleitung hatte sich jedoch geirrt, als sie glaubte, die Streikenden damit einschüchtern zu können. Nun erklärten die meisten Arbeiter und Angestellten, den Streik nicht eher zu beenden, bis ihre verhafteten Kollegen wieder auf freiem Fuß wären. Hier zeigten sich deutlich die Grenzen der Anwendung gewaltsamer Methoden bei der Beendigung von Streiks. Weder die Polizei noch die Besatzungsarmee waren in der Lage, streikende Arbeitnehmer dauerhaft zu nutzbringender Arbeit zu zwingen. Vielleicht ging Kreisparteichef Schumann auch von dieser Überlegung aus, als er vehement für den Einsatz von Agitatoren an Stelle von Polizei plädierte. Die von den Streikenden eingeschüchterten Funktionäre der Betriebsparteileitung und der BGL »*fühlten sich selbst zu schwach, diese Aufgabe durchzuführen*«. Also wurde nochmals ein »Agitatorentrupp« aufgestellt. Dieses Mal bestand er aus Studenten der Arbeiter-und-Bauern-Fakultät (ABF) Halle. Gegen 14.00 Uhr trafen die 75 Agitatoren sowie Vertreter der SED-Kreisleitung vor dem Werk II ein. Aber auch ihnen gelang es nicht, in den streikenden Betrieb hineinzukommen. Diesmal waren es ausgerechnet die Sowjetsoldaten, die sie am Werktor aufhielten. Der verantwortliche sowjetische Offizier hatte den Befehl erhalten, jeden hinaus-, aber niemanden in die Fabrik hineinzulassen. Diesen Befehl führte er aus, ohne sich dabei von irgendwelchen Deutschen beirren zu lassen. Erst nach einer in gebrochenem Russisch geführten längeren Diskussion zwischen einem Funktionär der SED-Kreisleitung und dem Sowjetoffizier erklärte der sich bereit, neue Anweisungen von der Stadtkommandantur einzuholen.

---

27 Meldung des 1. Sekretärs der SED-Stadtbezirksleitung V an die Bezirkseinsatzleitung, 18.6.1953 (10.30Uhr); LAM, Bestand SED-Bezirksleitung Halle, IV/2/55, Nr. 1135, Bl. 162.

Nach einem Telefongespräch durfte die »Agitatorengruppe« endlich das Werk betreten.[28]

Mit Unterstützung der KVP sorgten die Agitatoren dafür, dass alle Streikenden in den Versammlungs- und Speiseraum des Werkes II gingen. In der folgenden Versammlung gelang es den SED-Funktionären und ihren Helfern allem Anschein nach, die Arbeiter und Angestellten des »ABUS«-Werkes mit der demagogischen These vom »faschistischen Putsch« einzuwickeln. Im Bericht des »verantwortlichen Genossen« hieß es dazu: *»Es wurde ihnen klar gemacht, dass es Faschisten waren* [die den Aufstand initiiert hatten]. *Daraufhin haben die Arbeiter positiv gesprochen und erklärt, dass sie mit Faschisten nichts gemein haben.«*[29] Auf diese Weise unter Druck gesetzt, ohne Anführer und ohne Vorstellungen, wie es weitergehen sollte, erklärten sich schließlich alle im Werk II anwesenden Arbeitnehmer bereit, am nächsten Tag die Arbeit wieder aufzunehmen. Vorher hatten sie den verantwortlichen Parteibonzen jedoch noch die Zusage abgerungen, die verhafteten Streikführer möglichst bald freizulassen, da diese Kollegen keine Faschisten seien. Die Vertreter der SED-Kreisleitung versprachen scheinheilig, die Angelegenheit zu überprüfen. Daraufhin verließen alle Arbeiter und Angestellten gegen 16.00 Uhr das Werk II und gingen nach Hause. Zwanzig Minuten später zogen auch die KVP und die Sowjetsoldaten ab. So endete die Streikbewegung in den »ABUS«-Werken.[30] Der Verlauf und das Ende der Arbeitsniederlegung bei »ABUS« waren charakteristisch für alle streikenden Betriebe in Halle.

Neben den Belegschaften vieler Industriebetriebe streikten am 18. Juni 1953 in Halle auch die Angestellten einiger Geschäfte und zweier HO-Kaufhäuser, dem Jugendkaufhaus und dem Kaufhaus »1000 kleine Dinge«. Im Bereich des Handels reagierte die Staatsmacht jedoch noch schneller und unerbittlicher. Denn die Verantwortlichen in der Bezirks- und der Stadtverwaltung befürchteten, dass geschlossene Läden die gesamte Bevölkerung beunruhigen und neue Massendemonstrationen hervorrufen könnten. Deshalb verzichteten sie bei Kaufhäusern und Geschäften auf »Agitationsgruppen« und setzten gleich Polizeikräfte ein. Nachdem im Rat des Bezirkes die Meldung eingetroffen war, dass die Lebensmittelhändler um 11.00 Uhr ihre Läden schließen wollten, ordnete der Vorsitzende des Bezirksrates an, jeden verfügbaren Mitarbeiter der Stadtbezirksverwaltungen einzusetzen, *»um alle Lebensmittelgeschäfte offen zu halten, unter Umständen in Zusammenarbeit mit den Revierleitern der VP«*.[31] Zu den beiden streikenden Kaufhäusern am Marktplatz kommandierte die Bezirkseinsatzleitung sofort Einheiten aus Volkspolizisten und Sowjetsoldaten. Die Truppen

---

[28] Vgl. Bericht des Mitarbeiters der SED-Kreisleitung Halle, Günter K., an die SED-Bezirksleitung, 18.6.1953; LAM, Bestand SED-Bezirksleitung Halle, IV/2/55, Nr. 1134, Bl. 256, sowie Nr. 1135, Bl. 205.

[29] Bestand SED-Bezirksleitung Halle, IV/2/55, Nr. 1134, Bl. 256.

[30] Vgl. Situationsberichte von »Beobachtern« an die Bezirkseinsatzleitung, 18.6.1953 (16.00 und 16.20 Uhr); Bestand SED-Bezirksleitung Halle, IV/2/55, Nr. 1135, Bl. 197 u. 199.

[31] Meldung an den Rat des Bezirkes vom 18.6.1953 (09.15 Uhr); ebenda, Bl. 211.

sollten angeblich als »Objektschutz gegen Plünderungen« wirksam werden. In Wahrheit dienten sie zur Einschüchterung der Belegschaften. Im Jugendkaufhaus war bereits am Vormittag eine Streikleitung gewählt worden. Ihr gehörten an: die Fachverkäufer Heinz Frosch, Fritz Schulze und Hans-Joachim Knobloch, der Finanzbuchhalter Gerhard Robra und der Aufzugführer Adolf Panteleit. Diese Streikleitung wurde gegen 13.30 Uhr von dem eintreffenden »Objektschutz« verhaftet und abtransportiert. Angesichts des massiven Polizeieinsatzes brachen die Belegschaften der Kaufhäuser den Streik ab und öffneten die Warenhäuser wieder.[32]

Ein weiterer Bereich, dem sich der Rat des Bezirkes am 18. Juni besonders widmete, war die Volksbildung. In Anbetracht der vielen jugendlichen Teilnehmer und Zuschauer bei den Ereignissen des Vortages wurden Unruhen in den Grund- und Oberschulen befürchtet. Vor allem in den Oberschulen schien Vorsicht geboten. Deshalb wurden die pädagogischen Mitarbeiter der Abteilung Volksbildung beim Rat des Bezirkes am Morgen des 18. Juni zur Unterstützung in die Oberschulen geschickt. Da in diesen Wochen die Prüfungen stattfanden, verfügte die Abteilung, alle Prüfungen im Fach Gegenwartskunde (später Staatsbürgerkunde) ausfallen zu lassen. Obwohl sich die Befürchtungen zumeist als unbegründet erwiesen, kam es trotzdem in der als »Eliteschule« bekannten August-Hermann-Francke-Oberschule zu einem Schülerstreik. Kurz nach Unterrichtsbeginn, um 7.30 Uhr, verließen alle Schüler plötzlich die Klassenräume und versammelten sich vor dem Schulgebäude. In Sprechchören verlangten sie von dem verdutzt aus dem Fenster blickenden Schulleiter, eine Schulversammlung in der Aula einzuberufen. Doch Schulleiter Stengel befürchtete, dass von einer Versammlung noch größere Unruhen und vielleicht sogar Zerstörungen von Schulinventar ausgehen könnten. Deshalb lehnte er den Wunsch der Schüler ab und überzeugte sie, wieder in die Klassenräume zu gehen. Ein Mitarbeiter der Abteilung Volksbildung berichtete:

> »Da die Lehrer keinen geordneten Unterricht durchführen konnten und in den Klassen Unruhe herrschte, kam es erneut zu Forderungen der Schüler, eine Versammlung durchzuführen. Der Schulleiter beauftragte daraufhin die Lehrkräfte, in den Klassen Abstimmungen durchzuführen, ob die Schüler nach Hause gehen oder bleiben wollen. Daraufhin entschied sich die Mehrzahl für das Nachhausegehen.«[33]

Also ließ der Schulleiter alle Schüler nach Hause gehen. Den Lehrern wurde mitgeteilt, dass der Unterricht am nächsten Tag fortgesetzt würde. Dazu sollten *»die*

---

[32] Zu dem Streik im Jugendkaufhaus siehe BStU, ASt Halle, AU 138/53.

[33] Aus dem Bericht des Leiters der Abteilung Volksbildung vom 18.6.1953; LAM, Bestand SED-Bezirksleitung Halle, IV/2/55, Nr. 1136, Bl. 112.

bewusstesten Schüler« ihre Kommilitonen aufsuchen und zum Unterrichtsbesuch überreden.[34] Während der folgenden Untersuchung des Vorfalls durch die SED-Kreisleitung beharrten der Schulleiter und alle Lehrer darauf, aus der Masse der Schüler keine Rädelsführer nennen zu können. Sie verhinderten dadurch die vorgesehene Verhaftung von Schülern der Francke-Oberschule.

Obwohl sich die meisten Aktionen am 18. Juni von den Straßen und Plätzen in die Betriebe verlagert hatten, ereignete sich an diesem Tag auf dem halleschen Marktplatz erneut ein blutiger Zwischenfall. Zwei mit Gewehren bewaffnete Züge der BdVP-Einsatztruppen (insgesamt 200 Mann) sollten an diesem Tag dafür sorgen, dass nirgends größere Menschenansammlungen entstanden. Seit dem frühen Morgen zogen die Polizisten in Gruppen durch die Innenstadt und achteten streng darauf, dass an keiner Stelle mehr als drei oder vier Personen zusammenstanden. Sie konnten jedoch nicht verhindern, dass sich seit den Mittagsstunden immer wieder Einwohner auf dem Marktplatz versammelten. Es begann gegen 13.30 Uhr, als aufgebrachte Bürger, hauptsächlich Frauen und Jugendliche, vor den verschlossenen Kaufhäusern standen und ihrem Unmut mit lauten Protesten Luft machten. Sie wurden von den Volkspolizisten zwar auseinandergejagt, gaben jedoch erst Ruhe, als die Kaufhäuser wieder öffneten. Um 16.00 Uhr meldeten aufmerksame SED-Funktionäre, *»dass sich am Marktplatz einige Kräfte zusammenballen«*.[35] Inzwischen waren auch streikende Arbeiter, die sich auf dem Heimweg befanden, auf dem Marktplatz angelangt. Von den Passanten mit Fragen bedrängt, erzählten sie über die Arbeitsniederlegungen in ihren Betrieben. Allmählich versammelten sich immer mehr Zuhörer um die Arbeiter. So entstanden auf dem Marktplatz mehrere ständig wachsende Diskussionsgruppen, welche die Aufforderungen der Polizei, auseinanderzugehen, ignorierten.

Als sich schließlich um 17.50 Uhr über 1 000 Personen auf dem Marktplatz aufhielten, wurde die Polizeiführung unruhig und alarmierte die Bezirkseinsatzleitung. Die Einsatzleitung kommandierte umgehend KVP-Einheiten als Verstärkung zum Marktplatz und bat zusätzlich den sowjetischen Stadtkommandanten um Hilfe. Nach der Kasernierten Volkspolizei trafen gegen 18.30 Uhr auch sowjetische Soldaten auf dem Platz ein. Kurz darauf begannen die bewaffneten Kräfte, gewaltsam den Marktplatz zu räumen. Dabei fielen erneut einige Schüsse. Eine Zeitzeugin berichtet:

> »Ich war am 18. Juni 1953 auf dem Markt und wartete auf die Straßenbahn. Am Roten Turm stand ein Russenpanzer, und ringsherum war die Vopo aufmarschiert. Ohne Vorwarnung schossen sie mehrere Salven in die Menschenmenge. Die Menschen liefen ängstlich in alle zum Markt ein-

[34] Situationsbericht der Abteilung Volksbildung beim Rat des Bezirkes Halle, 18.6.1953; ebenda, Bl. 50.

[35] Aus Berichten von SED-Funktionären an die Bezirksleitung, 18.6.1953 (16.00 Uhr); Bestand SED-Bezirksleitung Halle, IV/2/55, Nr. 1135, Bl. 199.

mündenden Straßen. Im Laufen sah ich noch, wie am Kiosk, der damals am Kaufhaus stand, eine Frau zusammenbrach.«[36]

Die Verkäuferin Margot Hirsch war gerade von ihrem Ehemann an ihrer Arbeitsstelle, dem HO-Warenhaus, abgeholt worden und wollte mit ihm nach Hause gehen. Als das Ehepaar trotz des Tumultes den Marktplatz überquerte, wurde Margot Hirsch von einer Gewehrkugel tödlich getroffen. Der neben ihr laufende Ehemann erlitt eine Schussverletzung. Danach wurde erneut in offiziellen Berichten beteuert, die Polizisten und die Soldaten hätten nur in die Luft geschossen. Trotzdem waren drei Opfer (eine Tote und zwei Verletzte) unter den Passanten zu beklagen.[37] Dieser Vorfall erschütterte und ängstigte viele Einwohner. Hinzu kamen die fortwährenden Verhaftungen, die zunehmend mit der Floskel »Verstoß gegen die Bestimmungen des Ausnahmezustandes« begründet wurden. Inzwischen glaubten die meisten Bewohner der Saalestadt nicht mehr an eine erfolgreiche Fortführung des Aufstandes. Also gaben sie den offenen Widerstand auf den Straßen und Plätzen der Stadt auf. Damit war es der Bezirkseinsatzleitung um Politbüromitglied Oelßner zwar gelungen, »Ruhe und Ordnung« in der Großstadt Halle wiederherzustellen, Unmutsäußerungen über die Politik der SED waren aber in den Fabriken, in den Wirtshäusern und überall dort, wo mehrere Personen zusammenkamen, weiterhin zu vernehmen.

Am Freitag, dem 19. Juni 1953, streikten in Halle noch immer sechs größere Fabriken mit über 4 000 Beschäftigten, darunter LOWA Ammendorf und das IfA-Karosseriewerk. Neben dem erneuten Einsatz von Polizei und »Agitationsgruppen« (allein bei LOWA sollen an diesem Tag 125 Agitatoren tätig gewesen sein) wandten die SED-Oberen nun noch eine andere Taktik zur Beendigung der Arbeitsniederlegungen an. Sie ließen die bestreikten Fabriken von KVP-Einheiten besetzen und teilten dann den Belegschaften per Flugblatt mit, dass jeder, der nicht arbeiten wolle, augenblicklich die Fabrik zu verlassen habe. Kundgebungen, Demonstrationen und Ansammlungen würden in den Betrieben nicht mehr geduldet. Die Fabriken sollten so lange besetzt bleiben, *»bis die arbeitswilligen Arbeiter in Ruhe ihrer Arbeit wieder nachgehen können«*.[38] Jeder Streikende, der dagegen öffentlich protestierte, wurde unverzüglich verhaftet. Arbeiter, die weiter streiken und zugleich die Fabrik nicht freiwillig verlassen wollten, mussten damit rechnen, von KVP-Soldaten ergriffen und

---

36 Aus dem Erlebnisbericht von J. Schötschel. Siehe auch den Bericht von G. Nedtwig.

37 Vgl. Meldung des persönlichen Referenten des Oberbürgermeisters an die SED-Bezirksleitung, 18.6.1953 (20.30 Uhr); LAM, Bestand SED-Bezirksleitung Halle, IV/2/55, Nr. 1135, Bl. 184.

38 Bericht des Chefs der BdVP Halle über den Verlauf der faschistischen Provokation, 1.7.1953; LAM, Bestand BdVP Halle 19, Nr. 75, Bl. 6.

aus dem Werk hinausgeschleppt zu werden. Für die Zeit des Streiks sollten sie keinen Lohn bekommen. Dieses Aussperren von Arbeitnehmern, die weiteren Verhaftungen, das Gefühl, von anderen Betrieben nicht mehr unterstützt zu werden und die alles übertönende SED-Propaganda führten schließlich dazu, dass im Verlauf des 19. Juni und endgültig am 20. Juni alle Arbeiter und Angestellten in Halle ihre Arbeit wieder aufnahmen. Bis zum 22. Juni 1953 hatten die KVP-Einheiten die Betriebe wieder verlassen. Die Bezirkseinsatzleitung fürchtete aber noch immer den Ausbruch von Massenaktionen, denn in den Meldungen ihrer Informanten war von Gerüchten über einen erneuten Generalstreik innerhalb der nächsten Tage und von geplanten Trauerdemonstrationen für die Opfer des 17. Juni die Rede. Erst als sich diese Befürchtungen nicht bewahrheitet hatten, stellte die Einsatzleitung am 27. Juni ihre Tätigkeit ein. Während der Ausnahmezustand in den Landkreisen des Bezirkes bereits am 25. Juni aufgehoben wurde, blieb er für die Stadt Halle bis zum 11. Juli 1953 wirksam.

11. Die Rache der SED-Führung

Der mutige Aufstand der Hallenser Arbeiter am 17. Juni 1953 und seine Niederschlagung durch Polizei und Sowjettruppen hatten viele Opfer gekostet. Doch die genauen Zahlen kannte niemand, außer einigen SED-Funktionären und leitenden Polizeioffizieren. Die Informationen über Tote und Verletzte am 17. und 18. Juni 1953 wurden bis zum Ende der DDR wie ein Staatsgeheimnis behandelt. Einzelne Opfer durften zwar in den Zeitungen genannt werden, jedoch nur dann, wenn ihr Schicksal propagandistisch ausgenutzt werden konnte. Ansonsten berichtete die Presse fast ausschließlich über verletzte Polizisten und »Staatsangestellte«. Dadurch sollte der Eindruck entstehen, dass der »faschistische Putsch« nur unter den »Beschützern des Weltfriedens und Sozialismus« und einigen Unbeteiligten Opfer gefordert hätte. Gegenteilige Zahlen und Vermutungen in den Medien der Bundesrepublik wurden von der SED-Propaganda als böswillige Lügen und Verleumdungen abgetan. Zugleich entstanden infolge der Geheimniskrämerei der DDR-Behörden, aber auch durch überzogene Berichte nach Westberlin geflohener Aufständischer Gerüchte, in denen von hunderten Toten die Rede war.

Die folgende Aufstellung soll dazu beitragen, Licht in dieses Kapitel der Geschichte der Stadt Halle zu bringen. Die Übersicht ist das Ergebnis einer Analyse aller noch verfügbaren Listen und Polizeiberichte über Tote und Verletzte am 17. / 18. Juni 1953 im Bezirk sowie in der Stadt Halle.[1] (Die Zahlen in Klammern betreffen Angehörige der KVP, der VP, des MfS sowie andere Staats- und Parteifunktionäre.) Die Angaben über Mittelschwer- und Leichtverletzte *»im übrigen Bezirk«* sind nicht vollständig, da diese Personen nicht in die Bezirksstadt transportiert werden mussten.

Opfer des Aufstandes am 17./18. Juni 1953 im Bezirk Halle[2]

		Bezirkshauptstadt Halle/Saale		Bezirk (außer Stadt Halle/Saale)	
Tote		8	(-)	2	(-)
Verletze		43	(16)	35	(30)
davon	schwer	22	(6)	2	(2)
	mittelschwer	6	(3)	10	(8)
	leicht	15	(7)	23	(20)

---

1 Die Aufstellung basiert neben anderen auf den folgenden Materialien: Listen der Chirurgischen Universitätsklinik und der Abteilung Gesundheitswesen beim Rat des Bezirkes Halle über eingelieferte Verletzte, 18.6.1953; LAM, Bestand SED-Bezirksleitung Halle, IV/2/55, Nr. 1134, Bl. 250–252, sowie Nr. 1136 b, Bl. 10; Liste der BdVP Halle über verletzte VP-Angehörige, 18.6.1953; LAM, Bestand BdVP Halle 19, Nr. 73, Bl. 170; Blitzbericht der SED-Bezirksleitung Halle an den Generalstaatsanwalt der DDR, 20.6.1953; LAM, Bestand SED-Bezirksleitung Halle, IV/2/3, Nr. 611, Bl. 29 f.

2 Unter den 20 verletzten Polizisten befanden sich 10 Angehörige der BdVP-Einheiten, die auch in der Stadt Halle eingesetzt und von denen etliche wahrscheinlich in der Stadt verletzt worden waren.

Hinter diesen Zahlen verbergen sich solch tragische Schicksale, wie zum Beispiel das des Waggonbauarbeiters Kurt Crato. Der Ehemann und Vater eines zehnjährigen Sohnes arbeitete nach vielen Jahren der Kriegsgefangenschaft wieder im Waggonbau Ammendorf. Am Vormittag des 17. Juni war er mit seinen Arbeitskollegen im Demonstrationszug von Ammendorf zum Stadtzentrum marschiert. Nachdem die Demonstranten das Gerichtsgebäude gestürmt hatten, war er mit dem Fahrrad nach Hause gefahren, um seinen Sohn von der Weidenplanschule abzuholen. Danach wollte er mit anderen Demonstranten zum Zuchthaus »Roter Ochse« ziehen und dort die politischen Gefangenen befreien. Die Ehefrau versuchte Kurt Crato zurückzuhalten. Er entgegnete ihr jedoch, er habe als Kriegsgefangener am eigenen Leib erfahren müssen, wie es sei, jahrelang eingesperrt zu sein. Dieses Schicksal wollte er den politischen Häftlingen im »Roten Ochsen« ersparen. Also schloss er sich dem Demonstrationszug zum Zuchthaus an, wo er beim Eindringen in den Hof von Polizeikugeln getötet wurde.[3]

Selbst den toten Aufständischen gönnte man keine Ruhe. Die Machthaber der SED im Bezirk Halle gaben die sterblichen Überreste nicht für eine würdevolle Bestattung durch die Verwandten frei. Sie befürchteten, dass die Trauerzüge zum Ausgangspunkt neuer Unruhen würden. Seit dem 19. Juni trafen in der SED-Bezirksleitung immer wieder Meldungen ein, in denen von beabsichtigten Trauerkundgebungen der Hallenser Arbeiter für *»die bei den Unruhen Erschossenen«* die Rede war.[4] Ein Informant berichtete sogar, dass in einigen Kirchen während der Trauerkundgebung die Kirchenglocken läuten sollten. Deshalb beschloss die Einsatzleitung, alle toten Aufständischen heimlich am 24. Juni 1953 beerdigen zu lassen. Der Wunsch vieler Arbeiter, die toten Kollegen öffentlich zu betrauern, sollte mit der am gleichen Tag von der SED organisierten pompösen Trauerdemonstration für den Studenten Schmidt gedämpft werden.[5] An den Bestattungen der anderen Toten durften oft nicht einmal die nächsten Verwandten teilnehmen. Sie wurden, wie es in einem Schreiben der Bezirkspolizeidirektion hieß, *»erst nach der Beerdigung verständigt«*. Neben den Namen Kurt Crato hatte ein Verantwortlicher jedoch geschrieben: *»Frau darf teilnehmen!«*[6] Um das angekündigte Glockenläuten kümmerte sich der Verantwortliche für Kirchenfragen beim Rat des Bezirkes Halle, Scholz. *»Genosse Scholz brachte dem Pfarrer gegenüber zum Ausdruck, dass es angesichts des Ausnahmezustandes richtiger wäre, dieses Glockengeläut einzustellen oder einzuschränken.«*[7]

3 Nach dem Erlebnisbericht des Sohnes N. Crato und dem Erlebnisbericht von L. Lutzke.

4 Meldungen der SED-Stadtbezirke an die SED-Bezirksleitung, 20.6.1953; LAM, Bestand SED-Bezirksleitung Halle, IV/2/55, Nr. 1137a, T. 1, Bl. 15–19 u. 64.

5 Siehe den Schluss des Abschnitts 7.1.3.

6 Vorschlag der BdVP zur Beisetzung der Opfer vom 17.6.1953, 22.6.1953; LAM, Bestand BdVP Halle 19, Nr. 74, Bl. 95–97.

7 Telefonanruf des Genossen Scholz bei der SED-Bezirksleitung, 20.6.1953; LAM, Bestand SED-Bezirksleitung Halle, IV/2/55, Nr. 1137a, Teil 1, Bl. 172.

Neben den Erschossenen und Verwundeten gab es noch weitere Opfer unter den Aufständischen. Gemeint sind all diejenigen, die ihre Freiheit verloren und viele Jahre hinter Gefängnis- oder Zuchthausmauern ihr Dasein fristen mussten. Bereits in den Abendstunden des 17. Juni hatten die Volkspolizei und die Kasernierte Volkspolizei, unterstützt von sowjetischen Soldaten, begonnen, Demonstranten in größerer Zahl festzunehmen. Dabei zeigte sich, dass die Niederschlagung des Aufstandes und die schnelle Auflösung der Menschenansammlungen nicht die einzigen Gründe für die zahlreichen Verhaftungen waren. Gleichzeitig sollte die »aufsässige Bevölkerung« dadurch verunsichert und verängstigt werden, um sie von weiteren Demonstrationen abzuschrecken. Oft hatte es aber auch den Anschein, als ob die Polizisten mit rüdem Vorgehen und willkürlichen Festnahmen ihr angeschlagenes Selbstvertrauen zurückgewinnen wollten. Die SED-Propaganda und die für die ideologische Ausrichtung der Volkspolizisten zuständige »Politische Abteilung« in der Bezirkspolizeibehörde trugen nicht unwesentlich dazu bei, die Stimmung der Polizeikräfte gegen die Demonstranten weiter anzufachen. Mit aufgebauschten, unrichtig dargestellten und sogar falschen Meldungen über Gräueltaten an Volkspolizisten im Verlauf des 17. Juni suggerierten sie den Ordnungshütern, dass jeder Teilnehmer oder Sympathisant des Volksaufstandes ihr persönlicher Feind sei, der gnadenlos bekämpft werden müsse. Deshalb wurden am 17. Juni und an den folgenden Tagen von der Volkspolizei nicht nur Personen verhaftet, die Mitglied eines Streikkomitees gewesen waren, die sich unberechtigt in öffentlichen Gebäuden aufgehalten oder die auch bloß auf dem Marktplatz in Gruppen zusammengestanden hatten. Jedermann, der einer polizeilichen Anordnung nicht augenblicklich nachkam oder einen Uniformierten auch nur schief anschaute, lief Gefahr, ebenfalls ergriffen und in eine Gefängniszelle gesperrt zu werden. Hinzu kamen noch diejenigen, die Streifen der Polizei und der Roten Armee während der Sperrstunden in der Nacht auf den Straßen ertappten. Insgesamt wurden in der Stadt Halle zwischen dem 17. und dem 30. Juni 1953 über 150 Personen festgenommen.

Bei solchen Massenverhaftungen konnte es natürlich passieren, dass auch SED-Funktionäre aus Versehen mitgenommen wurden und sich unerwartet mit »Provokateuren« in einer Zelle wiederfanden. Zum Beispiel der »Parteiarbeiter« Bruno B. Er war am Abend des 17. Juni auf dem Hallmarkt wegen des Parteiabzeichens an seiner Jacke von Jugendlichen angegriffen und verfolgt worden. Daraufhin hatte er sich in den Schutz einer KVP-Einheit begeben, deren Auftrag es war, die Große und die Kleine Ulrichstraße abzusperren. Während Bruno B. nun aus sicherer Entfernung beobachtete, wie Menschen auf Polizei-Lkw getrieben wurden, trat plötzlich ein KVP-Offizier an ihn heran. Er befahl ihm, ebenfalls auf einen der Lastwagen zu steigen. *»Ich habe dem Kommandoführer erklärt«*, meinte Bruno B. später, *»dass ich mit den auf dem Lkw befindlichen Personen nichts zu tun habe. Dieser antwortete mir je-*

doch: ›Steigen Sie auf, das wird alles geklärt!‹«[8] Also musste auch Bruno B. in einer Zelle des Volkspolizeikreisamtes übernachten. Doch damit nicht genug. Am nächsten Tag wurde er in das Untersuchungsgefängnis des Staatssicherheitsdienstes am Kirchtor gebracht, wo er erst nach fünf Tagen, am 22. Juni, wieder freikam. Ähnlich erging es auch Paul S., einem ehemaligen Stasi-Mitarbeiter, der am 17. Juni als »Informant« der SED-Kreisleitung in der Stadt unterwegs war. Er wurde während eines seiner »Kontrollgänge« nach Beginn der Sperrstunde von einer sowjetischen Streife festgenommen, an den Staatssicherheitsdienst übergeben und musste eine Nacht in einer Haftzelle verbringen.[9]

Alle diejenigen, die im Zusammenhang mit dem Volksaufstand inhaftiert worden waren, blieben in der Regel nicht länger als 24 Stunden in Polizeigewahrsam. Danach wurden sie der Bezirksverwaltung für Staatssicherheit Halle übergeben und in deren Untersuchungsgefängnis, das sich innerhalb der Mauern des Zuchthauses »Roter Ochse« befand, transportiert. Weil die Haftanstalt der BVfS wegen der vielen Festnahmen jedoch bald überfüllt war, musste die Bezirkspolizeibehörde noch zusätzliche Haftzellen in dem ihr unterstellten Zuchthaustrakt zur Verfügung stellen.[10] Auch die von den sowjetischen Truppen in Halle am 17. Juni und den darauffolgenden Tagen festgenommenen Personen wurden alle an die BVfS ausgeliefert. Es war mit Sicherheit maßgeblich der Taktik der Zentralen Streikleitung, die Besatzungsmacht nicht anzugreifen, zu verdanken, dass es in Halle und dem angrenzenden Saalkreis nach dem 17. Juni keine sowjetischen Militärtribunale und keine standrechtlichen Erschießungen gab.

Die während des Volksaufstandes weitgehend paralysierte Bezirksverwaltung für Staatssicherheit Halle gewann bereits in der Nacht zum 18. Juni 1953 wieder die Oberhand innerhalb der Sicherheitskräfte. Im Auftrag der SED-Bezirksleitung nahm sie der Polizeibehörde die Führung bei der Untersuchung der Vorfälle vom 17. Juni sowie bei der Verfolgung der »Rädelsführer« aus der Hand. In der Nacht zum 18. Juni lief in Halle die »Aktion des Staatssicherheitsdienstes zur Ergreifung aller Rädelsführer und Provokateure« an, die bis zum 10. Juli 1953 andauerte. Weil die Bezirksverwaltung jedoch von den Ereignissen am 17. Juni völlig überrascht worden war und ihr Spitzelnetz obendrein noch große Lücken aufwies, bereitete es den Stasi-Mitarbeitern erhebliche Schwierigkeiten, Anführer des Aufstandes in Halle zu ermitteln. Deshalb wusste der Staatssicherheitsdienst beispielsweise bis zum November 1953 nicht, wer außer Hans Höring und Rudolf Weber noch zu den Mitgliedern des Zentralen Streikkomitees von Halle gehört hatte. Diese Ahnungslosigkeit und der Zwang zu

8 Aussage des Schmieds Bruno B. vor dem MfS, 19.6.1953; BStU, ASt Halle, AP 138/55, Bd. 1, Bl. 6 f.

9 Vgl. Aussage des Paul S. vom 18.6.1953; BStU, ASt Halle, KS 634/59, Bl. 27 f.

10 Vgl. Telegramm des Chefs der BVfS Halle an das MfS Berlin, 5.7.1953; BStU, ZA, AS 99/57, Bd. 1b, Bl. 221.

schnellen Ermittlungserfolgen führten am Anfang zu etlichen absurden Verhaftungen.

In der Hoffnung, nach mehreren Nachtverhören endlich Ruhe zu bekommen, hatte einer der verhafteten Streikführer seinen Stasi-Vernehmern einige ausgedachte Namen wie Godel, Johne, Lahner hingeworfen, in dem Glauben, dass es Bürger dieser Namen nicht in Halle gäbe. Er hatte damit zwar Recht, doch der Chef der BVfS, Oberstleutnant Vödisch, ließ seine Ermittler so lange in den Adressbüchern der Einwohnermeldestelle suchen, bis sie jemanden mit ähnlich klingendem Namen fanden. Deshalb wurden zwischen dem 18. und dem 24. Juni 1953 15 ahnungslose Bürger von Festnahmetrupps des MfS nachts oder am frühen Morgen aus ihren Wohnungen geholt und zur BVfS gebracht. Die Operation erwies sich jedoch sehr bald als ein Fehlschlag, denn jeder dieser Inhaftierten konnte glaubwürdig beweisen, nicht an den Demonstrationen teilgenommen zu haben. Entweder waren sie am 17. Juni überhaupt nicht in der Stadt gewesen oder sie hatten krank im Bett gelegen oder aber nachweislich bis zum Abend gearbeitet. Also musste der Staatssicherheitsdienst die wegen einer Namensgleichheit verhafteten Menschen nach fünf bis zehn Tage Haft und einigen Verhören wieder auf freien Fuß setzen.[11]

Bessere Ermittlungsergebnisse versprach sich die BVfS von den - im Stasijargon »Säuberungsaktionen« genannten - Verhaftungen in den Fabriken der Stadt. Alle Betriebsleitungen sowie die Verantwortlichen der Betriebspartei- und Betriebsgewerkschaftsorganisationen hatten noch am 17. Juni von der SED-Kreisleitung Halle die Anweisung erhalten, täglich Meldungen über Unruhen oder Unregelmäßigkeiten in ihren Fabriken sowie über »Unruhestifter« in der Belegschaft anzufertigen. Auf diese Weise gerieten sämtliche Streikleitungen der einzelnen Betriebe am 18. oder 19. Juni in die Hände des MfS. Jedoch nicht nur die Streikaktivisten landeten in den Haftzellen der Bezirksverwaltung. Die SED-Funktionäre in den Betrieben sollten darüber hinaus erkunden, wer von ihren Arbeitnehmern an den Ereignissen des 17. Juni aktiv teilgenommen hatte und solche Informationen ebenfalls unverzüglich an die übergeordneten Leitungen weitergeben. Viele Funktionäre und Betriebsleiter erfüllten diesen »Auftrag der Partei« und lösten damit weitere Festnahmen aus. Dabei traf es aber nicht nur die aktiven Teilnehmer und Sympathisanten des Aufstandes, die unvorsichtigerweise zu laut von ihren Erlebnissen erzählt hatten. Mancher staatliche Leiter nutzte die Ausnahmesituation, um auch missliebige Arbeitnehmer zu disziplinieren oder gar loszuwerden.[12] Deshalb musste jeder Arbeitnehmer, der im Betrieb aufgefal-

---

[11] Vgl. Aussage des Verlagsdisponenten Heinz G. vom 27.6.1953; Aussage des Fuhrunternehmers Otto J. vom 19.6.1953; Aussage des Schlossers Max J. vom 25.6.1953; Aussage des Drehers Franz G. vom 27.6.1953; BStU, ASt Halle, AP 248/55, Bd. 1, Bl. 7 f., sowie AP 133/55, Bd. 1, Bl. 5 f., sowie AP 205/55, Bd. 1, Bl. 6, u. AP 203/55, Bd. 1, Bl. 6 f.

[12] Vgl. Aussage des Busfahrers Helmut S. vom 19.6.1953; Aussage des Lackierers Josef K. vom 20.6.1953; BStU, ASt Halle, AP 112/55, Bd. 1, Bl. 10, sowie AP 61/55, Bd. 1, Bl. 7.

len war, weil er beispielsweise die Arbeitsbedingungen oder die Tätigkeit der Leitung laut kritisiert hatte, nach dem Volksaufstand damit rechnen, als »Unruhestifter« angezeigt und verhaftet zu werden.[13] Eine längere Haft hatte sodann meist die Kündigung des Arbeitsvertrages zur Folge.

Diese Zustände, die durch den Aufruf der Regierung an *»alle ehrlichen Bürger«, »die Provokateure zu ergreifen und den Staatsorganen zu übergeben«*, noch verschärft wurden, waren auch ein Nährboden für Denunziantentum. Mancher missgünstige Arbeitskollege oder Wohnungsnachbar meinte auf einmal, den Behörden angeben zu müssen, dass sein Gegenüber aktiv an den Krawallen des 17. Juni teilgenommen hätte. Solche Anzeigen führten in den Wochen nach dem Volksaufstand immer wieder zu Festnahmen. Zwar befanden sich die wegen einer Denunziation oder eines Spitzelberichtes Verhafteten in der Minderheit, aber für den Staatssicherheitsdienst waren sie die wertvollsten Häftlinge. Denn auf diese Weise gerieten die meisten Streikleiter und anderen Anführer des Volksaufstandes in die Hände der BVfS.[14] Trotz all dieser Maßnahmen gelang es der BVfS Halle jedoch bis zum 10. Juli 1953 nicht, die maßgeblichen Streikführer zu verhaften. Deshalb gingen auch nach dem Abschluss der »Aktion zur Ergreifung aller Rädelsführer und Provokateure« die Suche nach den Anführern und die »Säuberungsaktionen« in den Betrieben weiter. Die letzte Festnahme von »Rädelsführern« der Hallenser Ereignisse fand am 21. Mai 1954 statt.

Nach ihrer Verhaftung gerieten alle Häftlinge in die Hände der für die Vernehmungen zuständigen Abteilung IX (Untersuchungsabteilung) der BVfS. Wie innerhalb der gesamten Bezirksverwaltung, so herrschte auch unter den Mitarbeitern der Untersuchungsabteilung anfangs *»allseitige Unklarheit über die Abwicklung der Strafverfahren«*.[15] Die MfS-Offiziere und Unteroffiziere waren sich zunächst nur darin einig, alle Aufständischen und ihre Mitläufer möglichst hart zu bestrafen. Weil ihnen die im Strafgesetzbuch der DDR dafür vorgesehenen Strafen zu milde erschienen,[16] griff man auf die in Strafverfahren sehr weit auslegbare Kontrollratsdirektive 38 und auf den Artikel 6 der DDR-Verfassung zurück. Die vom Alliierten Kontrollrat 1946 gegen Kriegsverbrecher, Naziaktivisten und Militaristen beschlossene Direktive 38 war bis 1955 in der DDR eine Strafnorm in politischen Prozessen. Dabei kam vor allem der Artikel III A III im Abschnitt 2 zur Anwendung, der kaum Bezug zu NS-

13 Vgl. Aussage des Mechanikers Heinz K. vom 21.6.1953; Aussage des Schmieds Karl M. vom 22.6.1953; BStU, ASt Halle, AU 150/56, Bd. 1, Bl. 11, sowie AU 89/55, Bd. 1, Bl. 15 f.

14 Von 172 Hallenser Bürgern, die zwischen dem 17. Juni 1953 und dem Mai 1954 wegen der Teilnahme am Volksaufstand verhaftet wurden, gerieten 38 Bürger infolge eines Spitzelberichtes oder einer Denunziation in die Hände des MfS; siehe auch Kapitel 10.

15 Stellungnahme des MfS zu einem Bericht des ZK der SED über die Durchführung der Strafverfahren gegen die Provokateure am 17.6.1953; BStU, ZA, AS 99/57, Bd. 1b, Bl. 9–16.

16 Für höhere Strafzumessungen waren nur die Paragrafen für Landfriedensbruch, Widerstand gegen die Staatsgewalt oder Gefangenenbefreiung anwendbar und selbst deren Höchststrafen erschienen noch zu gering.

Verbrechen besaß.[17] Danach sollte bestraft werden, »*wer durch Propaganda für den Nationalsozialismus oder Militarismus oder durch Erfindung oder Verbreitung tendenziöser Gerüchte den Frieden des deutschen Volkes oder den Frieden der Welt gefährdet hat [...]*«.[18] Der ebenfalls in vielen politischen Verfahren der fünfziger Jahre immer wieder angewandte Verfassungsartikel 6 besagte im Absatz 2, dass »*Boykotthetze gegen demokratische Einrichtungen und Organisationen, Mordhetze gegen demokratische Politiker, [...] sowie Kriegshetze [...] Verbrechen im Sinne des Strafgesetzbuches*« seien.[19] Mit diesen Deliktbegriffen, die in der DDR niemals genauer definiert worden waren, konnten alle regimefeindlichen Handlungen als Verbrechen geahndet und willkürlich mit unverhältnismäßig hohen Strafen belegt werden. Darüber hinaus verlangten MfS-Mitarbeiter, die Gerichtsverhandlungen unter Ausschluss der Öffentlichkeit durchzuführen, eine Forderung, die vom MfS jedoch in einem späteren Bericht an das SED-Zentralkomitee vehement bestritten wurde.

Das Verlangen der MfS-Offiziere sowie vieler SED-Funktionäre nach gnadenlos harten Strafen für die Aufständischen konnte aber gerade nach dem 17. Juni nicht mehr ohne weiteres erfüllt werden. Es stand im Widerspruch zur Politik des »Neuen Kurses«. Den SED-Machthabern war inzwischen bewusst geworden, dass an der allgemeinen Unzufriedenheit der Bevölkerung nicht nur wirtschaftliche Probleme, sondern ebenfalls die bisherige Willkür des Staatssicherheitsdienstes und der Justiz einen wesentlichen Anteil hatten. Deshalb ermahnte das SED-Zentralkomitee am 21. Juni die Justiz, »*mit größter Sorgfalt zu unterscheiden zwischen den ehrlichen Werktätigen, die zeitweise den Provokateuren Gehör schenkten - und den Provokateuren selbst.*«[20] Bereits am 20. Juni 1953 war beim Obersten Gericht der DDR ein »Operativstab« gebildet worden, der die Strafverfahren gegen die Aufständischen des 17. Juni steuern und koordinieren sollte. Er hatte die Vollmacht, jederzeit in die Rechtsprechung sämtlicher Gerichte einzugreifen. Der Stab nutzte diese Vollmacht, indem er Instrukteure zu den Bezirksgerichten entsandte, die regelmäßig von den Verhandlungen berichteten und den jeweiligen Richtern Weisungen des Stabes übermittelten. Basierend auf den Richtlinien dieses Operativstabes erging am 23. Juni 1953 eine zentrale Weisung des MfS, »*über die Abwicklung und Durchführung von Untersuchungsverfahren gegen Personen, die im Zusammenhang mit den Ereignissen am*

---

[17] Vgl. Wentker, Hermann: Die Neuordnung der Justiz in der SBZ/DDR 1945-1952/53. In: Engelmann, Roger; Vollnhals., Clemens (Hg.): Justiz im Dienste der Parteiherrschaft. Berlin 1999, S. 104-106.

[18] Amtsblatt des Kontrollrats in Deutschland, Nr. 11, 31. Oktober 1946, S. 188.

[19] Verfassung der DDR vom 7.10.1949, Gesetzblatt der DDR, S. 5; siehe auch Fricke, Karl Wilhelm: Juni-Aufstand und Justiz. In: Fricke, Karl Wilhelm; Splittmann, Ilse (Hg.): Der 17. Juni 1953. Arbeiteraufstand in der DDR. 2., erw. Aufl., Köln 1988, S. 73-75.

[20] Über die Lage und die unmittelbaren Aufgaben der Partei, Beschluss des ZK der SED vom 21.6.1953. In: Dokumente zur Geschichte der SED. Bd. IV, Berlin 1954, S. 441 f.

17.6.1953 festgenommen wurden«, an alle Untersuchungsabteilungen.[21] In der Anordnung wurde darauf hingewiesen, dass die Ermittlung und Bestrafung *»der tatsächlichen Anstifter und Aufwiegler«* im Vordergrund aller Untersuchungen stehen müssten. *»Massenrepressalien sind untersagt.«* Die Strafzumessung sollte bis auf *»ganz seltene Ausnahmefälle«* den Gerichten überlassen bleiben. Bei geringer Schuld des Täters, *»zum Beispiel wenn ein beschuldigter Arbeiter lediglich an einer Demonstration wegen wirtschaftlicher Forderungen teilnahm und sich darüber hinaus auch zur Verbreitung antidemokratischer Losungen provozieren ließ«*, sollte er sofort wieder auf freien Fuß gesetzt werden. Vor der Freilassung sollte auf diese Menschen aber noch »erzieherisch« eingewirkt werden, um sie von der Notwendigkeit der erlittenen Haft zu überzeugen. *»Dabei ist ihnen klar zu machen, dass die Maßnahmen zur Wiederherstellung von Ruhe und Ordnung unbedingt erforderlich waren.«* Die erzieherische Einwirkung bestand jedoch meist nur darin, dass die Betroffenen vor ihrer Entlassung ein Schriftstück zu unterschreiben hatten, in dem sie sich verpflichten mussten, über sämtliche mit der Haft in Zusammenhang stehenden Erlebnisse zu schweigen.

Für die Menschen in Halle brachte die Anordnung gerade in den ersten zwei Wochen nach dem Volksaufstand kaum Erleichterungen. Ungeachtet dieser Weisung mussten die von den Massenverhaftungen Betroffenen in Halle oft bis zu zehn Tagen ohne richterlichen Haftbeschluss im Untersuchungsgefängnis der Bezirksverwaltung für Staatssicherheit verbringen. Die Leitung der BVfS begründete diesen Zustand vor der SED-Führung mit angeblicher Arbeitsüberlastung oder sie schob die Schuld auf die nach ihrer Ansicht zu langsam arbeitenden Haftrichter. Etliche Bürger mussten bisweilen sogar mehrere Tage in einer Haftzelle ausharren, ehe sie überhaupt das erste Mal verhört wurden. Das traf zumeist gerade diejenigen, die ohne einen wirklichen Haftgrund im Untersuchungsgefängnis saßen. Die MfS-Ermittler waren sich vermutlich selbst darüber im Klaren, dass sie für diese Inhaftierten noch nicht einmal einen Haftbeschluss bekommen würden. Weil sie jedoch Ermittlungserfolge erbringen sollten, meinten sie vorerst keine andere Wahl zu haben, als aus der großen Zahl der »vorläufig Festgenommenen« Schuldige herauszufinden. So galt jeder Verhaftete in ihren Augen erst einmal als ein »Provokateur oder Rädelsführer«, dem man nur ein Geständnis abpressen müsse. Vermutlich nutzte so mancher Vernehmer die Situation aus, um Vergeltung für die am 17. Juni ausgestandenen Ängste zu üben. Folglich mussten auch die Festgenommenen, denen keine Straftat nachzuweisen war, erst einmal im Gefängnis ausharren. Dennoch war die BVfS gezwungen, von den bis Ende Juni 1953 festgenommenen 151 Hallenser Bürgern 81 Anfang Juli 1953 wieder freizulassen, weil ihnen keine oder nur »eine geringe Schuld« nachgewiesen werden konnte.

---

21 Richtlinie des MfS Berlin an alle Bezirksverwaltungen über die Abwicklung und Durchführung von Untersuchungsverfahren gegen Personen, die im Zusammenhang mit den Ereignissen am 17.6.1953 festgenommen wurden, 23.6.1953; BStU, ZA, AS 356/57, Bd. 1, Bl. 58–62.

Bei 91 Inhaftierten[22] konnte die BVfS zumindest einen Belastungszeugen oder eine belastende Aussage vorweisen, die den meist willfährigen Haftrichtern für einen Haftbeschluss, das heißt für die Verhängung der Untersuchungshaft, genügten. Es gab in Halle aber auch einen Fall, in dem ein couragierter Richter trotzdem die Verhängung der Untersuchungshaft ablehnte. Dabei handelte es sich um den Prozess gegen den Arbeiter Paul Hedderich aus dem Waggonbau Ammendorf. Er war am 17. Juni, kurz vor Beginn des großen Demonstrationszuges zur Innenstadt, mit anderen Kollegen durch die Werkhallen des Waggonbaus gegangen und hatte die Arbeiter zur Teilnahme an der Demonstration aufgefordert.[23] Weitere Handlungen konnten ihm nach seiner Verhaftung am 18. Juni vom Staatssicherheitsdienst nicht nachgewiesen werden. Dennoch glaubten die Stasi-Offiziere, einen Haftbeschluss zu erhalten und stellten Paul Hedderich am 24. Juni einem Haftrichter vor. Der wies ihr Anliegen jedoch mit der Begründung zurück, das Verhalten des Angeklagten sei nicht von so schwerwiegender Bedeutung, dass es Untersuchungshaft rechtfertigen würde.[24] Damit gaben sich die Mitarbeiter der BVfS Halle jedoch nicht zufrieden. Obwohl sie Paul Hedderich nach dem Beschluss des Richters eigentlich hätten entlassen müssen, hielten sie ihn noch weitere fünf Tage fest. In dieser Zeit wurde er mehrmals verhört. Er sollte zu dem Geständnis gezwungen werden, im Auftrag westlicher Geheimdienste gehandelt zu haben. Doch Paul Hedderich blieb standhaft und ließ sich zu einer solchen Aussage nicht zwingen. Daraufhin musste er am 29. Juni auf freien Fuß gesetzt werden. In dem »Vorschlag zur Entlassung« hieß es dazu: *»Haftbefehl wurde abgelehnt. Weitere Momente haben die Vernehmungen nicht ergeben.«*[25]

Sobald die Untersuchungshaft verhängt war, gingen die MfS-Vernehmer mit neuem Elan daran, von ihren Opfern noch weitere, schwerwiegendere Aussagen zu erzwingen. Schlecht erging es dabei vor allem jenen Häftlingen, bei denen nach Meinung der Stasi-Offiziere noch nicht genug belastende Fakten vorlagen und die sich während der zermürbenden Vernehmungen in Widersprüche verwickelt hatten. Diese Häftlinge wurden oft nächtelang verhört, am Schlafen gehindert und bedroht[26], bis sie zusammenbrachen und fast alles unterschrieben, was ihnen die Vernehmer vorlegten. Nur wenige hielten solchen psychischen Torturen stand und unterschrieben nichts, was sie nicht gesagt hatten. Auf diese Weise entstanden etliche in der Sprache des MfS gehaltene abschließende »Geständnisse« wie das folgende:

---

22 Diese Zahl umfasst alle bis zum Mai 1954 Inhaftierten, d. h. die 70 nach den Haftentlassungen im Juli 1953 übrig gebliebenen Häftlinge und die 21 danach verhafteten Streikführer.

23 Siehe Anfang im Abschnitt 4.1.1.

24 Vgl. Richterliche Vernehmung des Paul H. vom 24.6.1953; BStU, ASt Halle, AP 171/58, Bd. 1, Bl. 28.

25 Vorschlag zur Entlassung, handschriftliche Notiz des MfS-Mitarbeiters Vogel, o. D.; ebenda, Bl. 44.

26 Neben dem Ankündigen körperlicher Torturen wurde oft auch die Terrorisierung der Familie angedroht.

»Ich wollte erreichen, dass die staatstragende Partei, die Sozialistische Einheitspartei Deutschlands, aufhört zu existieren. Des Weiteren war mein Ziel, die Regierung der DDR zu stürzen. [...] Ich bin seit Bestehen der damaligen sowjetischen Besatzungszone und der heutigen DDR ein Feind derselben und mit der Entwicklung nicht einverstanden. Aus diesem Grund habe ich auch am 17.6.1953 bewusst an diesem Putsch teilgenommen und meine ehemaligen Arbeitskollegen beeinflusst.«[27]

In einigen Fällen führten die Verhörmethoden in der BVfS Halle zu »Geständnissen«, die selbst den linientreuen Staatsanwälten des Bezirkes zu abwegig waren. So hatten Stasi-Offiziere zum Beispiel dem Landstreicher Gerhard B., der zufällig in die Ereignisse verwickelt worden war, die Aussage aufgezwungen, er sei nach Halle gekommen, um *»die Massen gegen die Regierung der DDR aufzuwiegeln und den Sturz der Regierung herbeizuführen«*.[28] Dieses »Geständnis« reichte zwar für einen Haftbeschluss und für die Übergabe des Falles an die Bezirksstaatsanwaltschaft. Nachdem Staatsanwalt Neubert den Häftling jedoch gesehen und selbst verhört hatte, beantragte er die Einstellung des Verfahrens. Er ließ Gerhard B. mit der folgenden Begründung frei: *»Der Beschuldigte hat zwar aktiv an den Provokationen des 17.6.53 teilgenommen. Als Feind der DDR ist er jedoch nicht anzusehen. Er ist ein irregeleiteter Arbeiter, der am Tag X seine Klasse vergaß.«*[29] Mit genau dieser Erklärung endeten in Halle noch elf weitere Strafverfahren, bei denen die Staatsanwälte ebenfalls die Einstellung der Untersuchungsverfahren und die Freilassung der Häftlinge beantragten.[30] Schließlich erhob die Staatsanwaltschaft gegen 80 Hallenser Bürger Anklage und beantragte die Eröffnung der Hauptverhandlung vor dem Bezirksgericht Halle.

Am 26. Juni 1953 begann vor dem Bezirksgericht Halle die erste Verhandlung gegen einen Teilnehmer am Volksaufstand in der Stadt Halle. Von diesem Tag an beschäftigten die Prozesse gegen die Anführer und Teilnehmer des 17. Juni 1953 die halleschen Justizorgane bis zum August 1954. In den ersten Verfahren zeigten die Richter teilweise noch eine für die damaligen Verhältnisse erstaunliche Milde. Aus diesen Tagen stammen auch die einzigen vier Freisprüche von Teilnehmern des 17. Juni 1953 in Halle. Zu den »Freigesprochenen« gehörten die beiden jungen Männer, die mit ihrem Motorrad an der Spitze des abendlichen Demonstrationszuges gefahren waren.[31] Nachdem ihre Arbeitskollegen in der Hauptverhandlung am 10. Juli zu

[27] Aussage des Waggonbauers Otto K. vom 26.6.1953; BStU, ASt Halle, AU 227/53, Bd. 2, Bl. 16 f.

[28] Zu Gerhard B. siehe auch Abschnitt 7.3.1; Aussage des Gerhard B. vom 29.6.1953; BStU, ASt Halle, AU 150/54, Bd. 1, Bl. 15 f.

[29] Ebenda, Bl. 27.

[30] Vgl. Verfahren gegen den Elektriker in den Pumpenwerken Halle Herbert K., Aktennotiz vom 4.7.1953; BStU, ASt Halle, AU 176/54, Beiakte, Bl. 19.

[31] Siehe dazu auch Abschnitt 9.2.

ihren Gunsten ausgesagt hatten, war das Gericht zu der Überzeugung gelangt, »*dass die Folgen der Taten der Angeklagten und ihre Schuld gering sind*« und ein Freispruch daher gerechtfertigt wäre.[32] Der unweigerlich folgende Protest des Bezirksstaatsanwalts gegen das Urteil blieb wie bei allen vier Freisprüchen ohne Erfolg.

Positive Leumundszeugnisse oder Gnadengesuche, die Arbeitsbrigaden vor Staatsanwälten und Gerichten für ihre Kollegen abgaben, hatten zumindest bis Ende Juli 1953 in Halle einigen Einfluss auf die Rechtsprechung. So führte eine Petition der Fleischerinnung von Halle dazu, dass der Fleischermeister Martin Gäbler, der am Angriff auf das Zuchthaus »Roter Ochse« aktiv teilgenommen hatte, unter Auflagen aus der Untersuchungshaft entlassen wurde.[33] Ein anderer Fall betraf den Waggonbauer Arno Klemichen, der am 9. Juli 1953 vom Bezirksgericht Halle wegen seiner Teilnahme am Volksaufstand zu einem Jahr und zwei Monaten Zuchthaus verurteilt worden war. Am 13. Juli richteten die Brigade und »die Kollegen der Abteilung 133« aus dem Waggonbau Ammendorf ein Gnadengesuch für Arno Klemichen an die Bezirksstaatsanwaltschaft Halle. In dem Antrag stellten die Waggonbauer ihrem Kollegen ein gutes Leumundszeugnis aus und versuchten außerdem anhand dreier Augenzeugenberichte nachzuweisen, dass Arno Klemichen nicht aktiv an den Vorgängen in Halle am 17. Juni teilgenommen hatte. Das Gesuch endete mit den Worten:

> »Die Kollegen der Brigade erklären übereinstimmend, dass Arno eine gewisse Strafe verdient hat, aber sie erkennen das Strafmaß als zu hoch und zu hart an. [...] Wir geben der Überzeugung Ausdruck, dass Arno seine Verfehlungen nach besten Kräften gutmachen wird und bitten deshalb die Staatsanwaltschaft, unserem Antrag auf bedingte Strafaussetzung zu entsprechen.«[34]

Das Gesuch der Arbeiter hatte zu diesem Zeitpunkt noch Erfolg. »*Wegen seines bisher einwandfreien Vorlebens*« wurde die Zuchthausstrafe vom Bezirksgericht am 14. Juli in eine Bewährungsstrafe umgewandelt und Arno Klemichen freigelassen.[35]

Die im Vergleich zu den Gerichtsurteilen der Vormonate recht milde Vorgehensweise der halleschen Justiz im Juni und Juli 1953 hatte ihre Ursachen in den durch die »Politik des Neuen Kurses« und den Volksaufstand veränderten Herrschaftsmethoden

---

32 Urteil des Bezirksgerichts Halle gegen den Schlosser Kurt V. und den Kraftfahrer Heinz P., 10.7.1953; BStU, ASt Halle, AU 267/54, Beiakte, Bl. 51.

33 Er wurde trotzdem am 10.8.1953 zu einem Jahr und neun Monaten Gefängnis verurteilt, wovon er acht Monate »absitzen« musste. Vgl. BStU, ASt Halle, AU 74/53, Bd. 1, Bl. 19.

34 Anträge der Brigade Spitzer an den Staatsanwalt des Bezirkes Halle, 13. und 14.7.1953; BStU, ASt Halle, AU 308/54, Beiakte, Bl. 7 u. 9.

35 Antrag des Bezirksstaatsanwalts an das Bezirksgericht Halle wegen bedingter Strafaussetzung, 14.7.1953; ebenda, Bl. 8.

der SED-Führung. Die Verwirrung und Unsicherheit der SED-Oberen nach dem Volksaufstand bewirkten, dass in ihren Reihen zeitweilig die Befürworter einer verhaltenen Selbstkritik und eines gemäßigten Vorgehens gegen die Aufständischen die Oberhand gewinnen konnten. Dementsprechend sollten sich die Gerichte bei der Urteilsfindung nicht mehr nur vom »unmittelbaren Tatbeitrag« des Angeklagten, sondern auch von dessen bisherigen Lebenswandel leiten lassen. Eine weitere Anweisung des SED-Zentralkomitees an die Justiz lautete, Anklagen und Urteile öfter mit den »arbeitenden Menschen« in den Betrieben zu besprechen, *»um die Stimmung der Werktätigen kennenzulernen«. »Nicht, um in eine Nachtrabpolitik zu verfallen, sondern um zu einer Verbesserung und gerechten Differenzierung im Strafmaß zu kommen.«*[36] Höhepunkt dieses maßvollen Kurses waren die Zeitungsinterviews des Justizministers Max Fechner vom 30. Juni und 2. Juli 1953.[37] Darin vertrat er die Auffassung, dass Streikende und Streikführer nur bestraft werden dürften, wenn sie sich schwerer Verbrechen schuldig gemacht hätten und diese Verbrechen ihnen auch nachgewiesen werden könnten. Ansonsten müssten sie straffrei ausgehen. Denn *»das Streikrecht ist verfassungsmäßig garantiert«*.

Max Fechners berühmter Appell für liberalere Methoden in der DDR-Justiz, »der durchaus als ein Zeugnis von politischer Opposition in der Justiz anzusehen ist«[38], führte jedoch zu einem abrupten Ende seiner politischen Karriere. Inzwischen hatte sich die Situation in der DDR dank sowjetischer Truppen weiter stabilisiert. Dadurch wurden erneut jene Kräfte in der SED-Führung gestärkt, die für ein härteres Durchgreifen plädierten. Zu ihnen gehörte auch Generalsekretär Walter Ulbricht. Er begann jetzt, gemeinsam mit seinen Anhängern, zielstrebig und skrupellos alle zu entmachten, die seinen Auffassungen widersprachen. Zugleich wollte Ulbricht die Verfahren gegen die abgesetzten SED-Funktionäre nutzen, um die Schuld an den Missständen in der DDR auf einzelne Sündenböcke abzuwälzen. Zu seinen ersten Opfern gehörte Max Fechner. Wenige Tage nach den Zeitungsartikeln wurde er als Justizminister abgesetzt, aus der SED ausgeschlossen und schließlich am 15. Juli »als Feind der Partei und des Staates« inhaftiert.[39] Zur neuen Justizministerin der DDR wurde die bisherige Vizepräsidentin des Obersten Gerichtes, Hilde Benjamin, ernannt. Ihr ging der Ruf einer unbarmherzigen Richterin in politischen Strafverfahren voraus. Folglich

---

[36] Bericht des Bezirksstaatsanwalts an die SED-Bezirksleitung über die Verwirklichung des Neuen Kurses in der Staatsanwaltschaft des Bezirkes Halle, 24.9.1953; LAM, Bestand SED-Bezirksleitung Halle, IV/2/4, Nr. 745, Bl. 84.

[37] Vgl. Interview mit dem Minister der Justiz, Max Fechner, über die mit dem 17. Juni in Zusammenhang stehenden Verhaftungen. In: Neues Deutschland v. 30.6.1953. Berichtigung. In: Neues Deutschland v. 2.7.1953.

[38] Fricke, Karl Wilhelm: DDR-Juristen zwischen Gehorsam, Verweigerung und Widerstand. In: Engelmann; Vollnhals (Hg.): Justiz im Dienste (Anm. 17), S. 219.

[39] Suckut, Siegfried: Als wir auf den Hof unserer Haftanstalt fuhren, verstummte Genosse Fechner. In: ebenda, S. 165–179.

versprach sie auch, den »Sozialdemokratismus in der Justiz« und alle »opportunistischen, versöhnlerischen Tendenzen« auszumerzen.[40] Mithilfe des »Operativstabes« setzte sie ihre Auffassungen in allen Gerichten und Staatsanwaltschaften konsequent durch. Richter und Staatsanwälte, die sich der härteren Rechtsprechung nicht schnell genug anpassen konnten oder wollten, mussten damit rechnen, strafversetzt oder anderweitig gemaßregelt zu werden. Folglich häuften sich erst einmal solche selbstkritischen Demutsbekundungen von Justizangestellten, wie die folgende aus Halle:

> »Trotzdem wir im Herzen absolut nicht mit dem Interview einverstanden waren, beeinflusste es die Rechtsprechung sehr stark, und wir haben nicht kämpferisch genug dagegen Stellung genommen und vor allem nicht rechtzeitig die versöhnlerische Haltung erkannt.«[41]

Mit vorauseilendem Gehorsam überprüfte die Staatsanwaltschaft des Bezirkes Halle noch einmal alle bisherigen Gerichtsverfahren gegen Teilnehmer des 17. Juni 1953. Bei etlichen Urteilen legten die Staatsanwälte Protest ein oder beantragten beim Generalstaatsanwalt die Kassation des Urteils. Zu den bekanntesten Opfern dieser Praktiken gehörten in Halle die Putzfrau Frieda Stephan, der Schlosser Siegfried Nilius und der Kraftfahrer Fritz Hartmann, jene drei Personen, die am Morgen des 17. Juni maßgeblich den Demonstrationszug der Waggonbauer zur Innenstadt ausgelöst hatten.[42] Frieda Stephan war dafür am 10. Juli 1953 vom Bezirksgericht Halle zu einem Jahr und neun Monaten Gefängnis verurteilt worden. Am 17. Juli legte die Bezirksstaatsanwaltschaft beim Obersten Gericht der DDR Protest gegen dieses angeblich viel zu niedrige Urteil ein. Das Oberste Gericht gab in der Verhandlung am 7. August 1953 der Staatsanwaltschaft Recht, weil laut Begründung Frieda Stephan als Initiatorin des großen Demonstrationszuges die nachfolgenden Unruhen in Halle mit zu verantworten habe. Deshalb hob das Oberste Gericht das Urteil auf und verwies das Verfahren zurück an das Bezirksgericht Halle mit der Maßgabe, mindestens eine Strafe von viereinhalb Jahren Zuchthaus zu verhängen. Das Bezirksgericht folgte gehorsam dieser Anweisung und verurteilte Frieda Stephan in einem zweiten Verfahren am 22. Oktober 1953 zu viereinhalb Jahren Zuchthaus. Genauso erging es Siegfried Nilius, der am 13. Juli zu zwei Jahren Gefängnis verurteilt worden war. Sein Urteil wurde ebenfalls nach Protesten der Staatsanwaltschaft vom Obersten Gericht kassiert und er daraufhin in einer zweiten Verhandlung am 24. August 1953 zu drei Jahren Zuchthaus

---

40 Benjamin, Hilde: Die Hauptaufgaben der Justiz bei der Durchführung des neuen Kurses. Berlin 1953, S. 24 f.

41 Rede des Bezirksstaatsanwalts vor der SED-Stadtleitung, o. D. (wahrscheinlich im Okt. 1953); LAM, Bestand SED-Stadtleitung Halle, IV/501, Nr. 18, Bl. 149.

42 Zu Frieda Stephan, Fritz Hartmann, Siegfried Nilius siehe auch Abschnitt 4.1.

verurteilt. Fritz Hartmanns Strafe wurde nach Protest des Staatsanwalts von fünf Monaten auf zwei Jahre Gefängnis erhöht.

Der »Operativstab« im Justizministerium schaltete sich nun ebenfalls massiv in die Überprüfung der bisher verhängten Urteile ein. So sollte zum Beispiel der Waggonbauer Arno Klemichen, dessen Gefängnisstrafe nach einem Gnadengesuch seiner Arbeitskollegen im Juli 1953 zur Bewährung ausgesetzt worden war, auf Anweisung des »Operativstabes« Anfang September 1953 erneut verhaftet werden. In dem Schreiben des »Operativstabes« hieß es dazu:

> »Selbst die erkannte Strafe von einem Jahr und zwei Monaten Gefängnis entspricht nicht der aus der Situation in Halle herausgegebenen besonderen Gefährlichkeit der Tat des Angeklagten [...] Die Zubilligung mildernder Umstände ist nicht gerechtfertigt, da der Angeklagte durch seine Tat bewiesen hat, dass er mit der Arbeiterklasse nicht verbunden ist [...] Eine Strafe von zwei Jahren und sechs Monaten Zuchthaus wäre angemessen.«[53]

Die geforderte Strafe konnte jedoch nicht vollstreckt werden. Arno Klemichen war im September 1953 für die DDR-Staatsorgane nicht mehr erreichbar. Er hatte den Rat einiger Kollegen befolgt und sich vor dem Zugriff des Staatssicherheitsdienstes nach Westdeutschland gerettet.

Das Justizministerium erreichte unter Hilde Benjamin zeitweilig eine solch starke Position, dass sogar der Staatssicherheitsdienst das eine oder andere Mal zurückweichen musste. In diesem Zusammenhang darf natürlich nicht unerwähnt bleiben, dass die Stellung des MfS nach dem völligen Versagen am 17. Juni schwer erschüttert war. Im Juli 1953 wurde der Minister für Staatssicherheit, Wilhelm Zaisser, abgesetzt und der Staatssicherheitsdienst als Staatssekretariat (SfS) dem Innenminister unterstellt. Staatssekretär für Staatssicherheit wurde Ernst Wollweber. Mit ihm verschärfte sich das repressive Vorgehen des Staatssicherheitsdienstes erneut.[44] Die SfS-Offiziere hatten sich nun für verschiedene Teilnehmer des Volksaufstandes eine besonders hinterhältige »Erziehungsmethode« ausgedacht. Sie zwangen diese Menschen unter Androhung hoher Freiheitsstrafen als »Wiedergutmachung« zu Spitzeldiensten. Auf diese Weise wurden in Halle von den 171 im Zusammenhang mit dem 17. Juni Verhafteten, fünf Personen zu »Geheimen Informanten« (GI)[45] des MfS gepresst. Zu ihnen gehörte auch der Monteur Walter S., der sich wegen der *»Teilnahme an terroristischen Aus-*

---

43 Schreiben des Operativstabes vom 3.9.1953; BStU, ASt Halle, AU 308/54, Beiakte 2, Bl. 1.

44 Erst im Jahr 1955 wurde aus dem Staatssekretariat wieder das eigenständige Ministerium für Staatssicherheit. Vgl. Engelmann, Roger: Staatssicherheitsjustiz im Aufbau. In: Engelmann; Vollnhals (Hg.): Justiz im Dienste (Anm. 17), S. 143 f. u. 148.

45 Die Kategorie »GI« wurde 1968 in »IMS« (Inoffizieller Mitarbeiter für Sicherheit) umgewandelt.

schreitungen am 17. 6. 1953« in Untersuchungshaft befand. Nachdem er am 6. Juli 1953 eine Verpflichtung zur »Inoffiziellen Mitarbeit« für das MfS geschrieben hatte, durfte er das Gefängnis verlassen. Seine Vernehmer versicherten ihm sogar beim Abschied, dass er keine gerichtlichen Sanktionen mehr zu fürchten brauche, wenn er von nun an zuverlässig mit seinem Führungsoffizier zusammenarbeite. Doch dagegen wandte sich das Bezirksgericht Halle, dem zuvor die Anklageschrift gegen Walter S. von der Staatsanwaltschaft übermittelt worden war. Das Gericht erhob beim Justizministerium Einspruch gegen die willkürliche Absetzung der Hauptverhandlung. Der »Operativstab« im Justizministerium entschied, sicherlich nach Rücksprache mit Hilde Benjamin, dass Walter S. wegen der Schwere seiner Tat vom Staatssicherheitsdienst nicht der Justiz entzogen werden dürfe. Daraufhin musste das SfS einlenken. Am 8. August 1953 wurde Walter S. erneut von SfS-Mitarbeitern verhaftet und gezwungen, eine »Entpflichtung« als GI zu schreiben. Wenige Tage später verurteilte das Bezirksgericht Halle Walter S. zu drei Jahren Zuchthaus.[46] Auch mit den meisten anderen auf diese Weise erpressten Informanten hatte der Staatssicherheitsdienst keinen Erfolg. Sie entzogen sich entweder durch die Flucht nach Westdeutschland den Spitzeldiensten oder wichen jeder konkreten Aufgabenerfüllung für die Bezirksverwaltung für Staatssicherheit aus, indem sie öfter die Treffen mit den Führungsoffizieren versäumten und nur allgemeine, nichtssagende Berichte ablieferten, so dass der Staatssicherheitsdienst schließlich von sich aus die Kontakte abbrach.[47]

Ein deutliches Indiz für das härtere Vorgehen der Justiz nach dem Amtsantritt Hilde Benjamins war auch die Tatsache, dass es ab August 1953 für die Verurteilten nicht mehr ratsam schien, die Urteile anzufechten. Denn nun hatten Gnadengesuche von Angehörigen oder Arbeitsbrigaden fast immer zur Folge, dass die Haftstrafen vom Obersten Gericht nur noch weiter verschärft wurden. Zwei Beispiele aus Halle sollen dies verdeutlichen:

Der 21-jährige Lokführer im Reichsbahnausbesserungswerk (RAW) Halle, Walter Stingl, war am 8. Juli 1953 wegen aktiver Teilnahme an den Ereignissen des 17. Juni sowohl in Halle als auch in seinem Heimatdorf Brachstedt vom Bezirksgericht Halle zu einer Haftstrafe von drei Jahren Zuchthaus verurteilt worden. Sein Vater schickte in den folgenden Monaten mehrere Gnadengesuche an die Bezirksstaatsanwaltschaft Halle. Den Gnadengesuchen legte er positive Leumundszeugnisse der Arbeitskollegen und etlicher Einwohner des Heimatdorfes Brachstedt bei. Der Bezirksstaatsanwalt übergab endlich die Angelegenheit der Generalstaatsanwaltschaft in Berlin. Diese prüfte die Akten und kam, sicherlich nach Abstimmung mit dem »Operativstab« des Justizministeriums, zu dem überraschenden Schluss, dass das Strafmaß für Walter Stingl keinesfalls zu hoch, sondern zu niedrig wäre. Daraufhin beantragte der Generalstaats-

---

46 Vgl. BStU, ASt Halle, AU 245/54, Bd. 2, Bl. 63–67 u. 81, u. Beiakte, Bl. 51 f.

47 Siehe hierzu BStU, ASt Halle, AIM 370/59 u. AIM 215/54.

anwalt am 28. Dezember 1953 beim Obersten Gericht die Kassation des Urteils, »*weil die ausgeworfene Strafe keinesfalls dem Grade der gesellschaftlichen Gefährlichkeit des Angeklagten entspricht. [...] Unter Berücksichtigung aller für und gegen den Angeklagten sprechenden Umstände erscheint eine Strafe von fünf Jahren Zuchthaus für erforderlich*«.[48] Das Oberste Gericht hob am 22. Januar 1954 das Urteil auf und verwies das Verfahren zurück an das Bezirksgericht Halle. Dieses kam der Forderung des Generalstaatsanwalts bereitwillig nach und verurteilte Walter Stingl in einem zweiten Verfahren am 15. April 1954 zu fünf Jahren Zuchthaus.

Ähnlich erging es dem Gleisbauarbeiter Erich Wendt, den das Bezirksgericht Halle am 26. Juni 1953 wegen seiner Mitwirkung beim Sturm auf die Untersuchungshaftanstalt zu drei Jahren Zuchthaus verurteilt hatte. Auch in seinem Fall prüfte die Generalstaatsanwaltschaft nach mehreren Gnadengesuchen die Gerichtsakten. Die Folge war, dass die Staatsanwälte auch für Erich Wendt die Kassation des bisherigen Urteils und die Verschärfung des Strafmaßes beantragten. Daraufhin wurde Erich Wendt am 24. Februar 1954 vom Bezirksgericht Halle in einem zweiten Verfahren zu fünf Jahren Zuchthaus verurteilt.[49]

Seit dem Amtsantritt von Hilde Benjamin waren die Hallenser Richter eifrig bemüht, Strafmaße zu verhängen, die der härteren Vorgehensweise innerhalb der Justiz Rechnung trugen. Um bei der Strafzumessung keinen Fehler zu begehen, wandten sie sich nun zumeist über die in Halle anwesenden »Instrukteure« an den »Operativstab« im Justizministerium. Dort wurden die zu fällenden Strafmaße entschieden. Komplizierte, unklare Sachverhalte legte man sogar der Justizministerin vor, die in solchen Fällen persönlich die Entscheidung über die Höhe der Strafe traf. »*Es erging kein wichtiges Strafurteil ohne eine solche Weisung.*«[50] Besonders bei den »Rädelsführern und Provokateuren« nahm die Höhe der ausgesprochenen Haftstrafen deutlich zu. Als Mitglieder des Zentralen Streikkomitees von Halle wurden Rudolf Weber zu zehn Jahren, Klaus Kother zu acht Jahren und Hans Höring zu sieben Jahren Zuchthaus verurteilt. Der Ingenieur Hans Lehmann, führender Kopf bei der erfolgreichen Befreiung der Häftlinge aus der Untersuchungshaftanstalt, wurde ebenfalls zu sieben Jahren Zuchthaus verurteilt. Über den 19-jährigen Arbeitslosen Paul Böhme, der mit einer erbeuteten Pistole in der Hand als einer der ersten in den Rat des Bezirkes eingedrungen war, wurde sogar ein Strafmaß von zwölf Jahren Zuchthaus verhängt. Ihm hatten der Richter und der Staatsanwalt zusätzlich erschwerend angerechnet, dass er erst am Abend des 16. Juni 1953 nach einem längeren Aufenthalt in Westdeutschland nach

---

48 Kassationsantrag des Generalstaatsanwalts in der Strafsache Walter S., 28.12.1953; BStU, ASt Halle, AU 246/54, Bd. 2, Bl. 50 f.

49 Vgl. BStU, ASt Halle, AU 289/54.

50 Fricke, Karl Wilhelm: Juni-Aufstand und Justiz. In: Fricke; Spittmann: Der 17. Juni 1953. Arbeiteraufstand (Anm. 19), S. 84.

Halle zurückgekommen war. In den Augen der SED-Justiz konnte er deshalb nur ein »Provokateur der westdeutschen Imperialisten« sein. Obwohl diese Annahme durch nichts bewiesen werden konnte, wurde an Paul Böhme ein Exempel statuiert.

Insgesamt verhängte das Bezirksgericht Halle in den Verhandlungen gegen 76 Angeklagte, die der aktiven Teilnahme am Volksaufstand in der Stadt Halle beschuldigt wurden:

- einmal die Todesstrafe (Erna Dorn),
- 162 Jahre und 6 Monate Zuchthaus sowie
- 67 Jahre und 10 Monate Gefängnis.

Die letzte Hauptverhandlung des Bezirksgerichts gegen einen Teilnehmer am Volksaufstand in Halle fand am 13. August 1954 statt. Erst zehn Jahre nach dem Volksaufstand wurde der letzte Aufständische im Jahr 1963 aus dem Zuchthaus entlassen.

Selbst jene Hallenser Streikführer wie Herbert Gohlke, Günter Siems und Günter Teichert, denen es gelungen war, nach Westberlin zu fliehen, befanden sich dort noch nicht in Sicherheit vor dem Staatssicherheitsdienst. Denn bis zum Bau der Mauer im Jahr 1961 sah die Staatssicherheit auch die Westsektoren Berlins als Einflussgebiet an. So erklärte SfS-Chef Wollweber auf einer Dienstkonferenz:

> »Wir müssen in Westberlin einen Zustand erreichen, wo jeder Agent *[gemeint war jeder, der gegen das SED-Regime kämpfte]* damit rechnen muss, dass er in kurzer Zeit bei uns ist und so ein Gefühl der Unsicherheit erzeugen. Wir müssen bei diesen Leuten eine Psychose erzeugen, dass sie auf verlorenem Posten stehen, auch bei Angehörigen des Staatsapparates in Westberlin, wie der Senatsverwaltung. Die Amerikaner werden wegen Westberlin keinen Krieg mehr anfangen.«[51]

Folglich passierte es immer wieder, dass Personen, die sich im Kampf gegen das SED-Regime hervorgetan und in den Westsektoren Berlins Zuflucht gesucht hatten, von Stasi-Schergen gewaltsam in die DDR entführt und dort zu hohen Haftstrafen verurteilt wurden.

Die aus allen Teilen der DDR nach Westberlin geflohenen aktiven Teilnehmer des Volksaufstandes hatten sich seit Juli 1953 im »Komitee 17. Juni« organisiert und wollten mit Unterstützung der Westberliner und bundesdeutschen Behörden weiterhin für die Erreichung der Ziele des Volksaufstandes in der DDR kämpfen. Über Kuriere und verschlüsselte Briefe hielten die Mitglieder des Komitees Verbindung zu ehemaligen Arbeitskollegen in der DDR. Auf diese Weise empfing das »Komitee 17. Juni«

---

51 Rede Ernst Wollwebers auf der Zentralen Dienstkonferenz des SfS am 5.8.1955; BStU, ZA, ZAIG, Tonband, Nr. 108.

Nachrichten über die Stimmungen in der DDR-Bevölkerung sowie über Aktionen der DDR-Staatsorgane gegen die Bürger. In Flugblättern, fingierten Werkzeitungen und anderen Drucksachen wurden diese Informationen ausgewertet und die DDR-Bevölkerung zugleich zum Widerstand gegen das SED-Regime aufgerufen. Dieses Schriftmaterial gelangte ebenfalls mithilfe von DDR-Bürgern, die als Kuriere tätig waren, aus Westberlin in die DDR-Betriebe. Dabei unterschätzten die Mitglieder des Komitees jedoch den Staatssicherheitsdienst und wurden zeitweilig zu einem seiner Hauptangriffsziele.

Das SfS beschloss am 5. August 1953, »*diese Agentenzentrale*« und »*die Haupträdelsführer der Untergrundbewegung ›Komitee 17. Juni‹*« in Westberlin unschädlich zu machen.[52] Am 1. September 1953 wurde dazu der operative Gruppenvorgang »Zentrum« angelegt.[53] Weil sich die überwiegende Zahl der angeblichen Verbindungsleute oder »Agenten« des Komitees im Bezirk Halle befand,[54] lag die Bearbeitung des Vorgangs in den Händen der Bezirksverwaltung für Staatssicherheit Halle. Die BVfS durfte aber trotzdem keine Maßnahme ohne vorherige Absprache mit dem SfS in Berlin durchführen, denn für die Leitung und Koordinierung aller Aktionen in Westberlin war weiterhin das Staatssekretariat zuständig.[55] Die Ziele des Gruppenvorgangs sollten sein: das Komitee zu paralysieren, seine Verbindungen in die DDR zu beseitigen und die »Haupträdelsführer«, wie Herbert Gohlke, aus Westberlin zu entführen oder »*auf andere Weise zu bestrafen*«.[56] Womit die Anführer »auf andere Weise« bestraft werden sollten, geht aus den Plänen des SfS nicht hervor. Spitzelberichte aus den folgenden Monaten lassen aber den Verdacht aufkommen, dass damit unter anderem Diffamierungen gemeint waren, die Misstrauen sowohl zwischen den Mitgliedern des Komitees als auch zwischen dem Komitee und den unterstützenden Westberliner Behörden erzeugen sollten. Bereits im Juli 1953 gelang es der BVfS Halle, zwei »Geheime Mitarbeiter« (GM) in das »Komitee 17. Juni« einzuschleusen, wobei einer unter den Decknamen »Rampa, Roger-8 oder Löwe« agierte und der andere unter dem Decknamen »Boots«. Weitere Spitzel des Staatssicherheitsdienstes innerhalb des »Komitees 17. Juni« in den Jahren 1953/54 waren die GM »Hagen«, »Balbo«, »Franz«, »Frost« und »Fred Schubert«. Durch sie erhielt der Staatssicherheitsdienst detaillierte Informationen über den Aufbau, die Arbeitsweise und die Schwierigkeiten

---

52 Operativplan der Abteilung V des SfS für den Vorgang Herbert Gohlke, 5.8.1953; BStU, ASt Halle, AOP 202/54, Bd. 1, Bl. 46 f.

53 Vgl. Beschluss zum Anlegen des Gruppenvorgangs »Zentrum«, 1.9.1953; ebenda, Bl. 136 f.

54 Vgl. Bericht des SfS über die Arbeit an Vorgängen, die aufgrund der Juni-Ereignisse entstanden, 8.9.1953; BStU, ZA, AS 356/57, Bd. 3, Bl. 9.

55 Ein anderer Objektvorgang gegen das »Komitee 17. Juni« wurde von der »Verwaltung Groß-Berlin« des SfS bearbeitet.

56 Bericht des SfS über die Arbeit an Vorgängen, die aufgrund der Juni-Ereignisse entstanden, 8.9.1953; BStU, ZA, AS 356/57, Bd. 3, Bl. 7–11.

des »Komitees 17. Juni«, sowie die Namen aller »Verbindungsleute« in der DDR. Die GM arbeiteten zeitweise sogar als Kuriere des Komitees zu den »Verbindungsleuten«. Bald gelangten keine Nachrichten und keine Flugblätter mehr in die DDR oder nach Westberlin, ohne vorher über den Tisch eines SfS-Offiziers gegangen zu sein. Der GM »Rampa/ Roger-8/ Löwe«, ein Invalidenrentner aus Halle, brachte es sogar fertig, so enge Beziehungen zu Vorstandsmitgliedern des Komitees herzustellen, dass er im Frühjahr 1954 in die Leitung berufen werden sollte. Die »Geheimen Mitarbeiter« des SfS hatten auch einen hohen Anteil daran, dass das führende Mitglied des Komitees, Werner Mangelsdorf[57], in Ostberlin vom Staatssicherheitsdienst verhaftet werden konnte. Ein anderes Leitungsmitglied, der ehemalige Vorsitzende des Streikkomitees in den Leuna-Werken, Friedrich Schorn, wäre beinahe von Stasi-Mitarbeitern gewaltsam nach Ostberlin entführt worden. Am 3. Dezember 1953 war er an der Berliner Sektorengrenze von unbekannten Männern am Verlassen der U-Bahn gehindert worden. Erst in letzter Sekunde hatte er sich losreißen und aus der nach Ost-Berlin fahrenden U-Bahn springen können.[58]

Ein weiterer Auftrag der eingeschleusten Spitzel bestand darin, durch gezielt lancierte Gerüchte und Falschinformationen Argwohn und Verdächtigungen zwischen den Mitgliedern des Komitees zu schüren, um auf diese Weise die Arbeit des Komitees zu lähmen. Die am häufigsten angewandte Methode war die Verleumdung Unschuldiger als Spitzel des Staatssicherheitsdienstes. Dies geschah unter anderem durch anonyme Briefe »*an die politische Polizei in Westberlin*«. Darin teilte »*ein aufrechter Kämpfer für den Westen unserer Heimat*« mit, dass eine namentlich genannte Person Spitzel des Staatssicherheitsdienstes sei. Auf diese Weise wurden auch Günter Teichert und Günter Siems diffamiert.[59] Die Westberliner Polizeibehörden mussten in dieser Phase des Kalten Krieges davon ausgehen, dass solche Anzeigen der Wahrheit entsprachen. Deshalb führten die fingierten Briefe des Staatssicherheitsdienstes zeitweilig zu Spannungen zwischen den Behörden und dem »Komitee 17. Juni«.

Die auf die Zerstörung des »Komitees 17. Juni« abzielenden Operationen des Staatssekretariats für Staatssicherheit brachten die Arbeit des Komitees beinahe zum Erliegen. Anfang des Jahres 1954 meinte der Staatssicherheitsdienst, genug Informationen zu besitzen, um noch massiver gegen das Komitee vorgehen zu können. Im Januar 1954 löste er die Aktion »Ungeziefer« aus. Durch diesen Vorstoß wurden sämtliche Verbindungen des »Komitees 17. Juni« in die Bezirke der DDR gekappt. Der Staatssicherheitsdienst verhaftete die Kuriere und zwölf »Verbindungsleute« und schüchterte die übrigen dadurch massiv ein. Einige »Verbindungsleute« flohen aus Angst vor drohender Verhaftung nach Westberlin, wo sich das »Komitee 17. Juni«

---

57 Werner Mangelsdorf war ein Streikführer aus Gommern bei Magdeburg.

58 Vgl. Bericht des GM »Roger-8« vom 23.12.1953; BStU, ASt Halle, AOP 202/54, Bd. 2, Bl. 15 f

59 Anonymes Schreiben an die Polizei in Westberlin, 14.6.1954; BStU, ZA, AS 168/56, Bd. 12, Bl. 367 f.

ihrer annahm. Im Juni 1954 fand schließlich vor dem Obersten Gericht der DDR ein mehrtägiger Schauprozess gegen Werner Mangelsdorf und drei »Verbindungsleute« statt, in dem alle Angeklagten zu hohen Zuchthausstrafen verurteilt wurden.[60] Diesen Prozess benutzte die SED-Propaganda zugleich als scheinbaren Beweis, dass der Volksaufstand am 17. Juni von Westdeutschland initiiert worden sei.[61]

Was die Mitglieder des Komitees zu diesem Zeitpunkt jedoch nicht wussten, war die Tatsache, dass sich unter den Flüchtlingen auch wieder Spitzel des SfS befanden, die in das Komitee eingeschleust werden sollten. Mithilfe der »Geheimen Mitarbeiter« wollte der Staatssicherheitsdienst im Mai 1954 sogar die brisante Personenkartei des »Komitees 17. Juni«, in der sämtliche politischen Flüchtlinge aus der DDR enthalten waren, in seinen Besitz bringen.[62] Der Diebstahl dieser wichtigen Personendatei und anderer Unterlagen des Komitees scheiterte jedoch an der Wachsamkeit des stellvertretenden Vorsitzenden Erich Heinke[63]. Der dabei enttarnte GM »Frost«, ein Vorstandsmitglied des Komitees, wurde von der Westberliner Polizei verhaftet.[64] Danach wollte der Staatssicherheitsdienst mithilfe der »Geheimen Mitarbeiter« die beiden Männer, die das Komitee seit November 1953 leiteten, Günter Teichert und Erich Heinke, nach Ostberlin locken und verhaften. Dafür setzte die Bezirksverwaltung für Staatssicherheit auch die in Halle wohnenden Eltern von Günter Teichert massiv unter Druck. Man zwang den Vater Günter Teicherts, mehrmals zu seinem Sohn nach Westberlin zu fahren. Er sollte Günter Teichert zur Rückkehr in die DDR überreden. Als Lockmittel boten die Mitarbeiter der BVfS Halle Günter Teichert Straffreiheit, eine Wohnung und einen Arbeitsplatz an. Der Hallenser Streikführer durchschaute jedoch den Plan des SfS und lehnte es ab, zurück in die DDR zu kommen. Er überzeugte bei einem der Besuche schließlich auch seine Eltern, in Westberlin zu bleiben und entzog sie damit dem Einfluss des Staatssicherheitsdienstes.[65]

Die massiven Aktionen des Staatssicherheitsdienstes verunsicherten die Mitglieder des »Komitees 17. Juni« in Westberlin und behinderten ihr Wirken in der DDR. Sie waren jedoch nicht der alleinige Grund für die zeitweilige Lähmung der Arbeit des Komitees im Jahr 1954. Dafür waren auch Misstrauen, Rivalitäten und Intrigen ver-

---

60 Vgl. Fricke, Karl Wilhelm: Politik und Justiz in der DDR. Zur Geschichte der politischen Verfolgung 1945–1968. Köln 1990, S. 315.

61 Auf ähnliche Art und Weise wurde auch der Prozess vor dem Bezirksgericht Halle gegen zwei Arbeiter von LOWA Ammendorf am 13.8.1954 von der SED-Propaganda ausgeschlachtet.

62 Die Personenkartei soll 1 500 Personen enthalten haben. Vgl. Treffbericht mit dem GM »Frost«, 13.5.1954; BStU, ZA, AS 168/56, Bd. 12, Bl. 111.

63 Der Eisenwarenhändler Erich Heinke war ein Streikführer aus dem Thüringischen Arnstadt.

64 Vgl. Ermittlungsberichte des SfS zur Verhaftung des GM »Frost«, 20.5. u. 29.6.1954; BStU, ZA, AS 168/56, Bd. 12, Bl. 110 u. 144.

65 Vgl. Treffberichte des SfS mit dem Vater G. Teicherts, 13.5. u. 7.6.1954; ebenda, Bl. 335 u. 352–357.

antwortlich, die seit dem Herbst 1953 verstärkt innerhalb der Führung des Komitees auftraten. Diese Zustände hatten auch zur Folge, dass sich Herbert Gohlke, Günter Siems und einige andere Mitbegründer des »Komitees 17. Juni« noch im Herbst 1953 aus der Leitung des Komitees zurückzogen und in die Bundesrepublik übersiedelten.[66] Im Juni 1954 wollte auch Günter Teichert mit seiner Familie und seinen Eltern nach Westdeutschland umziehen. Ihn hatte besonders betroffen gemacht, dass Westberliner Behörden der Leitung des Komitees nach den massiven Störaktionen des Staatssicherheitsdienstes misstrauten. Darum wurden im Juni 1954 die finanziellen Mittel des Komitees stark eingeschränkt und die Personendatei von der Westberliner Polizei wegen angeblicher Sicherheitsbedenken beschlagnahmt. Damit waren die Aktivitäten des »Komitees 17. Juni« im Sommer 1954 soweit zum Erliegen gekommen, dass der Staatssicherheitsdienst glaubte, seine Ziele erreicht zu haben. Aus diesem Grund wurden die meisten Aktionen gegen das Komitee nun beendet und der Gruppenvorgang »Zentrum« der BVfS Halle am 12. Oktober 1954 eingestellt.[67]

Das Engagement des »Komitees 17. Juni« für die inhaftierten Aufständischen und ihre Familien sowie sein propagandistisches Wirken für demokratische Rechte und Freiheiten in der DDR war damit jedoch nicht beendet. Nach organisatorischen Veränderungen und einer Neukonstituierung der Leitung setzte es seine Tätigkeit unbeirrt fort. Dem beharrlichen Wirken dieser und ähnlicher Organisationen in Westberlin sowie der Bundesrepublik Deutschland über Jahrzehnte war es vor allem zu verdanken, dass der Volksaufstand vom 17. Juni 1953 im Gedächtnis der Menschen in Ost- und Westdeutschland erhalten blieb und weder von der SED-Propaganda noch von einer ständig wechselnden Tagespolitik in das Vergessen abgedrängt werden konnte.

Die Ereignisse vom 17. bis zum 19. Juni 1953 in der Stadt Halle entsprechen im Wesentlichen den eingangs skizzierten Forschungsergebnissen über Ursachen, Anlässe, Verlauf und Auswirkungen der Bewegung um den 17. Juni in der DDR. Darüber hinaus sind hinsichtlich des Geschehens in der Saalestadt folgende Aspekte hervorzuheben:

1. Das Geschehen am 17. Juni in Halle war mehr als eine »Arbeiterrevolte«[68], eine »Arbeitererhebung«[69] oder eine »Volkserhebung«[70]. Es zeigte in vielem die Elemente eines »Aufstandes«. Zu Unruhen in einzelnen Betrieben, wie der Verabschiedung von Protestresolutionen und kleineren Streiks, war es nicht erst am 17. Juni, sondern

---

[66] Herbert Gohlke zog nach Kassel-Oberzwehren und Günter Siems nach Lübeck.

[67] Vgl. Abschlussbericht zum Vorgang »Zentrum«, 12.10.1954; BStU, ASt Halle, AOP 202/54, Bd. 2, Bl. 120.

[68] Klein, Angelika: Arbeiterrevolte im Bezirk Halle. Potsdam 1993.

[69] Vgl. Dietrich, Torsten: Zwischen Arbeitererhebung und gescheiterter Revolution in der DDR. Retrospektive zum Stand der zeitgeschichtlichen Aufarbeitung des 17. Juni 1953. In: Jahrbuch für Historische Kommunismusforschung 1994, S. 293–296.

[70] Vgl. Hagen, Manfred: DDR – Juni 53. Die erste Volkserhebung im Stalinismus. Stuttgart 1992, S. 206.

bereits Wochen zuvor gekommen. Damit war bereits vor dem Aufstand ein geistiger Klärungsprozess in Gang gesetzt worden, der in dem am Morgen des 17. Juni wiederholt artikulierten Standpunkt Ausdruck fand: Um besser leben zu können, brauche man eine neue Regierung. Nachdem angesehene Arbeiter und andere Wortführer innerhalb der Belegschaften der einzelnen Fabriken die Streiks und Demonstrationen am Vormittag angeführt hatten, bildete sich am Nachmittag das Zentrale Streikkomitee als Leitungsgremium für die gesamte Stadt. Das Komitee verfügte über klare Zielvorstellungen, die sich aus den Forderungen der Arbeiter ergaben und entwickelte erste Strategien zu deren Durchsetzung. Die Forderungen des Zentralen Streikkomitees, die in sämtliche am 18. Juni formulierten Streikforderungen der Betriebe eingingen, trugen vornehmlich politischen Charakter, denn »freie, gesamtdeutsche Wahlen zur Herstellung der Einheit Deutschlands« hätten das Ende der SED-Herrschaft und die Wiedervereinigung bedeutet. Auf der Grundlage dieses an erster Stelle stehenden Zieles boten die weiteren Forderungen durchaus praktikable Handlungsgrundlagen für die Aufständischen. Das Hauptargument gegen die Interpretation dieser Ereignisse als Aufstand ist laut Dietrich die Friedfertigkeit der Massenaktionen. In Halle waren die Aufständischen aber sehr wohl bereit gewesen, gewaltsam vorzugehen, um ihre Ziele durchzusetzen. Sämtliche Besetzungen öffentlicher Gebäude und die »Rückeroberung« der SED-Bezirksleitung erfolgten gewaltsam. Dennoch blieb die Massenbewegung auch in Halle überwiegend friedfertig. Das Zentrale Streikkomitee verlangte sogar, jegliche Gewalt gegen Personen und Einrichtungen zu beenden und darüber hinaus die Besatzungsmacht nicht anzugreifen. Der Gebrauch von Schusswaffen gegen die Ordnungskräfte war vor allem bei den älteren Aufständischen verpönt. Das musste acht Jahre nach dem Ende des zweiten Weltkrieges nicht verwundern. Hier wirkten neben der Scheu vor unkalkulierbaren blutigen Straßenkämpfen besonders die Traumata des Weltkrieges nach. Außerdem schätzten die Streikleiter von Halle die SED-Oberen und ihren Willen zum Machterhalt falsch ein. Sie glaubten, dass sie mit den Aktionen am 17. Juni die Machthaber an den Verhandlungstisch gezwungen hätten und deshalb keine weiteren Gewaltaktionen notwendig seien. Diese Illusion zerstob, als die russischen Panzer und die KVP-Truppen eingriffen. Die Einstellung der Streikführer zur sowjetischen Besatzungsmacht resultierte aus einer realistischen Einschätzung der Kräfteverhältnisse, aber auch aus der naiven Hoffnung, dass die Russen sich nicht einmischen würden, wenn man sie in Ruhe ließe – eine Annahme, die vielleicht noch von der »Stalin-Note« beeinflusst war. Trotz der aus falschen Hoffnungen, fehlenden Erfahrungen und einer zu kurzen Zeit für die Entfaltung des Aufstandes resultierenden »Mängel« war die Massenbewegung am 17. Juni in Halle deshalb mehr als eine ziellose Erhebung.

2. Die Bewegung begann in Halle als ein Arbeiteraufstand mit Streiks und einer Demonstration tausender Arbeiter zur Innenstadt. Nachdem die Demonstranten im Zentrum der Großstadt angekommen waren, schlossen sich auch Personen aus ande-

ren Bevölkerungsschichten in großer Zahl an. Nun befanden sich unter den Demonstranten neben den Arbeitern auch Angestellte, Künstler, Selbstständige, Bauern und Landarbeiter, Angehörige der technischen Intelligenz und des Mittelstandes, Lehrer, Schüler, Studenten, Hausfrauen und Arbeitslose. Obwohl sich die Mehrheit der Intelligenz abwartend zurückhielt, nahmen an der abendlichen Kundgebung auch Lehrkräfte der Universität und Ärzte teil. Die Ziele der Arbeiter stimmten in vielem mit den Zielen der anderen Bevölkerungsschichten überein. Deshalb beteiligten sich neben den Arbeitern nun auch Personen anderer sozialer Herkunft an der Organisation und Leitung des Aufstandes. Das spiegelte sich ebenfalls in der Zusammensetzung des Zentralen Streikkomitees wider. So entwickelte sich der Aufstand in Halle immer mehr zu einem Volksaufstand, der von einem Großteil der Bevölkerung getragen wurde.

Die Voraussetzung für die Bestimmung des Charakters dieses Aufstandes ist Kenntnis der sozialen Zusammensetzung der Akteure, so weit möglich auch ihrer Namen, ihrer Herkunft und ihrer Biographien. Solche Informationen finden sich am umfassendsten in den von der Bundesbeauftragten für die Unterlagen des Staatssicherheitsdienstes verwalteten Archiven des MfS. Die Akten des Staatssicherheitsdienstes enthalten viele Einzelheiten, die in den Akten der anderen Archive nicht oder nur »gefiltert« zu finden sind. Es ist zwar möglich, das Geschehen am 17. Juni in Halle im Wesentlichen mit den Materialien des Bundesarchivs und der Landesarchive darzustellen. Doch erst die Informationen der Staatssicherheit bieten Einblicke in die Biografien und Hinweise auf die Beweggründe der handelnden Personen und lassen den Anlass für bestimmte Ereignisse deutlicher hervortreten. Viele kleine Begebenheiten, die für den Verlauf des Aufstandes jedoch nicht unwesentlich waren, finden sich nur in den Akten des MfS. So liegen zum Beispiel die Polizeiberichte von gravierenden Ereignissen, wie dem zweiten Sturm auf die SED-Bezirksleitung, nicht im Bestand der Bezirkspolizeibehörde oder dem SED-Archiv, sondern in Akten des MfS. Nur bei Nutzung aller verfügbaren Quellen, einschließlich der Unterlagen des Staatssicherheitsdienstes, kann der Volksaufstand vom 17. Juni 1953 umfassend rekonstruiert und angemessen gewürdigt werden. Der Versuch, die Geschehnisse in Halle zu analysieren, zeigt das in aller Deutlichkeit.

3. Die These, dass die Kerngebiete des Aufstandes in den »alten« Hochburgen der deutschen Arbeiterbewegung lagen, wird durch das Beispiel der Stadt Halle nachhaltig bestätigt. Allein die Masse der an Streiks, Demonstrationen und anderen Ereignissen beteiligten Personen (Berichte und Zeitzeugenschilderungen ergeben eine Zahl von mindestens 60 000 Teilnehmern in Halle), ihre erfolgreichen Aktionen und das Vorhandensein einer anerkannten zentralen Leitung veranschaulichen, dass die Saalestadt zu den Zentren der Bewegung gehörte.

Personenregister

I

J

K

L

M

N

O

P

R

Straßenverzeichnis

N

P

R

S

T

U

W

Abkürzungsverzeichnis

ABF	Arbeiter-und-Bauern-Fakultät
ABUS	Betrieb für Ausrüstungen von Bergbau und Schwermaschinenbau
BdVP	Bezirksbehörde der Deutschen Volkspolizei
BGL	Betriebsgewerkschaftsleitung
BPKK	Bezirksparteikontrollkommission
BPO	Betriebsparteiorganisation
BStU	Bundesbeauftragte für die Unterlagen des Staatssicherheitsdienstes der ehemaligen DDR
BVfS	Bezirksverwaltung für Staatssicherheit
CDU	Christlich-Demokratische Union
DEWAG	Deutsche Werbe- und Anzeigen-Gesellschaft
EVG	Europäische Verteidigungsgemeinschaft
FDJ	Freie Deutsche Jugend
FDP	Freie Demokratische Partei
GO	Grundorganisation
GST	Gesellschaft für Sport und Technik
HO	Handelsorganisation
IFA	Industrieverband-Fahrzeugbau
KgU	Kampfgruppe gegen Unmenschlichkeit
KPD	Kommunistische Partei Deutschlands
KVP	Kasernierte Volkspolizei
KZ	Konzentrationslager
LAM	Landesarchiv Merseburg
LDPD	Liberal-Demokratische Partei Deutschlands
LOWA	Lokomotiv- und Waggonbau Ammendorf
LPG	Landwirtschaftliche Produktionsgenossenschaften
MfS	Ministerium für Staatssicherheit
MLU	Martin-Luther-Universität
NKWD	Narodny Komissariat Wnutrennich Del – (russ.) Volkskommissariat für innere Angelegenheiten (Bezeichnung für den Geheimdienst der UdSSR 1934–1946)
o. D.	ohne Datum
o. O.	ohne Ort
OdF	Opfer des Faschismus
RAW	Reichsbahnausbesserungswerk
SED	Sozialistische Einheitspartei Deutschlands
SfS	Staatssekretariat für Staatssicherheit (23.7.1953–24.11.1955)

SKK	Sowjetischen Kontrollkommission in (Ost-)Deutschland
SMAD	Sowjetische Militäradministration in Deutschland
SS	Schutzstaffel
UdSSR	Union der Sozialistischen Sowjetrepubliken
UPL	Universitätsparteileitung
VAKA	Hersteller von Kraftstoffanlagen für Tankstellen und Raffinerien
VP	Volkspolizei
VPKA	Volkspolizeikreisamt
ZA	Zentralarchiv
ZK	Zentralkomitee

Bildnachweis

Fotografien aus dem Archiv des Zeit-Geschichte(n) e.V.,
Verein für erlebte Geschichte, Halle: Titelbild rechts, 107 unten, 111, 144, 150, 153, 154, 156, 167

BStU, ASt Halle: Titelbild links, 29, 33, 49, 61, 63, 71, 74, 76 f., 79, 83, 89, 92 f., 105, 107 oben, 108 f., 113, 115, 118, 126, 129, 133 f., 143, 146

Über den Autor

Dr. Hans-Peter Löhn, Jg. 1955, Historiker.
Studium und Promotion an der Martin-Luther-Universität Halle-Wittenberg, danach bis 1991 wiss. Assistent an der Pädagogischen Hochschule Halle. Seit Anfang 1992 Mitarbeiter der BStU in der Außtenstelle Halle. Seit 1995 beauftragt mit regionalgeschichtlichen Forschungen und politischer Bildung in der Außenstelle.

Veröffentlichungen: »Unsere Nerven lagen allmählich blank!« - Die Entmachtung des Staatssicherheitsdienstes im Bezirk Halle (1996).